マネジメント 4.0

働き方改革 & IoT時代の日本型マネジメント

内山 力 著

同友館

プロローグ

　私は 2012 年に『マネジメント 3.0』という本を書いた。本書の前身である。

　これまで私は 50 冊以上の本を書いてきたが，それらの本の冒頭にはプロローグという形で，書いた経緯やあらすじを書いている。

　『マネジメント 3.0』のプロローグは次のようなものであった。

—『マネジメント 3.0』のプロローグ—

　本書はマネジメントを行っている人，行う予定の人を対象としている。

　マネジャー，マネジャー予備軍に新しいマネジメントスタイルを提案するものである。このマネジメントスタイルを第 3 世代のマネジメントという意味で，マネジメント 3.0 とよぶ。

　マネジメント 3.0 は日本でいつの間にか生まれた。これを私が発見したのは次のような経緯である。

　私は小さい頃からサラリーマンに夢は持っていなかった。親は自らが苦労して商売をやっていたので，「いい学校を出て，大きな会社に入って」と言っていた。でも「朝から晩まで人にこき使われて」というのは嫌だと思っていた。

　学生時代にアルバイトで家庭教師をやり，それがおもしろかったので自らで小さな学習塾のようなものを作っていた。卒業したら，これをビジネスとして立ち上げようと思った。しかしその資金がなかった。仕方なく，カネを稼ぐために就職した。もちろん狙いは給与が高く，かつ上がっていきそうな会社である。

　選んだ企業は IT 企業だった。その会社のパンフレットには，平均年齢が 28歳と書いてあり，若くてもすぐに給与が上がるような気がした。この会社は私が入った時の売上は 100 億円程度だったが，10 数年後退職した時は 1,000 億円を超えていた。

会社に入ってみて，びっくりした。入社前にイメージとしていたIT企業というのは，皆が仕事をバリバリやって，互いに切磋琢磨しているものだった。しかし実際は，家庭のような"あったかい"ムードを持つ会社だった。

　課長の家に課員が皆で行って宴会をやり，年に2回は課内旅行に行き，上司の親が亡くなると葬式の手伝いをやらされて‥‥。先輩は後輩をかわいがり（もちろんいい意味で），毎晩のように仲間と酒を飲み，そこで仕事の話をしていた。まさに純日本的企業だった。この純日本的企業は極めて居心地のよいものだった。これがマネジメント1.0という「日本の第1世代マネジメント」である。

　私はその会社でいつの間にか部下を持つマネジャーとなったが，退職した。決してサラリーマンが嫌になったのではなく，もっとおもしろい仕事が見つかったからである。マネジメントの勉強をしたくて中小企業診断士という試験を受け，その資格でコンサルタントのまねごとのようなことをやり，それが肌に合ってしまった。

　退職する時は，会社の皆が引き止めてくれた。でも「私のわがままを通させてください」と言って辞めた。会社という家族から家出したようなものだが，まわりはあたたかく送り出してくれた。そして20年経った今でも，家族の一員としてたまに彼らと飲んでいる。

　コンサルタントになったといっても，初期の頃はいわゆるセミナー講師の仕事が中心であった。大手セミナー会社が取ってくる仕事を，契約してこなすというものである。

　ある時，外資系のIT会社の部長研修に講師として行って，驚いた。私が勤めていた会社とは全く違うタイプの会社だったからだ。部長といっても30代から50代までの人がいて，同じ会社なのに仲間というより何だかライバルという感じである。セミナー中は互いを「さん付け」でよび，よそよそしく，緊張感はあるが盛り上がらないクールなムードが漂っていた。

　仕事もこんな感じでやっているのだろう。部下も「さん付け」でよび，「チームで協働する」というよりも各人の業績だけが指標であり，それを上げるためなら何でもする。彼らがディスカッションをしているのを聞いていてそんな

ふうに思った。これがマネジメント2.0という第2世代のクールなマネジメントである。

　しかし，このタイプの会社は外部から教育サービスを受けることはレアであり，私にとってはめったにないクライアントだった。

　この頃バブルが崩壊した。そしてセミナーで訪問していたクライアントが，少しずつ先ほどの外資系の会社のようにクールな感じへと変身していった。マネジメント2.0の浸透である。

　当然のように，このタイプの会社の仕事が減っていく中で，全く新しいタイプの会社の仕事が増えてきた。

　それが今の本業である「新しいタイプのマネジャー，経営者を養成する」というコンサルティングである。大手食品メーカーと大手飲料メーカーという2つの会社でほぼ同時にスタートした。

　どちらも私が勤めていた会社と同じタイプの，家族的なにおいのする典型的な純日本的企業であった。この会社がマネジメントをきちんと学んだ若きマネジャー，経営者を作りたいというものである。言ってみれば，マネジメント1.0の企業がマネジメント2.0を学びたいというものである。

　私はこの仕事を受けるために，信じられないくらいの本を読みあさった。経営学，マネジメントはむろんのこと，アカウンティング，ファイナンス，マーケティング，組織論，生産，流通，経済，法律‥‥。中小企業診断士試験の時にこれらのことは学習したが，その数倍の勉強をした。まあプロとしてやっていくのだから当然といえば当然である。年間の書籍代は百万円単位となり，買った本が事務所からあふれてしまった。

　しかし私はこのマネジャー養成，経営者養成では，本で勉強したことを教えるつもりはなかった。私は本に書いてあるようなことを実際にやったことはないし，そもそもその本に書いてあるマネジメント（マネジメント2.0）をその2つの会社でやっても，とてもうまくいくとは思えなかったからだ。

　私はマネジャー候補生，経営者候補生とディスカッションしていくスタイルをとった。彼らと話し合っていく中で，新しいスタイルのジャパニーズマネジメントを作ろうと考えていた。

そのディスカッションのネタとして，他企業のケース（マネジメントの事例）が必要となり，100を超えるビジネスケースを自分で作った。マネジメント1.0の企業，マネジメント2.0の企業，そしてすでにマネジメント3.0（当時は実態がよくわからなかったが）を取り入れている先進的企業など，さまざまなケースを作った。

　この養成コンサルティングには，若き頃の夢であった“塾”と名づけた。

　マネジャー養成塾，経営者養成塾は塾生各人がクライアントといえるので，この人たち1人ひとりにキャリアアップ（マネジャー，経営者への昇格）のためのアドバイスをすることにした。そしてこれにポテンシャル能力評価と名づけた。ポテンシャルとはマネジャー（または経営者）になっていない人の，マネジャー（経営者）としての潜在的能力を見つけるという意味である。

　クライアント企業はどんどん増えた。そして私はあることに気づいた。塾をやるために「どんなマネジャー，経営者に育てたいですか」と経営者に聞き，ディスカッションで塾生からマネジメントに関する意見を聞き，それを経営者にフィードバックする，ということを繰り返していくと，その成果物は同じものとなっていくことである。

　マネジメント1.0の企業が，マネジメント2.0の理論を学び，これを取り入れたり，否定したりしていく中で，全く新しいマネジメントスタイルが生まれていたのである。

　これがマネジメント3.0である。クライアント企業の経営者，1万人を超える塾生たちが，そして私が考えた新しい日本型マネジメントがマネジメント3.0であり，その塾の最終成果物が本書である。

　私はこの塾をやっていく過程で，テキストとして多くのマネジメントに関する書籍を上梓してきた。

　マネジャー養成を対象としたものは次のようなものがある。

・『ビジネスリーダーのセオリー』（同友館）

・『マネジャーが知っておきたい経営の常識』（日本経済新聞出版社）

・『人事マネジメントの基本』（PHPビジネス新書）

・『マネジャーのためのケーススタディブック』（同友館）

・『まわりから「仕事ができるね」と言われたい』（同友館）

・『マネジメントは理系的思考でうまくいく』（日本能率教会マネジメントセンター）

　経営者養成を対象としてものには次のようなものがある。

・『コーポレート・イノベーション』（産業能率大学出版部）
・『組織を変革する手順』（同友館）

　この2冊は経営からマネジメントを見ている。

　そしてこれらマネジメントに関する拙著の最終話が本書であり，私がマネジメントに関してクライアント企業から教えていただいたすべてといえる。

　本書は私のクライアント企業，そしてそこで働く人たちの知恵を集大成したものである。本書を世に訴えることで，彼らへの感謝の言葉に代えさせていただきたい。

—マネジメント3.0のその後—

　その後，私はマネジメント3.0という日本型マネジメントを多くの企業へセミナーなどを通して伝道してきた。そして多くの受講者たち，経営者たちから高い評価を受けた。

　しかしマネジメント3.0にはいくつかの風が吹いてくる。そしてマネジメントに関する私の最終話だったはずのマネジメント3.0にその続編が求められるようになる。

　その代表は次の3つの風である。この3つの風は，多くの企業に今のマネジメントのままではやっていけないことを感じさせた。マネジメント3.0は再び混沌の時代へと突入していく。

　まずはゆっくりとした風が吹いてくる。それは企業自身の戦略変化である。

　上場企業はマネジメント3.0へ進化していく過程で，投資家からの圧力で「選択と集中」という戦略をとった。弱い事業，儲からない事業を捨て，強い事業，利益を出す事業にカネ，ヒトという資源を集中させることである。

こうすることで多くの企業はシェアNo.1というゴールに到達する。強い事業に"集中"していけば当然のように生まれる結果である。そしてこのNo.1事業の守りに入る。

　ここでマネジメントを担うのは，そのNo.1の座を体を張って勝ち取った功労者たちである。一方，マネジメントを受けるのは，その事業をやったことのない若者たちが中心となってくる。彼らは若者らしい直感で，この事業が「古い」ことを感じる。つまり自分たちがこれから先20年も30年もやっていく仕事ではないことを察する。マネジャー，先輩たちは自らの事業の中で生まれたノウハウを若者たちに伝承しようとするが，若者たちはこれを拒否してしまう。こうしてマネジメントのギャップがどんどん大きくなっていく。

　企業はこの絞り込んだ事業において，利益を着実に生もうとしてフロービジネス化（本文参照）へと向かう。要するに「顧客のニーズを大切にしてこれがはっきりするまで商品を作らない」や「顧客の指示によって作る」という仕事への変化である。トヨタ，セブン-イレブンのカンバンというビジネスモデルの浸透であり，商品の多様化，サービス化，ソリューション化というトレンドである。

　仕事は標準化，機械化，大量生産というスタイルから，顧客ニーズへフレキシブルに対応するために労働集約型になっていく。つまり人手が多く求められるようになる。ここに2020年東京オリンピックバブルがぶつかり，人手不足となっていく。

　マネジメントのテーマは，しだいに人手不足解消のための生産性向上という極めて厳しく，そしてつらいものとなる。

　ここで企業は，残業とコストダウンで疲弊した若者たちに夢を与えるべく，新しい事業開発を目指す。テーマは3K，すなわち国際ビジネス，環境ビジネス，健康ビジネスである。

　現代の国際ビジネスは従来の輸出というスタイルとは全く異なるものである。「日本で作ってこれを世界へ」というものではなく，日本で儲けたカネで「海外に現地法人を創る」というものである。これはグローバル化とよばれる。

　この現地法人で働く人はむろん現地国の人であるが，そのマネジメント，経営を日本人が担う。この仕事では英語が話せることが必要と思い，これを条件

として現地法人のマネジャー，経営者を作ろうとする。

　現地法人の経営者にはこれまでひっそりとやってきた海外ビジネスの経験者をあてればよいが，大量に必要となるマネジャーには当然のように若者がセレクトされる。そして英語が話せて仕事能力が高いという理由だけで，現地法人のマネジャーにしていく。彼らはマネジメント経験がないだけではなく，現地でのマネジメントにはこれまで自分たちが日本で受けていたマネジメントとは全く違うものが求められていることを感じ，戸惑ってしまう。国が違うので，言語だけではなく，法も，働き方も，生活も，宗教も全く違うので当然のことである。

　しかし，日本企業の経営者たちは自分たちが昔やっていたマネジメントを振り返り，「われわれだってマネジメント経験がない中でこれを担い，なんとか試行錯誤でやってきた。英語さえ話せればマネジメントくらい，なんとかなる」と思ってしまう。

　そして，これを自分で無理やり突破してしまう若者と突破できない若者を生んでしまう。こうなると海外勤務は戦争に行くようなものとなり，勝ち組と負け組に分かれていく。そして勝ち組は現地に独立国を作ってしまい，現地法人は日本の本社からは完全に浮いてしまう。

　残りの2Kである環境，健康については，経営者が自らの手で進めていくこともあって，従来とは全く異なるビジネスであることにゆっくりと気づいていく。この2つの世界での禁句は「儲ける」ということである。これをソーシャルビジネスという。このソーシャルビジネスは，マネジメント3.0ではあやふやであった「企業利益と社会利益の関係」をはっきりさせることが強く求められる。

　ここに2つ目の突風が吹く。働き方改革である。企業が人手不足のなか，残業が増え，三六協定の残業上限はどんどん上がっていく。しかしそんなものでは追いつかず，三六協定を超えるヒトが続出し，さらにはサービス残業も常態化し，違法状態となってしまう。

　この人手不足のなか，テンポラリー（一時的に働く）スタッフも変化する。従来は仕事に波のある時にパート，アルバイトという形で人手を求めてきたが，人手不足が常態化していく中で，企業は契約社員，派遣社員という新しい

労働力を求める。これはテンポラリーではなく正社員と同じように働くが，ただ給与だけが低いという人である。すなわち，高単価の残業を低単価の契約社員，派遣に移していくというものである。

マネジメント3.0はマネジメント1.0時代の「働く人は家族，仲間」という理念を持っているが，家族以外の人が働くことでそれが崩れていく。そしてダイバーシティという流れを生む。それでもマネジメント3.0はさまざまな対応でなんとかしのいでいく。

しかし2016年に入って，急に国が「働き方改革」を政策の柱として，これを企業に強く求めてくる。その中身は残業削減，同一労働・同一賃金，女性活躍‥‥といったものであり，これまでとってきた企業の人材戦略を真っ向から否定するものである。そして2018年には働き方改革法案が可決され，2019年から施行された。

これがマネジメントにとって大きな障壁となる。一定時間以上の残業が禁止され（やればマネジャーが警察に捕まる！），契約社員，派遣社員といった働き方が否定され，一定以上の女性リーダーを作ることを強制される。そしてこれまで美としてきた「体を張って会社のために仕事をすること」を国は真っ向から否定する。

多くのマネジャーは，自分たちがこれまでやってきたことを否定されたようで戸惑う。そして国の改革の声に賛同する自分の部下に，どうマネジメントをとっていけばよいのかがわからなくなってしまう。

そして3つ目の激しい風が吹く。ITである。これは突風というよりも台風である。台風は遠くの海で発生しているが，それが自分たちに近づいてくることをひしひしと感じる。

マネジメント3.0時代のインターネットを中心としたITが，遠くの海で大きな台風に変わっていく。

まずはプライベートの世界でのスマホの浸透である。これによってマネジャーの悪事がすべて録音，録画されてしまう。そしてパワハラ，セクハラとしてインターネットで炎上するだけではなく，これを他の犯罪と同等の扱いでマスコミが報道していく。

ベテランマネジャーにとっては当たり前の行動であり，彼らがマネジメント

1.0時代に受けていたことを少し強くやっただけなのに，パワハラ，セクハラと言われてしまう。失敗した部下をその人のために強く叱ればパワハラであり，人間関係をうまくとろうと思ってプライベートなことを聞けばセクハラである。

「そんなこと，パワハラやセクハラではないだろう」とマネジャー，経営者たちが思っていても，これが遠くの海（他企業）で録音，録画され，マスコミ，そして社会の餌食となってしまえば，若者たちはそれに敏感に反応する。それでもマネジメントを変えないでいると，ハラスメントのない他企業へと転職してしまう。マネジメント1.0に回帰しようとしたマネジメント3.0（経営家族主義）から，能力の高い若者たちがどんどん離れてしまい，採用しようと思っても学生に敬遠されてしまう。

そして台風は成長し，IoTという大型台風となっていく。

IoT（インターネットにパソコン，スマホだけではなくすべてのモノ，ヒトをつなぐ）は，ロボット／AIという働き方を大きく変えてしまうツールを持っている。数百年前の産業革命での「機械化」以来の大型台風である。IoTは若者たちに新しい仕事というチャンスを生むだけではなく，企業に働き方を大きくダイナミックに変えることを強く求めてくる。

しかし，マネジメントの世界にはITギャップがある。すなわちマネジャーなどのベテランはITに弱く，若者ほどITに強いというものである。これは仕事における上下関係（上のほうが仕事ができる）を覆すものである。これまでも情報システム，メールといった形でマネジメントにITが求められてきたが，これをなんとか上下関係でしのいできた。つまり権限を持った上司の「命令」という形でなんとか乗り越えた。しかし，IoTはこの上下関係さえも押し流してしまうのではという不安をマネジメントにもたらす。

この3つの波は，私に多くの仕事をもたらした。ここ数年の私のコンサルティングテーマは，グローバルリーダー養成，IoT・ソーシャルビジネスの事業開発，新しい情報システムの立案，そして一気に来た働き方改革への対応である。この仕事では，戦略よりもマネジメントの変革がその中心であった。

これまでの仕事同様に，これらのテーマをディスカッションスタイルで進めていく中で，1つの対応モデルができた。それがマネジメント4.0である。

ただマネジメント4.0は，マネジメント3.0のように「最終話」とはいえないものである。それはマネジメント3.0が企業内部から生まれ，内部で完結したものであるのに対し，マネジメント4.0は環境変化によって生まれた「環境対応型のマネジメントモデル」だからである。したがって，これからも起こるであろう外部環境の変化によってさらなるバージョンアップが求められる。

　しかし，見方を変えればマネジメント4.0は外部環境に対応していく新しいスタイルのマネジメントモデルであり，これからもさまざまな環境変化に適応していくことができる柔軟なモデル構造となっている。

　私のクライアント企業にアズビルという会社がある。アズビルの曽禰寛純社長は「学習する企業体」という理念を持って企業経営を行っている。「環境変化をとらえ，柔軟かつ継続的に対応していく企業」というモデルである。

　私はこの言葉を借りたい。マネジメント4.0は「学習するマネジメントモデル」である。

　本書を読んでくれる人たちも，「マネジメント4.0」を理解し，これからの環境変化に対応して自らのマネジメントを継続的な学習によって変化させていってほしい。

―本書の構成―

　本書は次の3章構成となっている。
　第1章　マネジメント1.0から3.0までのプロセス
　第2章　マネジメント4.0が求められる要因
　第3章　マネジメント4.0を設計する

　上記のように本書は，環境変化に対応していくプロセスを学習するために，「時の流れ」を軸としている。一方，マネジメントはその要素として人員配置，人事評価，人材育成といったものがあり，かつマネジメントシステム（人事制度などの仕組）とマネジメント・オペレーション（それを遂行する）という切り口や，経営との関係，社会との関係といった側面もある。さらには日本とマネジメントの生まれた欧米とのグローバル比較についても考えたい。これらの

ことを「時の流れ」とともに書いていくので，どうしても1つの要素から見ると話が飛んでしまう部分が出てきてしまう。たとえば，人事評価については本書のあちらこちらに現れてくる。

それでも本書は新しいマネジメントを考える人のために，フロー思考（順番に考えていくこと）をそのベースとしている。人事制度，人事評価，人材育成といったことを個別に考えるのではなく，相互に絡み合ったこれらのことをトータルでとらえ，ステップを踏んで考えていくものである。

そのため人事制度などを考える時には，最初に本書を一通り読み，再度その対象部分を読むようなスタイルでマネジメントの設計を進めてほしい。

学習型のマネジメント4.0が，マネジメント3.0同様に悩める日本企業へ浸透していくことが本書の願いである。

⊙目次⊙

プロローグ　iii

第①章　マネジメント1.0から3.0までのプロセス

1　マネジメントの誕生 ……………………………………………2

（1）経済学　2
（2）ガバナンスモデル　5
（3）現代マネジメントの完成　16

2　マネジメント1.0から3.0へ ……………………………… 25

（1）マネジメント1.0＝経営家族主義マネジメント　25
（2）マネジメント2.0＝アメリカン・マネジメントの導入　36

3　マネジメント3.0 …………………………………………… 47

（1）企業原則　47
（2）秩序　49
（3）マネジメント理論　51
（4）CSR　53

第②章　マネジメント4.0が求められる要因

1　外部環境の変化 ……………………………………………… 60

（1）働き方改革　60
（2）ITの進展　97

xiv

2 内部環境の変化 ……………………………………………… 131

（1）ヒトの面　131
（2）仕事の面　139

第 3 章　マネジメント4.0を設計する

1 マネジメント4.0のフレームワーク ……………………… 156

（1）マネジメントの定義　156
（2）パブリック・リレーションズ　159
（3）マネジメント戦略ベクトルの策定　171
（4）資源の調達と配分　202

2 マネジメント4.0の基本モデル ……………………………… 226

（1）キャリアモデル　226
（2）給与モデル　236
（3）人事評価モデル　242
（4）人材育成モデル　256
（5）コミュニケーションモデル　262

3 マネジメント4.0のスペシャルモデル ……………………… 266

（1）グローバル・マネジメントモデル　266
（2）バリューチェーン・マネジメントモデル　278
（3）事業開発マネジメントモデル　284
（4）ソーシャルビジネス・マネジメントモデル　293

エピローグ　298

マネジメント1.0から 3.0までのプロセス

① マネジメントの誕生

そもそもマネジメントとは何かを考えてみよう。

マネジメントを生んだのは経済学という異色の学問である。

（1）経済学

ミクロ経済学がマネジメントを生む

経済学の歴史は浅く，18世紀にヨーロッパで生まれた。経済学（英語では economics）とは，社会における行動をモデル化し，最適化することを目指すものである。

economy（経済）は，もともとは「財産を守る」という意味であり，それが「国の財産を守ること」として使われるようになる（「家の財産を守る」ということから，節約，倹約の意味にも使われるようになる）。

日本では，「経世済民」「経国済民」を略して「経済」というeconomyの翻訳語を生んだ。これは「国（世）を治め，民を救済する」という意味であり，経済学は「国」のための理論といえる。「民」は，現代社会では「消費者」と「企業」の2つに分かれる。すなわち経済学は，国（政府），消費者（国民），企業という3つの要素について考える学問である。そしてそのスタートは「国益（＝国の利益）を最大にする」ということを目的としたもので，マクロ経済学とよばれる。

経済学の理論的バックボーンとなったのは数学である。特に当時やっと学問として体系化された「微分・積分」をベースとして，さまざまな最適化モデルが生まれ，"国の行動理論"（＝イデオロギー）を生んでいく。

マクロ経済学は，市場（マーケット）という概念を生む。これは売り手と買い手が「財[注]」を取引する場所，仕組のことであり，当初の経済学では「市場の取引をどのようにすると国益が増えるか」ということが議論された。そしてイギリス人のアダム・スミスが「自由主義」という大きな波を作る。これは「すべての面で自由にすることが最適である」と微分・積分を使って証明したものである。すなわち「政府が企業・消費者の行動に干渉しないで自由に競争

2

させれば"全体として"最大の国益が得られる」というものである。アダム・スミスは，この自由主義をベースとして資本主義という強烈なイデオロギーを訴える。これは次のような考え方である。

労働以外の生産手段（設備，カネ……）を資本，これを持つ人を資本家，資本家が求める労働力を提供する人を労働者と定義し，資本主義社会を「資本家が労働者から労働力を買い（！），自らが持つ資本と組み合わせて財を生産することで利益を得るもの」とした。そしてこの資本主義を支える組織体を企業と定義した。

この自由主義，資本主義のシンボルとして「競争とカネの国アメリカ」が生まれる。イデオロギーが明確となったアメリカで，今度は「企業の行動理論」についての議論をさまざまな経済学者が"自由に"戦わせていく。これがもう1つの経済学である「ミクロ経済学」である。ミクロ経済学のテーマは「企業の利益の最大化」であるが，これが「数学」ではなかなか答えを生まない。そこで利益という結果からの「べき論」（こういうやり方でこういう結果になったのだから，こういうふうに行動すべき）をさまざまな学者が訴え，議論は発散していく。

この「べき論」の中心がマネジメント（当時は経営を含めていた。ここではこれを古典的マネジメントと表現する）という「考え方」である。

古典的マネジメントは数学的に証明されたものではなく，「結果としてうまくいったやり方をまねる」というスタイルなので，さまざまな"やり方"が提案されていく。当時はこれをマネジメント・ジャングル状態とよんでいた。

注）経済学の用語で，「価値のあるもの」を総称している。広義の商品（サービスなどを含む）とほぼ同義。

社会をコントロール

一方，19世紀のヨーロッパでは「自由主義・資本主義」の反論として，社会主義，共産主義というイデオロギーが主張される。この2つの言葉はかなりファジーに使われているが，ここでは次のように定義する。

社会主義は「自由競争によって社会全体の利益（＝国益）が最大になるとは限らない。社会利益が最大になるように国が市場での取引をコントロールする

べき」というイデオロギーであり，このコントロールの極致が共産主義（個人が財を保有せず，国がすべての財のコントロールを行う）である。

19世紀に入って成熟していくヨーロッパでは，当時成長期にあったアメリカとは異なり，自由主義が格差，失業という社会問題を生む。競争すれば勝者と敗者が生まれ，「勝者は巨大な富を得，敗者は失業し貧困へ」という形となる。ここに社会主義という風が吹く。

この社会主義は，すでにアメリカから輸入された「古典的マネジメント」（経営を含む）に経営家族主義（企業は家族のようなもの），協同組合（企業が競争せず仲良くする），労働組合（労働者の声をマネジメントへ）という新しい考え方が導入され，ヨーロピアン・マネジメント＝「国が企業をコントロールする」というスタイルを生んでいく。

その後，ドイツ出身のマルクスが『資本論』という大ヒットした本で共産主義を理論化し，これを実現する中間段階を社会主義と定義した。

この『資本論』を理論的バックボーンとして社会主義国家，共産主義国家が誕生していく。その最初が20世紀初頭に誕生したソ連（ソビエト連邦）であり，戦後東ヨーロッパでソ連の衛星国として東ドイツ，ポーランド，チェコスロバキア，ブルガリア，ルーマニア，ハンガリーなどを生んだ。

アジアでは，戦前に中華民国から独立する形で初の社会主義国家モンゴルが生まれる。戦後になると社会主義，共産主義の強弱はあるが，北朝鮮，中華人民共和国，ベトナム，カンボジア，ラオス，ミャンマーと次々に生まれていく。その後アジアの大国インドも社会主義政策をとるようになり，さらにその波が貧困に悩んでいたアフリカ全土へも広がっていく。

一方，自由主義＆民主主義（選挙の多数決で決める）の国家グループといわれた西ヨーロッパでも，選挙のたびに「自由主義から社会主義へ」というベクトルをとるようになる。自由競争をやれば貧富の差は時とともに拡大し，多数決の選挙では，ごく少数の勝者は多数の弱者には勝てない。そして国家間の競争をも避けるべくEU^{注1)}を生んでいく。

さらには自由主義のシンボル国家アメリカでも，20世紀に入って起きた恐

慌^{注2)}を契機として，景気刺激（政府が国益を最大にするように手を打つ）という形で社会主義の色が入ってくる。

注1）European Union の略。欧州連合。
注2）自由競争状態で起きるパニック。個々人が自らだけが勝とうとして，社会全体から見ると不利益な行動を一斉に取り始めること。

(2) ガバナンスモデル

　経済学から生まれた古典的マネジメントに，コーポレート・ガバナンス（略してガバナンスと表現する）という考え方が生まれる。

　カタカナの「ガバナンス」という言葉の定義はかなり"いいかげん"でさまざまな意味に使っている。経済学という学問の世界では，ガバナンスを「企業の経営者に対する権利」と定義し，「指名，監査，報酬」という3つの基本的権利を挙げている。

　すなわち，ガバナンスとは「企業の経営者を指名し，その行動をチェック（監査）し，その報酬を決定する権利」である。この権利を「誰がどのように持つか」というスタイルをガバナンスモデルという。

　このガバナンスモデルの違いがマネジメントスタイルの違いを生んでいく。

① ヨーロピアン・ガバナンスモデル

企業も社会の一員

　企業という組織の発祥地ヨーロッパでは，大きく3つのガバナンスモデルが誕生した。ドイツを代表とするゲルマン型，フランスを代表とするラテン型，イギリスを代表とするアングロ・サクソン型である。そしてEUという形でヨーロッパが統一されていく中で，ゲルマン型がラテン型を吸い取る形でヨーロピアン・ガバナンスモデルとなった。アングロ・サクソン型はイギリスの子供であるアメリカへ移って完成し，次に述べるアメリカン・ガバナンスモデルとなった。

　ヨーロピアン・ガバナンスモデルの特徴は，「コーポレート・シチズンシップ」（企業市民。企業も住民の1人という考え方）をベースとしていることに

第❶章　マネジメント1.0から3.0までのプロセス　**5**

ある。そこから生まれたのは「企業は社会と従業員の共有物」という考え方であり，自由主義よりも社会主義の色を濃くしている。

　これは，このガバナンスモデルを作ったドイツではっきりと見られる。ドイツの会社のガバナンスモデルの要素は，株主総会，監査役会，取締役会である。株主総会は日本やアメリカでは「最高意思決定機関」であるが，ここでの主な権限は監査役の選任である。この監査役会が会社の最高意思決定機関であり，その最大の権限が「実際の経営を行う取締役」のガバナンス（指名権，監査権，報酬権）を持つことである。監査役会は「株主の代表」と「従業員の代表」という2タイプのメンバーが同数選出され，対等な立場でその意思決定を行う。つまり社会（株主は誰でもなれる）と従業員が会社をガバナンスするというものである。

マザー・ドーター型グローバルモデル

　このヨーロピアン・ガバナンスモデルを持つオランダ，スウェーデン，スイス，デンマークといった小国で，巨大なグローバル企業が誕生していく。スウェーデンのイケア（家具小売），スイスのネスレ（食品メーカー），オランダのフィリップス（電機メーカー）と日本でも名の知れたグローバル企業も多い。彼らが現地法人（グローバル展開した現地に作る会社）へ求める「親会社としてのガバナンススタイル」は「マザー・ドーター型」とよばれるものである。これは現地法人（ドーター＝娘）に大幅な権限委譲を行い，母国の親会社は「母（マザー）として生み，育てることをその役割とする」というものである。

　たとえばスウェーデンのイケアでは，世界中の従業員をコワーカー（一緒に働く人）とよび，マザーである本社はイケアバリューという価値観（「自らが手本になること」「常に刷新を求める」「連帯感と熱意」‥‥といった行動基準。後述するミッションのようなもの）をベースとした人材育成だけを行う。「生み，育て，親離れさせていく」というグローバルモデルで，世界中の国に娘としての企業を生んでいく。

② アメリカン・ガバナンスモデル

株主がストックを持つ

　日本ではこのアメリカン・ガバナンスモデルをグローバルスタンダードと考

える人が多いが，このモデルを生んだイギリスとイギリスからの移民が制覇したアメリカを中心に見られるローカルモデルである。

　アメリカン・ガバナンスモデルはこれを理論化してビジネススクールで教え，その卒業生たちがその理論をベースに経営を担うという形をとる。つまり「プロの経営者を作る」というビジネスライクの国アメリカらしいスタイルである。そのため，他国でも経営に行き詰った企業が学びやすく，コピーしやすいのが特徴である。すなわち，アメリカはこのガバナンスモデルさえも商品として販売し，さらには輸出していく。こうして多くの国へアメリカン・ガバナンスモデルは進出していく。

　アメリカン・ガバナンスモデルは，前述の資本主義をその理論的バックボーンとしている。アメリカは合衆国であり，州ごとに会社法があるが，あまり大きな違いはない。日本の株式会社にあたるものが事業会社であり，ここでは株主総会が基本的，かつ重要な意思決定を行う。この株主総会はstock-holder's meetingとよばれる。「ストック（stock）」とは会社の財産所有権であり，これを持つ人が集まって年に1回総会を開くというものである。最大テーマは株主が持つ所有権を行使して「解散」をするか，しないかを決めることである。解散と決まれば株のシェア（所有割合）で会社の残余財産（全財産を処分して，全借金を返した"残り"）が分配される。「解散しない＝続行」となれば事業遂行を担う経営者としての取締役を選ぶ。取締役は株主の代理人であり，株主の持つストックを最大化することがその使命（ミッション）である。ここに監査役は存在せず，監査権は指名権・報酬権とセットで株主総会が持つ。

　ここまでは会社法の規定だが，アメリカの大手上場企業は次のようなスタイルをとる。

株主ガバナンスモデル

　アメリカの大手上場企業では，株主から選出されたメンバーで構成される取締役会は基本的な意思決定のみを行うものとして，ビジネスのオペレーションは取締役会の選任する「役員」（officer）へ権限委譲する。すなわち，取締役会はヨーロピアンモデルの監査役会のような形となり，主に役員のガバナンス（指名，監査，報酬）だけを持つ。

この役員の中の幹部クラスを上級経営執行役員（executive officer）といい，彼らがボード（経営の意思決定を行うチーム）を形成し，経営を進めていく。そのボードのトップがCEO（Chief Executive Officer）である。

　しかし，従来は上級経営執行役員の多くが取締役を兼務し，かつ取締役会のトップである議長（chairman。日本では「会長」と訳されることが多い）とCEOを兼ねることが多く，監査機能が働かない状態であった。そのため株主からのモニタリング機関（常時経営を監査する機関）として，社外取締役（ボード以外の取締役）の選任，さらには社外取締役による監査委員会の設置を義務づけた。

　しかし，2001年のエンロン事件（不正会計を行い，それが長年隠蔽されていた）を機に，証券市場[注1]の中心であるNYSE[注2]では次のようなコーポレートガバナンスコード（NYSE内でのルール＝上場企業が守らなければならないルール）を定める。

・取締役会の過半数を社外取締役で構成
・社外取締役だけの会合を開催する
・社外取締役だけで構成する監査委員会，指名委員会，報酬委員会を設ける

　そして現代のアメリカの大手上場企業の社内取締役はCEO 1人というのが一般的であり，株主の代理人としての社外取締役がガバナンスを持つ。まさに「株主が所有する会社」というモデルを実現する株主ガバナンスである。

　世界のリーダーたるアメリカゆえに，ここには多くの巨大グローバル企業がある。航空機のボーイング，ロッキード，自動車のGM，フォード，電機のGE（もうそうはいえなくなってしまったほどのコングロマリット[注3]企業体である），コンピュータのIBM，生活用品のP&G，食品・飲料のペプシコ，コカ・コーラ，スポーツ用品のナイキ，エネルギーのエクソン・モービルと挙げればきりがない。

　彼らのグローバル化の特徴は，株主ガバナンスを徹底することである。つまり現地法人を株主として支配していくものである。

注1）証券市場は会社の株などの証券を売買する市場。ここでその会社の株が売買できるようにすることを上場と表現する。
注2）New York Stock Exchange：ニューヨーク証券取引所。
注3）多数の業種の企業を配下に置く企業グループ。

③ アジア

ここで，日本以外のアジアにおけるガバナンスモデルを見てみよう。

中国に浸透するアメリカン・ガバナンスモデル

隣国中国は戦後，国のコントロールを最大化した共産主義をとり，1980年代からゆっくりと自由主義を取り入れていった。

まずはそれまで国有しか認めていなかった企業に自主経営可能な法人[注1]スタイルを認める。さらには会社法を作って株式会社スタイルをとることができるようにした。その狙いは外国資本（外資）の受け入れである。つまり自由主義が生んだ諸外国の金持ちの"カネ"を受け入れる窓口を作ることである。

会社スタイルとしてはそのカネの必要度に応じ，独資企業（100％外国資本），合弁企業（外資と中国資本の共同出資。出資比率によって権利，利益がシェアされる），合作企業（外資と中国資本で共同出資。出資比率ではなく「合作契約」で権利，利益がシェアされる）の3タイプを作った。

中国では伝統的に「家族」を大切にしており，「家長」の力が大きい。その影響もあって，従来はトップダウン，年功序列，終身雇用という企業文化を持っていた。後述する日本の経営家族主義である。

しかし株式会社，外資の導入で一気にアメリカン・ガバナンスモデルが浸透していく。こうして経営家族主義は崩壊し，成果主義が導入されていく。成果主義はアメリカ型企業の最大の特徴で「利益という成果を最大にすること」を第一義に考えるというものである。

中国は共産主義という平等社会から自由主義による格差社会へと変化していく。ここでの会社は株主のものである。「株主から選任された経営者は利益の最大化を目指し，従業員は労働力を提供する労働者」というスタイルが浸透し，このタイプの会社が当然のように自由競争の中で勝ち抜いていく。これを「拝金主義」とよんで非難する人もいるが，共産主義からの反動で逆に「格差」への抵抗感が少なく，しだいにアメリカン・ガバナンスモデル一色となっていく。

そして今や中国は巨大な人口をバックに国際競争力を高め，国と国との自由競争で勝ち抜いていく。GDP[注2]でも日本を抜き，世界一のアメリカにも迫

第❶章　マネジメント1.0から3.0までのプロセス　**9**

る勢いである。

注1) 企業とは，事業を計画的，継続的に遂行する組織体。企業の中で何らかの法律
で名前をもらい，その法の中で行動を規制されるものが法人。法人のうち会社
法で規制されるものが会社。会社のうち株主によって作られるものが株式会社。
注2) Gross Domestic Product：国内総生産。その国の企業が生んだ付加価値（57ペ
ージ参照）の合計額。

韓国の純粋アメリカン・ガバナンスモデル

　もう1つの隣国である韓国は，現在ではサムスン，LG，SK，ヒュンダイ
（現代。現在は4つに分離），ロッテなどの財閥系企業グループ注1) が支配して
いる。財閥10グループの売上がGDPの8割近くを占め，なかでもサムスンの
売上はGDPの2割弱まで達している。

　韓国は1997年にアジア通貨危機注2) という大ショックを受けた。ここから
財閥グループを中心として韓国経済は立ち直っていくのだが，その原動力はグ
ローバル化である。構造的には，財閥の寡占化による国内での高価格販売によ
って生まれた利益を武器とし，政府の支援の下で通貨危機によって生じたウォ
ン安注3) をベースに輸出の価格競争に勝っていくというものである。特に輸出
大国日本はこれにより大きな打撃を受ける。

　韓国大手企業の株主はアメリカを中心とする外国人投資家が半数を占め，経
済の中核にいる銀行は外国人株主が7割を超えるものもある。

　社会保障の支出はOECD注4) 加盟国の中で最も低く，年間総労働時間注5) は
最も長い。一方で企業の実効税率注6) は20％であり，OECD加盟国平均の30
％，日本の40％弱（法人税＋住民税）を大きく下回っている。つまり株主，
投資家から見れば韓国は事業投資の優良マーケットである。

　「平生職場」とよばれる終身雇用は崩壊し，成果主義中心となっており，ア
メリカよりも純粋なアメリカン・ガバナンスモデル一色となっている。

注1) 持株会社（株を保有してガバナンスを行使する会社）を頂点として，各種事業
会社をグループ化するコングロマリット企業。
注2) タイを震源地として東アジアの通貨に信用不安が生まれて，経済が行き詰って
しまったこと。
注3) ウォンは韓国の通貨。ウォンが他の通貨に対して"安く"なっていったこと。

注4）Organisation for Economic Co-operation and Development：経済協力開発機構。
　　欧米先進諸国を中心とする国際機関。日本，韓国，オーストラリアも入ってい
　　る。
注5）従業員1人あたりの1年間の労働時間。
注6）企業の利益にかかる税金の実際の割合。

シンガポールもインドもアメリカン・ガバナンスモデル

　アジアにはシンガポールというグローバルビジネス拠点がある。人口560万
人，面積700km²（東京23区とほぼ同じ）の小さな島国であり，多民族（中国
系，マレー系，インド系‥‥）のため，多言語，多宗教国家である。イギリス
の植民地，日本による占領を経てシンガポールとして独立したもので，かつて
のアメリカのような人工的な国家である。

　シンガポールはASEAN[注1]において金融，貿易，交通とあらゆる面で中心
である。ASEAN全体としては人口が6億人を超え，EU（5億人）よりも多く，
まだまだ増加している若き国家群である。その中でシンガポールは「外資との
窓口的な役割」を果たしている。

　法人税率は17％と極めて低く，多くの投資優遇制度があり，為替（通貨は
シンガポール・ドル），政情も安定し，治安もよい。経済競争力をはじめ，教
育，医療などの国際ランキング調査ではいつも高位にいる。そのため，外資に
とっては極めて魅力的な金融マーケットといえる。200年以上前に建国したア
メリカに世界中のアントレプレナー[注2]が集まって事業を開発していったのに
対し，シンガポールは世界中の金持ちが集まって金融ビジネスを行う場として
活気を帯びていく。むろんそのガバナンスモデルは株主，投資家中心のピュ
ア・アメリカンである。

　つまり日本を除くアジアの中心である中国，韓国，シンガポールは，今やア
メリカよりも純粋なアメリカンモデルのガバナンスをとっている。

　もう1つのアジアの巨象インドも，1991年の経済危機をトリガーとして社
会主義からゆっくりと脱皮し，外資の自由化を進めている。そして2000年代
に入ってからは「数学のインド」（「ゼロの発見」で有名）から「ITのインド」
として世界に名を馳せている。インドも中国と同様のプロセスでアメリカン・

第❶章　マネジメント1.0から3.0までのプロセス　**11**

ガバナンスモデルへと移りつつある。

　こうして日本は同盟国アメリカ，近隣のアジアのリーダーたちからアメリカン・ガバナンスモデルで包囲されていくのだが，これに染まってはいかない。

注1）Association of South-East Asian Nations：東南アジア諸国連合。シンガポール，タイ，インドネシア，フィリピン，マレーシアなど10ヵ国が加盟。
注2）起業家と訳される。新しく事業を起こす人たち。

④ 日本型ガバナンスモデル

従業員ガバナンスモデルが生まれる

　日本のガバナンスモデルは，外から見ると（内にいても）極めてわかりづらいものである。それは法と現実が乖離しているからである。外国からは法モデルしか見えず，働いている従業員は現実モデルしか意識していない。これが日本独特のマネジメントスタイルを生んでいく。

　法のガバナンスモデルはアメリカンモデルでもヨーロピアンモデルでもなく，ユニークなものである。その最大の特徴は監査役とその位置づけにある。

　アメリカンモデル同様に株主総会が最高意思決定機関であるが，ここでの主な決定事項は「取締役という経営者の選任」と「株主への配当」であり，過半数の賛成で議決される。アメリカンモデルにおける最大の意思決定である「解散」（ストック権）については，特別決議（株主の2/3以上の賛成）というイレギュラーなものではあるが，これを認めている。

　そして，アメリカンモデルと最も異なるのは監査役である。アメリカンモデルでは指名，監査，報酬というガバナンス権はセットである。一方，日本では監査役にこのうちの監査権だけが分離され，与えられている。ヨーロピアンモデルにも監査役は存在するが，取締役への指名，監査，報酬の権利をセットで持っている。ストレートにいえばヨーロピアンモデルの監査役は，監査でおかしいところを見つけたら「お前はクビだ」と言えるのに対し，日本の監査役は「株主総会に言いつける」としか言えない。つまり監査機能が極めて弱い。

　しかし日本の現実のガバナンスモデルは，この法モデルとはまったく異なる

12

スタイルである。

日本はそもそも資本主義ではない。つまり「資本家が労働力を買って財を得る」というスタイルをとっていない。多くの企業には創業者がいて，彼が自ら借金をして会社を創り，株主となる。彼らは資本家として労働力を買うのではなく，自らも従業員とともにそのリーダーとなって働く。従業員は家族であり，そのため社宅などの住宅を用意し，生活をも共にする。まさにピュアな経営家族主義である。

創業者は家長であり，働く人は家族である。家長は株主でもあり，絶対的な権限を持っているのだが，支配しているのではなく協働している。ヨーロピアンモデルもこれが原点であるが，事業拡大のために資本を社会に求め，企業は社会のものになっていく。アメリカンモデルも会社創業当時には多くがこのファミリー企業タイプであるが，やはり資本を投資家に求めることで企業は株主のものとなる。

日本でも企業が事業拡大していくと，同じように社会，投資家に資本を求めて証券市場へ上場していくが，株主のものにも，社会のものにもならない。

上場して資本を社会に求めていく中で，従業員がトップへと登っていく企業も多くなってくる。そもそも創業者も皆と一緒に働く従業員であり，企業は従業員のものである。上場しても取締役はすべて従業員であり，なんと監査役もすべて従業員である。株主総会は形式的なものであり，取締役会（従業員）の出した議案は100％通る。ましてや解散などの権利が株主にあることなど誰の頭にもない。

上場企業の株主は投資家というギャンブラーであり，株価にしか興味がない。企業は銀行を中心として株の持ち合い[注]を行うこともめずらしくなく，解散どころか，ガバナンスさえも株主に渡さない。取締役も監査役も，さらには外部にいて監査を行う公認会計士であっても，実質的には従業員のトップが選任する。まさに従業員ガバナンスである。

こうして会社は人事権を持ったトップを中心に，全従業員が一丸となって事業を遂行していくようになり，後述する日本型マネジメントモデルを生んでいく。

このガバナンスモデル，マネジメントモデルで日本は高度成長期を迎え，多くの企業が急成長していく。さらには1980年代には自動車，家電，半導体と

いうアメリカが生んだヒット商品のマーケットで，世界のリーダーとして圧勝
していく。そしてこのモデルをアメリカのビジネススクールが研究を始め，
『ジャパン・アズ・ナンバーワン』という「日本を学ぶための本」がアメリカ
で大ヒットする。

注）会社同士が互いの株を持ち合うこと。実質的には自社の株を自分で持っている
　　ことになる。

従業員ガバナンスへの圧力

　しかし1990年代に入ってバブルが崩壊し，日本株は史上初の大暴落をする。
その原因は企業の業績ダウンではなく，「絶対に落ちない」といわれていた地
価の暴落に端を発し，「一本調子で上がっていった日本株もいずれ落ちる」と
いう投資家の恐怖心が過剰反応したものである。

　多くの日本人のお金持ちが恐くなって証券市場から去っていく中で，「日本
株の安さ」に外国人投資家というプロのギャンブラーが飛びつく。株主となっ
た外国人投資家はおのずとアメリカン・ガバナンスモデルを求めてくる。そし
て「ガバナンスは株主にある」を声高に叫び，「コーポレートガバナンス」と
いう言葉が輸入される。

　しかし，日本の上場大企業は「株の持ち合い」部分が大きく，またそれ以外
の企業株主も「取引のために持つ」という形が多い。そのため外国の巨大ファ
ンド[注1]といえども「生きている会社」（倒産寸前ではなく）に敵対的M&A[注2]
をすることができず，ガバナンスを持つことができない。さらには大企業がち
ょっとしたトラブルで倒産しそうになると，"おカミ"が救済して株主となっ
てしまう。そこで外国人投資家はアメリカン・ガバナンスモデルを取り入れる
ことを，株取引ではなく「法」として要求する。そして日本はこれを受け入れ
る。

　会社法の中に上場企業のガバナンスモデルのオプションとして，「委員会設
置会社[注3]」というものが規定される。これはガバナンスモデル上，不自然な
監査役を廃止し，取締役は任期1年（従来は2年）としてガバナンスに特化し，
事業のオペレーション（遂行）は行わない。具体的には「取締役会に指名委員
会，監査委員会，報酬委員会を作り，その過半数は社外取締役とする（監査委

14

員会は全員社外取締役）。執行役という経営者を取締役会で選び，経営のオペレーションを委任する。その中に代表取締役に代わって代表執行役を設ける」というものである。まさにアメリカンモデルそのものである。

　海外の証券市場へ上場している日本のグローバル超大企業は，これに乗らざるを得ず移行する。しかし，一般の上場企業は大企業といえどもこれに移行しない。ただこれに逆らうのではなく，その主旨に沿って日本らしく「微妙な」形で変身する。それが「執行役員制」である。会社法上は従来の株式会社のままとし，「法の枠組の外に，取締役が選ぶ執行役員という"経営者"を作り，経営のオペレーションをこれに委任する。取締役はその仕事を重大な意思決定，執行役員のガバナンスに留める」というものである。しかし実際には取締役のほぼ全員が執行役員を兼ねる。つまり自分（取締役会）が自分（執行役員）を選ぶということである。

　そして，取締役会という多数決機関では矛盾する上下ランキング（社長，専務取締役，常務取締役‥‥といったもの）をなくし，これを執行役員側に移す（社長執行役員，専務執行役員，常務執行役員‥‥）。

　証券市場側はこれに反発し，「社外監査役を過半数に」「社外取締役を2名以上に」と手を打っていき，さらにはアメリカンモデルを前提にしたコーポレートガバナンスコードというルールを打ち出して，「これが守れないなら証券市場から出ていけ」と脅す。さらには委員会設置会社よりも少しやわらかい「監査等委員会設置会社」というガバナンスモデルをオプションとして提案する。これは「監査役を廃止し，社外取締役を過半数とした監査等委員会という取締役会の内部組織を作る」というものである。これには1/4程度の上場企業が移行していくが，執行役員制は"そのまま"というところがほとんどである。

　もう一度，現実モデルに戻ろう。法モデルとして委員会設置会社，監査等委員会設置会社，監査役設置会社（株式会社の大半）をとろうと，オーナー企業や外資系を除く多くの上場企業は従業員ガバナンスを堅持する。すなわち「企業は従業員のものである」。アメリカンモデルのように株主のものでも，ヨーロピアンモデルのように社会のものでもない。資本主義でも社会主義でもなく従業員主義である。

　従業員ガバナンスの最大の欠点は「監査機能の弱さ」（トップが暴走しても

歯止めがきかない）であり，これが事件（オリンパス，東芝，日産……）として
マスコミを騒がせても，がんばって維持していく。そしてこの従業員主義を
隠すのではなく，後述する理念として表現していく。「私たちは社会のために
働きます」といった形である。ここでの「私たち」は「従業員」であり，企業
そのものである。

注1）ファンドはいろいろな意味に使われているが，ここではカネを集めて投資ビジ
　　ネスを行う企業を指す。
注2）Merger（合併）& Acquisition（買収）の略。敵対的M&Aは会社の経営者の
　　意に反して行うもの。一方，友好的M&Aは経営者合意の下に行うもの。
注3）現在は正式には「指名委員会等設置会社」。

(3) 現代マネジメントの完成

　もう一度，世界全体に目を向け，マネジメントについて考えてみよう。
　3ページで述べた古典的マネジメントから経営が分離していき，現代マネジ
メントが完成する。この経緯を追ってみる。

① 古典的マネジメント＝労働資源管理

　前述のように資本主義の下で（アメリカン・ガバナンスモデルの下で）古典
的マネジメントは生まれた。企業の所有者たる資本家が手に入れた労働力を
「うまく管理する技術」がマネジメントの出発点である。
　英語のmanagementのもともとの意味は「操作，取扱い，やりくり，監督，
取締り」である。つまり資本家が労働者から買った労働力を操作，やりくり，
監督，取締るテクニックが古典的マネジメントである。古典的マネジメントは
現代のマネジメント用語では「労務管理」（labor management）とよばれるも
のである。ここでの労務管理は，資本家という企業の所有者が，企業として行
うべき仕事に対してどれくらいの労働力が必要で，どれくらいのコストがかか
るのかを考えることであり，「労働力資源管理」といってよいものであった。

② 科学的管理法（scientific management）

　19世紀に入って，イギリスで産業革命が起き，それがヨーロッパ全体，そ

してアメリカへと広がっていく。工場は機械化が進み，大量生産による工業製品が次々と生まれていった。

それが大量消費，需要増大を生み，逆に労働力不足となっていく。特に自動車，家電といった工業分野でチャンピオンとなっていったアメリカでは，この労働力不足が深刻な問題となる。ここでの「労働」は従来のような家内制手工業（手作業）ではなく，機械オペレーションが中心である。ここに従来は農業，漁業などの主力産業に携わっていた"青年労働力"という「新しい仕事への学習能力の高い若きパワー」が求められていく。

これを受け，19世紀後半のアメリカでフレデリック・テイラーという技術者を中心として能率運動が生まれる。テイラーは工場で働く人の「能率」（efficiency：単位時間あたりの仕事量）を上げるために，工場内のマネジメントについてユニークな仮説を持ち，これを自らの工場で実験していく。「どうすれば能率が上がるか」である。この結果は『科学的管理法の原理』という有名な本にまとめられる。

彼が実証した能率の上がるマネジメントとは次のようなものである。

・能率を上げる基本は，「能率を上げて"結果"を出した人」を正しく評価することである。この"結果"がこの後の中心的存在となる「成果」とよばれるものである。

・そのために，まず各作業（ジョブ：job）ごとにストップウォッチで実施時間を測定し，これを一定時間ごとの小さな仕事に切って流れ作業という共同作業で行う。

　この一定時間を「標準時間」（standard time：普通にやれば終わるであろう時間），小さく切った仕事を「タスク」（task：課業と訳された）とよんだ。

・給与はタスクを標準時間内に完了したかどうかで決める。これを差別的出来高給という。

テイラーが考えたマネジメントは，能率を指標とし，これを標準時間と作業量で表し，能率を上げるための人事評価システム＆給与システムを考えるものである。

ここに古典的マネジメント（労働力資源管理）から発展して，成果を出すためのアメリカン・マネジメントの原型が誕生する。このアメリカン・マネジメントの適用シーンは，「工場で多くの人が機械を使って同じ仕事を流れ作業で

協働していく」というものである。

　こうして生まれたアメリカン・マネジメントの原点は，ジョブ主義と成果主義である。前者は「ヒト」よりも「仕事」を中心としマネジメントを行うというものである。後者はその仕事から生まれる「成果」に着目し，これをいかに少ないインプット（ヒト，カネ）で得るかというものである。少し言い過ぎかもしれないが，アメリカン・マネジメントではヒトを機械の一部と見て，この能率を上げパフォーマンスを出していくものといえる。

③ マネジメントの体系化

　その後マネジメントを一般化（工場作業以外にも使う），体系化したのがフランスのアンリ・ファヨールである。彼の最大の功績はマネジメント・サイクルという考え方を確立したことである。マネジメントの機能を計画，組織，命令，調達，統制に分けて，これをサイクル（過程と訳された）としてとらえた。つまり最後の「統制」の次に，再度「計画」という仕事を入れることである。後で述べるPDCAサイクルの原点である。

　彼がまとめた『産業ならびに一般の管理』という本は，ヨーロッパよりもアメリカで高い評価を受け，これをきっかけとしてアメリカにおいてテイラーたちの実践的マネジメントテクニックとは一線を画す「経営学」（マネジメント学といってよい）を生み，マネジメントは学問分野の1つとなる。この経営学を教える学校も誕生し（今のビジネススクールの走り），マネジメント（≒経営）という仕事は，その学問を学んだ専門家の仕事，つまりプロフェッショナル分野となる。

　このプロフェッショナルとしての経営者には，資本家という「お金持ち」がなれるはずもなく，「資本家はマネジメントを学んだプロに経営を委任する」というスタイルになる。

　ここでmanagementという英語は「経営」，「経営者」という意味をもあわせて持つようになる。

　資本家はカネを出すだけの存在（株主）となり，株式会社というアメリカ企業のスタンダードスタイルが生まれ，広く普及していった。つまり「資本家は企業を所有し（オーナー），その経営（＝マネジメント）を経営者に委任する」

というものである。これが「所有と経営の分離」といわれるもので，株式会社の最大の特徴である。

④ マネジメントのダッチロール

マネジメントテクニックとしてのIE

一方でテイラーから始まった能率運動は，テクニックとしてはキレを増してくる。これを支えたのが，「仕事の動作」からマネジメントを考えたギルブレス夫妻，「時間」からマネジメントを考えたガントといった人たちである。そしてこれがIE（Industrial Engineering）という形でまとまっていく。

しかし，アメリカのビジネススクールで経営学として，これを取り入れることはほとんどなかった。IEはエンジニアリングであり，「工場で働く人」というブルーカラー[注1]に着目している。ブルーカラーの労働者はせいぜい班長（生産ラインのリーダー）どまりであり，キャリアアップの道があまりない。つまり経営者として学ぶべきものではなく，労働者がリーダーになるために仕事をやりながら学ぶ「実践的なテクニック」として見ている。ここで経営とマネジメントが少しずつ乖離していく。

一方，IEは日本で花開くことになる。IEを日本に紹介したのが「能率の父」とよばれた産業能率大学の創始者上野陽一である。日本ではIEがマネジメントというよりも，工場の生産現場での「作業改善」（スピードアップよりも品質向上，働きやすさを目指す）という形に変化していく。そしてこれが「メイド・イン・ジャパン」という高品質イメージを生み，日本を自動車，家電といった耐久消費財の世界チャンピオンへと押し上げる。その後「KAIZEN」は日本的仕事の進め方として世界に通用するワードとなっていく。

さらにこのIEがNC工作機械[注2]，産業用ロボットという「ヒトに近い機械」を生み，この分野でも日本がダントツのトップとなる。

注1）その衣服から工場で働く人をブルーカラー，オフィスで働く人をホワイトカラーとよんでいる。
注2）NC：Numerical Control：数値制御。NC工作機械は数字を使って機械の動きをコントロールするもの。

人間関係を考える

アメリカでIEは，能率向上のエンジニアリングという世界では限界に来てしまう。ここで今度は経営学が心理学的なアプローチで能率にチャレンジする。それが人間関係論という世界である。

その出発点がホーソン実験とよばれるものである。これはアメリカの電話メーカーであるウエスタン・エレクトリック社のホーソン工場で，メイヨーとレスリスバーガー（ともにハーバード大学ビジネススクールの教授）が行ったものである。能率向上に間接的に影響を与えるものを見つけるために，「工場を明るくしたり，暗くしたり」「休憩時間などの作業条件を変えたり」「労働者に会って話をしたり（今でいうカウンセリング）」‥‥といろいろな実験を試した。その結果，作業環境，作業条件よりも能率に大きな影響を与える要因を見つけた。それが「人間関係」（Human Relations：HRと略す）である。このHRがビジネススクールのテーマとなり，さまざまな学者がさまざまな仮説を提示する（だから人間関係"論"とよばれた）。

たとえばインフォーマル組織（ホーソン実験の成果。いつの間にか出来てしまう組織であり，これが能率に大きな影響を与える），マズローの欲求5段階説（人間の欲求は5段階あり，これが高次化していく），マクレガーのX理論・Y理論（「人間は働かないからコントロールする必要がある」をX理論，「人間は自分で決めたことは必ずやる」をY理論として，マネジメントはY理論を前提として進めていく），ハーズバーグの動機づけ・衛生理論（人間の"やる気"に関係する要因は2つある。1つは衛生要因でそれが悪いとやる気がなくなるが，良いからといってやる気が出るわけではない。たとえば給与，人間関係。もう1つは動機づけ要因で，これがあるとやる気が出るもの。たとえば仕事の達成，承認），リーダーシップ論（リーダーはどうあるべきかといったことを考えること）‥‥などが次々と出てくる。

そして，リーダーシップ論をベースとして仮説は収束していく。それは次のような考え方である。

「人間は心の中に"やる気"（ここではこれをモラールと表現）があり，なんらかの阻害要因でそれが表に出なくなる。この"やる気"を表に出させるのが"動機づけ"（モチベーションと表現）というリーダーの仕事である。リーダーシップとはこの"動機づけ"をうまくやるための方法論である。」

こうして人間関係論という議論は，行動科学というビジネススクールの1つの科目となる。行動科学は提案制度（従業員に仕事の改善などの提案を求め，効果のある提案に対して報酬を払う），職務拡大（1つの仕事ではなく，いろいろな仕事をやるほうが人間はやる気が出る），目標管理といったマネジメントテクニックを生んでいく。

　しかし，これらは成果主義の国アメリカではその効果（やることでどれだけ成果が上がっているのか）が測定できず，すべて消えていく。そして行動科学という学問自体も，心理学的に考えると「根拠がない」として否定され，消えてしまう。行動科学が残したものはリーダーシップ論の1つ，状況対応型リーダーシップから生まれたソーシャルスタイルだけである。これは「人にはいろいろなタイプがいる」，つまり「まわりには自分とは違うタイプがいることを知る」というものである。

　アメリカン・マネジメントの出した結論は「マネジメントにおいて人間関係など考える必要はなく，成果の約束（コミットメントと表現する）がすべて」という成果主義へと落ち着いていく。そしてソーシャルスタイルの「いろいろな人がいる」というものは「これを認め，逆に仕事ではこれを一切意識しない」というダイバーシティへと向かっていく。

目標管理が日本で根づく

　これらアメリカで廃れた行動科学が，日本で1960年代に注目され，リーダーシップ論を中心とする人間関係論が各種の研修として商品化されていく。ただ日本もアメリカ同様にどういう効果があるかがわからず，ほとんどが消えていき，今はソーシャルスタイルだけがかろうじて残っている。

　しかし行動科学のテクニック自体は，日本では根強く残っている。提案制度は日本では工場のKAIZENのベースとなり，職務拡大はトヨタのカンバン方式を通して多能工（いろいろな仕事をできる人を育てる）として今も残っている。その中でも目標管理は，今やマネジメントテクニックの中核として日本にしっかりと根づいている。

　アメリカでは行動科学の末期にさまざまなテクニックが提案され，3ページで述べたマネジメント・ジャングル状態となった。ここでユニークな考え方として「Management by Results」というものが提唱される。直訳すれば「成果

によるマネジメント」である。これは「どのマネジメントが良いかは成果で決まる。良い成果を生んだマネジメントが良いマネジメント」というものである。そしてこの「成果」を測る「ものさし」として「目標」（成果の予測⇒object）が注目され，これが「Management by Objectives（略してMBO）＝目標管理」を生む。さらにここに行動科学の要素（やる気，モチベーション）が加味され，目標管理にセルフコントロール（自己管理）という概念が加わる。英語ではManagement By Objectives and self-controlまたは Management By Objectives through self-controlと表現される。これは「企業の各メンバーが，自分の目標を自分で立て，自分でマネジメントしていく」というものである。和訳すれば自己目標管理であるが，日本では目標管理といえばこれを指す。

　アメリカではこの「自分で目標を立て，この達成具合を評価する」ということは矛盾（それなら目標を小さくすればよいに決まっている）と指摘され，消えていく。そしてアメリカン成果主義は，「上司からの『成果』の提示を部下がコミットメント（約束）して労働契約が成り立つ」という形へと変わっていく。そしてその『成果』をランキングしたものをジョブグレードとよび，「ジョブグレードによって労働契約をし，そのグレードに合う成果を出せば約束した給与が支払われる」という形となる。

　一方，日本ではこの目標管理を産業能率大学が普及に努め，多くの企業で現在も採用されている。先ほどの「低い目標を設定」という問題点は，この目標管理の設定用紙を「チャレンジシート」（高い目標にチャレンジ）といった名称にしたり，「高い目標を立てた人には高いリターンを与える人事評価システムにする」といった形で改善され，浸透していく。

⑤ アメリカン・マネジメントとヨーロピアン・マネジメント

経営と労働のバランスを考えるヨーロピアン・マネジメント

　ここまでアメリカン・マネジメントを中心に述べてきたが，EU諸国を中心とするヨーロッパにおいてもほぼ同様なプロセスで推移していく。

　しかし，自由主義の最大の難敵，不景気がいち早くヨーロッパにやってくる。ヨーロッパでは企業はオーナーとその代理人である経営者側と，多数の労働者が益を分配する組織となっていた。しかし経営者側と労働者側の益の分配は，明らかに権力がある前者に有利であり，ブルジョアと労働階層という社会

的な格差を生む。そして，不景気によって企業の仕事が減ると経営者側は労働者側への分配を減らしていき，最後は労働者のクビを切る。景気減速によるクビ切りであり，企業側が不景気になると一斉に行うため，その労働者の引き取り手はなく，失業という社会問題となる。そしてこれが企業悪人説（企業は放っておけば悪いことをやる）を生み，西ヨーロッパに社会主義を浸透させていくきっかけとなる。

ここに企業が生んだ益のバランスをとるために，力の弱い労働者が集結して経営と対等に話し合う組織が社会的に求められ，労働組合が誕生する。ヨーロッパ社会はこの機関の設置を義務づける。ヨーロピアン・マネジメントはこれを機に，資本家・経営者側と労働者側のバランスを常に意識し，win-winとなる関係を法によってコントロールしていく「社会主義的なマネジメント」へと変わっていく。

経営からマネジメントが分離する

一方，アメリカン・マネジメントは異なる形で進化していく。

ヨーロッパの景気（＝仕事量）はサイクルはあっても，どちらかといえば"右肩下がり"であり，「失業から守るために規制」「貧富の差を小さくする」という方向へ向かっていく。すなわち税率を上げ，社会福祉で皆がそれなりの生活をできるようにするものである。こういう中で資本家，経営者の益は低くなり，国全体の国益を皆がシェアするようになる。

しかしアメリカは未だ成長期にあり，景気のトレンドは右肩上がりであった。景気が落ち込んでも明日は事業拡大の夢がある。というよりも景気刺激策として政府が仕事量を増やす方向で努力する。企業側もこの期待感から，金持ちからカネを得て「競争に勝つ」というムードが高くなる。そのため資本家の力が強くなる。

カネの集め方は「資本家の持つ権利」を小さく細切れにした（これを証券化という）「株」にして，これを証券市場で売買していくものである。この上場によって株主の力は弱まるが，その集合体といえる証券市場が力を増してくる。そして証券市場が企業のガバナンスを持つことになる。これが証券資本主義である。

証券市場が発達していくと，それまでのように投資家たちが企業の稼いだカ

第❶章　マネジメント1.0から3.0までのプロセス　**23**

ネ（配当）を受け取る場ではなくなる。証券市場は独立した金融市場となり，投資家たちがマネーゲーム（ギャンブル）でカネを稼ぐ場となる。このマネーゲームの勝敗は「株価」でつく。しだいに，アメリカは金融市場のほうが商品市場（一般企業が商品売買するマーケット）よりも大きくなっていく。そしてビジネスの主眼は「どういう事業を展開するか」よりも「投資家から見てどういう事業が魅力的か」になっていく。投資家のカネ（資本）は当然のことながら儲からない事業を捨て，儲かる事業へと向かう「選択と集中」が基本であり，これが社会全体のムードとなる。

　さらには，証券市場に小さく切られた株の権利を集めてガバナンス，ストック権を持って事業の選択と集中を経営者に迫るファンドが誕生する。こうなると経営者は証券市場の投資家の代理人となり，彼らのゲームの勝ち負けを決める「株価」の上昇をひたすら目指すようになる。

　しかし，株価が市場の"せり"で決まるのでは経営者としては手の打ちようがない。そこで「株価は企業価値をシェアしたもの」という仮説をビジネススクールが打ち上げる。ここでの「企業価値」とは現在のストック（企業の持つ財産を処分して借金を返した後に残るカネ。これを純資産と表現する）に「企業活動によって増えるカネ」（＝キャッシュフロー）が上乗せされる」というものである。

　経営者は企業価値の増大を目指し，投資家にROE[注]というストックの増加率をコミットメントして，ここに自らのクビをかけ，経営を行う。すなわち，経営の仕事は経営資源（投資家が与えたストックという財産と，労働者というヒト）を企業組織の中に適切に配分し，キャッシュフローを生み，これを投資家に還元していく仕事となる。

　こうしてマネジメントという仕事から「経営」という仕事が完全に分離する。「経営」と「執行」の分離である。マネジメントは配分された労働者などの経営資源をうまく使っていく「執行」という仕事（日本語では「管理」という言葉が使われる）となる。

　ここに経営（担当は経営者），マネジメント（マネジャー），現場（プレイヤー）という3層を生み，それぞれがプロフェッショナルとして仕事を担う。

　こうしてマネジメントは経営に代わってプレイヤーを管理する仕事となり，アメリカン・マネジメントのスタイルは完成する。

ここで考えられた経営、マネジメントのモデルはビジネススクールで商品化され、世界中へ輸出されていく。一方、ヨーロピアン・マネジメントはこのアメリカン・マネジメントの影響を受けながらも、社会主義的な色を残して理論化され、ヨーロピアン・ビジネススクールで完成していく（日本にはあまり輸出されないが）。

注）Return On Equity：equityはストック（＝純資産）のこと。ROEはストックに対する利益という増加分（return）の割合。つまりストックという株主の財産の年あたりの増加率。

 ## マネジメント1.0から3.0へ

　島国日本のマネジメントは、今まで述べてきたマネジメントとは全く異なる形で進化していく。日本型マネジメントは1.0、2.0、3.0、そして本書のタイトルである4.0という世代に分けることができる。
　ここでは1.0から3.0までの進化を追ってみよう。

(1) マネジメント1.0＝経営家族主義マネジメント

① マネジメント1.0の原点

　日本型マネジメントがアメリカン・マネジメント、ヨーロピアン・マネジメントと基本的に異なるのは、12ページで述べたように、その出発点であるガバナンスモデルが異なることにある。そもそも日本には、ガバナンス（経営者の指名権、監査権、報酬権）という概念すらなかった。それは「カネを持ち労働力を買う」という資本家が存在していないからである。戦前、戦後を問わず企業を築き上げてきたのは創業者（複数のことも多いが）である。前述のように創業者は法的には株主兼経営者であるが、実態はトッププレイヤーである。
　この創業者の事業アイデア、ビジネスモデル開発能力、気力（これらをよくアントレプレナーシップとよんでいる）の下に企業が生まれる。創業者は資本

主義でいう「労働力」ではなく，「仕事を一緒にやってくれる仲間」を求める。

　アメリカン・マネジメントは「労働力を買う」のであるから，「その仕事ができる人」を求める。つまり労働力が不足している仕事について，不足している期間，ヒトを採用する。そして労働力が余ってくれば解雇する。これをジョブ型採用という。

　一方，日本では「仕事を一緒にやってくれる仲間」を求める。これをメンバーシップ型採用という。アメリカの採用面接は「〜という仕事ができるか」と質問されて「アイキャン」と答える。日本では「志望動機」を聞く。つまりアメリカは就職であり，日本は就社である。就社なので，求める人は意欲が高く，成長が期待できる人，いわゆる「若い人」である。何の仕事もできない人（学生）をその生活を含めて，丸ごと請負うという形で「雇う」。労働者（働かされる人）ではなく従業員（仕事をする人）という表現があてはまる。

　「見習い」として雇われた従業員は，創業者をはじめとする先輩の仕事を見様見真似で覚えていく。従業員は場合によっては創業者の家に住み込み，あるいは住居を社宅として与えられ，まさに家族の一員となっていく。ロバート・オーエンのいう「経営家族主義」である。企業と社会との関係は「ビジネス」のみであり，企業はまさに「独立した存在」となる。

　これが日本型マネジメントの原点といえる「経営家族主義マネジメント＝マネジメント1.0」である。従業員は家族なのだから，当然“終身雇用”である。つまり企業に入り，その家族として一生そこで働く。「家族として企業で生活していく」というほうが正確な表現かもしれない。

　そして家族であるから“年功序列”（長男のほうが次男より上）であり，入社年次によって先輩，同期，後輩というものが生まれてくる。学校の1年生，2年生の延長線上にあり，学校を卒業すると4月に一斉に入社する。アメリカの通年採用（必要な時に採用する）とは基本的に異なっている。

② 人材育成と職能制度

　「何の仕事もできない人」を雇うのだから，マネジメント1.0で最初になすべきことは人材育成（仕事をできるようにする）である。これは企業を去っていくまで続く“生涯教育”である。そして何もできずに入ってきた人が，いつの間にか特定の仕事のプロとなり，最後には企業のトップまで登りつめる道が

用意される。

　ただし「育てる」といっても専任のプロのコーチがいるわけではなく，人材育成の基本はOJT（On the Job Training：仕事をやりながら教育）であり，仕事のできる先輩が仕事のできない後輩を育てていく。ここに師弟関係を生み，経営家族の絆は強くなっていく。

　ここではトレーニング（教える）というよりもラーニング（学習）の世界であり，先輩の仕事ぶりを見ながら自らが学習していくことが基本である。

　ラーニングという自己学習においては，学習目標としての「能力ランク」のようなものが必要となる。日本古来の書道，柔道，華道，茶道のように3級，2級，1級，初段，二段‥‥といったものである。当初はこの能力ランクを仕事の出来具合で表していた。商店であれば「でっち（見習い）―手代（一人前）―番頭（教えることができる）―大番頭（仕事を任せることができる）」であり，工場では「見習工―職工―技能工―熟練工」といったものである。

　そしてここにオフィス業務が加わることにより，職種による違いを越えて統一されていく。基本的にはランク設計のうまい役所で使っていたものを民間でもコピーして採用した。「一般職―主査―参事―参与―理事」といったものである。さらにこれが細かく階層化していき，一般職，主査，参事の中を3級，2級，1級とランキングしたり，主査の下に主事，主任，副主任，参事の下に参事補，副参事を作ったりという形で，特に下位層のランキングを細かくしていく。これは能力の成長過程を細かくし，従業員に自らの成長を自覚させるためである。

　後で述べるように給与アップと能力ランクが一体化していく中で，給与アップの段階を細かくするためにさらに能力ランクは細かくなり，入社してから数年は毎年のようにランクが上がっていく形となる。

　後にこのランクが組織の中で身分のようなものに進化していき，「資格」「格付け」とよばれるようになっていくが，当初は能力ランクの意味合いが強く，職能制度（職務遂行能力の略）などとよんでいた。

③ ピラミッド型軍隊的組織

管理範囲とピラミッド

　マネジメントには管理範囲（span of control，span of management）という

考え方がある。これは「1人の上司が管理できる部下の最大数」である。

　日本型企業はアメリカ型企業に比べ管理範囲が小さい。アメリカ型企業が「その仕事のプロフェッショナル」（マネジャーもその1つ）を雇うのに対し，日本型企業は「仕事ができないアマチュア」を雇うことがその主因である。プレイヤーが一人前のプロに育っていないことが多いので，管理職とは名ばかりで，マネジメント（≒管理）という仕事よりもプレイヤーたちが処理できない仕事をやること（これを例外処理という）が中心となる。つまりプレイング・マネジャーであり，おのずと管理範囲は小さくなる。

　部下の人数は少ないのでマネジメントとしての仕事は少ない。こうなるとプレイング・マネジャーにとって大切な仕事は，マネジメントよりもプレイヤーの仕事をリーダー（キャプテンといったほうがよい）としてきちんとやることであり，マネジメント力を脆弱なものにしてしまう。さらにはこのマネジメント力の弱さが管理範囲を小さくしていく。

　日本型企業はこの管理範囲が小さいため，アメリカ型企業と比べて多階層化していく。企業の末端に1,000人分のプレイヤーの仕事があり，管理範囲が5人の時には，200人のリーダー（上司）が必要となり，このリーダーごとにチームができる。このチームを日本では「課」（または「係」）と命名するのが一般的であり，チームリーダーは課長とよばれる。さらにこの200人の課長の上司として，40人のリーダー（部長）が必要となり，部ができる。その上に8人の本部長‥‥となり多階層化していく。ここで課長，部長，本部長‥‥は管理職とよばれる。この多階層組織はピラミッドと表現される。ここで末端の人数が増えれば（企業が大きくなれば）ますますピラミッド化していく。

　一方，マネジャーにマネジメントのみを求める（しかもマネジメントのプロを雇う）アメリカ型企業では，管理範囲は大きい。先ほどの1,000人プレイヤーのケースで管理範囲を20人とすれば，50人のマネジャー，その上に3人のゼネラルマネジャーというフラット（ピラミッドに対しこう表現する）な構造となる。このゼネラルマネジャーは，マネジャーの上位職ではあるが経営に近い。そのため日本の部長よりも格上のことが多く，バイスプレジデントといった名称を使うことも多い。バイスプレジデントは副社長と訳されるが，日本でいう副社長より地位としては低く，企業内に数多くのバイスプレジデントがいる会社も多い。

アメリカ型企業では，マネジャーはマネジメントのプロフェッショナルのため（マネジメントという仕事をコミットメントして入社する），プレイヤーの仕事をすることもなく（できない），マネジメントに徹するためマネジメント力は向上し，ますます管理範囲は広がっていく。したがって，企業が成長してもフラットな状態がキープできる。

日本型組織の強さと脆さ

日本型企業のプレイング・マネジャーとピラミッド構造は，「身分」という考え方を生む。ピラミッド構造という多層性からアメリカン・マネジメントのように経営，マネジメント，現場というすっきりした3層構造とはならず，かつプレイング・マネジャーによってこの多層性がシームレスとなる。

課長は，例外処理中心のためおのずとトッププレイヤーがこれを担うことになる。そしてこのトッププレイヤーがマネジメントではなく現場の高度な仕事を担当していき，この中から部長が生まれる（生まざるを得ない）。

こうなると組織は当然のように職種別組織となる。そのため営業部門であれば課長がプレイング・マネジャーとなるだけではなく，部長，役員になっても相変わらずトップセールス（顧客企業のトップへ営業すること）という現場の仕事も担うこととなる。

職種すべて（メーカーであれば営業，生産，スタッフ‥‥）を越えて考えるのは社長というトップだけとなり，ここにすべての権限が集中していく。しかし，社長もその前は花形部門のトッププレイヤー（キャプテン）であった。そのため特定の仕事に特化しており，それ以外の仕事，特に経理，人事などのスタッフ業務は弱い人も多い。

花形現場の仕事をよく知ったトップの下，ピラミッド組織が一丸となって仕事をしていく。いわゆる軍隊的組織である。軍隊の組織は攻めれば強い。この強い企業がライバル企業を倒し，軍隊的組織が日本の主流となっていく。

一方，この組織はガバナンスで述べたとおり，トップをチェックする人がいない。そのためトップが独走し，強引に進めても，これをセーブする人がいない。そのため「強さ」とは裏腹な「脆さ」が出てくる。これが企業事件としてマスコミをたびたび騒がせるようになる。

第❶章　マネジメント1.0から3.0までのプロセス　**29**

④ 人事制度

　上の仕事のシームレス化は，先ほどの能力ランクにも影響を与える。現場，マネジメントといった区分がシームレスなので，もともとは主査がトッププレイヤー，参事から管理職という区分であったものが，その境がなくなってしまう。先ほどの営業部門でいえば主査，参事というのはその順に「セールスがうまい，セールス経験が深い，セールスとしての業績を上げた」ということをトータルとして（ファジーに）指すようになる。

　シームレス化した課長―部長―本部長―事業部長といった役職ランクとこの能力ランク（職能ランク）がいつの間にか合体し，1対1の関係になっていく。「係長（役職ランクなのだが，係がなくても係長という）＝主査」「課長＝副参事」「部長＝参事」「本部長＝参与」「事業部長＝理事」といったはっきりした対応となる。

　職能ランクでの「副参事への昇格」は「課長待遇への昇進」と同じであり，課長になることができる「資格」を持つことになる。本来，昇格は資格ランクが上がることであり，昇進は役職ランクが上がることであるが，これが同時に上がるため，まとめて「出世」とよばれるようになる。

　企業のランクは職能資格制度，これを各人に当てはめることを「格づけ」とよぶようになり，この資格によって給与が決まる。こうして職能資格制度は給与制度を包含し，人事制度とよばれるようになる。

　能力，役職，給与という異なるものが，人事制度という仕組で渾然一体化していき，「身分」のようなものになっていく。

　資格の上下はまさに「どちらが偉いか」ということになり，軍隊でいう階級のようなものとなり，軍隊型ピラミッド組織をより強固なものとしていく。これは戦争を知っている世代（この人事制度を最初に作った人たち）が作った“文化”のようなものであり，当初は「君は二等兵なのだから上官の言うことを素直に聞きなさい」「君も課長か，やっと軍曹だな。ここから先，隊長になれるかは君の努力次第だ」などと言っており，この文化が経営家族の中で次の世代へと引き継がれていく。

　ここでは「偉さ」を表すものとして“言葉遣い”をはじめとするマナーが教育され，完全な上下関係が作られていく。組織内の下位者は上層部のことを

「うちの"偉い人"」などと言い，資格が上がることがまさに出世となる。

　本来は株主から選任されるはずの取締役も，トップが指名する従業員が独占し，身分制度の中の1つの階級のようになっていく。さらにその取締役にも下位層同様に「ヒラ取締役―常務―専務―副社長」といった階級が生まれ，自然に役職ともリンクし，取締役営業本部長，営業担当常務取締役（営業部門の責任者）といった形になっていく。

　こうして，組織を形づくるハードウェアとしての人事制度は確立する。

⑤ 年功序列

　次はこの組織を動かすソフトウェアである。これは上記したハードウェアの中で自然に生まれてくる。

　1つは出世をどうやって決めるかであり，いわゆる人事評価の世界である。アメリカ企業では上位層はマネジメントが仕事なので，「マネジメントをしっかり勉強した人」「マネジメントがうまい人」を何らかの形でテストしてマネジャーにする。しかし日本企業の場合，管理職はプレイング・マネジャーであり，「管理のうまい人」というわけにはいかない。「プレイのうまい人」といっても会社の中にはさまざまな仕事があり，そのフェアな評価が難しい。また，その階級も極めて多く，それが能力認定だけでなく身分をも決めてしまう。しかも経営家族としての「和」も大切にしなくてはならない。

　そこで出世の基本原則を「平等」とする。これが年功序列という「秩序」である。「秩序」とは，上下関係を表す「組織のソフトウェア」である。

　年功序列では経験年数とともに階級が上がっていくのだが，上司による人事評価を考慮するとしても，基本的にはそのスピードを大きく変えることはない。そのためにも管理職までの階級は細かくし，年々上がるようにし，かつ飛び級を認めない。だからどんなに能力が高くても，それによって難しい仕事を担当しても，身分は急には上がらない。

　しかし，これでは皆が管理職になってしまうので，組織を維持できない。そこで次のような工夫をする。

・いつまでも働いていると皆が偉くなって，上がつかえてしまうので，55歳くらいを「定年」として引退する。「子育てが終わって子供が一人前になり社会人として独立したら現役引退する」というイメージである。その代わ

り，定年退職後は退職金，企業年金で人生の最後まで企業が生活の面倒を見る。

・総合職（役所でいうキャリア），一般職（ノンキャリア）といった形で出世ルールをはっきりと分けて採用する。総合職は大学卒男子で管理職になるタイプ，一般職は中学卒，高校卒の男女や短大卒の女子で，係長，班長（管理職というよりも職場の先輩，リーダー）止まりの出世とする。年功序列ではあるが，その入口を分けて，出世のスピードを変える。

・総合職が管理職（課長）に上がるタイミングを40歳代後半くらいとし，そこまでは皆が同じようなスピードで出世していく。課長以降（その先のポストはぐっと減る）は部長以上のメンバーが自分の仲間とするかどうかを考えて昇格させる。こうなると上司が引き上げてくれないと課長止まりで終わってしまう。そのため「課長―担当」よりも「部長―課長」という上下関係は極めて厳しいものとなり，課長は部長，さらにはその上層部に服従を誓うようになっていく。

・部長より先のポストがどうしても足りない時は，これを外部に求める。子会社，関係会社，取引先（銀行のように子会社を原則として持てない企業はこのタイプ）といったところである。役所の天下りとよく似た構造である。ここでは親会社の課長は昇格せずに子会社の部長となっていくことで，親会社のほうが1ランク上の組織として皆が認識する。同期が部長に出世すると，その人がやりづらいので，なれない人は他社の部長として去っていく（といっても当時は課長が40歳代後半なので定年退職まで部長として働くのは数年となってしまうが）。

⑥ 組織と意思決定

前述のとおりマネジメント1.0では，職種別の組織（これを職能別組織ということが多い）とせざるを得ない。いわゆる官僚型組織であり，部門間の壁は厚い。

メーカーでいえば，企業を営業，工場，調達などの部門に分け，営業部門の中を管理範囲によって1部，2部‥‥，1部を1課，2課‥‥といった形である。

こうなると「経営」という仕事は社長だけとなってしまうので，経営スタッフという経営のサポーターが求められる。当初は多くの社長が苦手とする財

務・会計を扱う経理部を中心として，それ以外を総務部としていた。組織拡大によって仕事が増える中で，この総務部から徐々に人事部，情報システム部などが独立し，経営スタッフが多くなっていく。さらには経営スタッフのとりまとめとして経営企画部，社長室などが生まれてくる。

　一方，マネジメントの脆弱性から管理職へのサポートが必要となり，マネジメントスタッフが生まれる。営業企画部，生産管理部‥‥といったものである。

　このようなタイプの組織をライン＆スタッフ組織という。多階層を持つラインとそれを支えるスタッフという構造である。

　しかし，こうなると営業と工場をまたぐ意思決定は社長（それをサポートする経営スタッフ）の仕事となってしまい，負荷が大きくなりすぎる。本来はマネジメント段階で意思決定すべきことでも経営マター（経営の仕事）となってしまう。

　そこで複数部署に関連する意思決定は「稟議」というスタイルを採用する。前述の人事制度同様に官僚型組織の本家本元“お役所”が生み出したテクニックである。

　組織として何かを決める時，それを決めたいと思う人（起案者という）が「このようにしたい」という決裁書を作り，そこに関係者のハンコをもらうというものである。

　起案者がこのハンコをもらうために書類を関係者に持ち回り，口頭で説明し，1人1人の承諾を得ていく。こうなると決裁書に細かいことは不要，というよりも書かずにおいて，各人ごとの説明のために内容をファジーかつフレキシブルにしておくほうがよい。そして各関係者の顔色を見ながらハンコがもらえるように説明すればよい。これを根回しという。そのため，日本のビジネスマンは個別折衝力はあるが（その力のある人が出世する），驚くほど文書作成が下手である。

　また，アメリカ型企業のように「関係者を一堂に集め，意思決定を仰ぐために説明する」ということもないので，プレゼンテーション力が欠けている。ただこのアメリカ型企業のプレゼンテーション力は「誰しもが納得する論理的なもの」ということであり，インパクトのあるプレゼンテーションのことではな

い。ここでのプレゼンテーション力はロジカル性が強く求められるもので，文章力とほとんど同じといってよい。日本ではプレゼンテーションというと消費者に訴えるシーンなどでの押しの強いプロモーションスタイルをイメージするが，ここでいうプレゼンテーションは「万人がおのずと納得する」というスタイルである。

日本ではこの万人が納得するロジカルな面よりも，個々人に合わせてうまく調和させていくことが求められる。これが折衝力であり，マネジメント1.0のソフトウェアの最大の特徴といってよい。

この稟議書を最終決裁者（トップなど）に持って行った頃には，組織としての合意はほぼ固まっているというボトムアップ型の意思決定である。

会議は決裁が終わっているものが議題であり，特に話し合うことはなく，会議出席者の中の最上位者への「報告」「確認」だけとなる。

これがマネジメント1.0の基本「和」である。

しかし，この「根回し」「和」では，いかにも意思決定のスピードが遅くなってしまう。そこでいくつかの工夫をする。

1つは決裁基準というものを設け，最終意思決定者をトップから下げるものである。案件の重要度（金額など）によって部長決裁，本部長決裁，常務決裁，社長決裁というランクを作るものである（後で述べる権限委譲とは異なる。権限委譲は上から下へ向かっていくが，決裁は下から上へ向かっていく）。

もう1つは事業部制，カンパニー制といった形で，組織を事業によって分けるものである。たとえば，常務決裁といっても生産担当常務，営業担当常務と職務別になっていることが多い。しかしそうなると生産と営業をまたぐ決裁はすべて社長になってしまう。そこでこれを事業ごとに分け，その事業部長が事業内のことは意思決定するものである。

⑦ 温情主義

マネジメント1.0のもう1つのソフトウェアは「温情」である。アメリカン・マネジメントの成果主義でもヨーロピアン・マネジメントの社会主義でもなく，温情主義とよばれる。

マネジメント1.0の世界では，上司は部下よりも仕事ができる「先輩」であ

り，部下に仕事を教え，その能力向上を評価する「先生」であり，その人の給与，ポストをも左右する「親」である。そして年功序列をとることで，逆転することのない「絶対的な上下関係」となる。

しかしその上下関係はギスギスしたものではなく，「同じチームで仕事をやる仲間」（軍隊のように兵隊だけが戦い，上官は後ろにいるのではなく，上司が先頭に立って仕事をしていく），仕事が終わると一緒に酒を飲み，オフにはゴルフをやり，チームで旅行をしたり家族をよんで会社の運動会をやる。まさに「同じ釜のメシを食った仲間」であり，戦友であり，同志である。そしてこの家族には庶務（32ページの一般職のことであり，当時はこんな差別用語を使っていた）という女性の「お手伝いさん」もいる。

上司は部下を本当の子供にようにかわいがり，プライベートな面までサポートする（結婚式の仲人をやったり，子供の就職，親の葬式まで面倒を見て……）。部下は上司の温情を肌で感じ，仕事をしていく中でそのおもしろさを知っていく。自分の気づかなかった能力を見つけ仕事を教えてくれる上司に感謝し，自分より能力が高い上司を尊敬する。

ここにアメリカン・マネジメントとは異なる日本型マネジメントがマネジメント1.0として完成する。

経営者は，法が設計する「株主から経営という仕事を委任される」というものではなく，企業という大家族の長として絶対的な権限を持つ。

管理職は「プレイヤーを管理する」といっても，プレイヤーとはシームレスな関係にある。自らが管理職になっても，担当する仕事がマネジメントに変わったと思うことはなく，出世の一階段を上がっただけで「労働組合から出ていき，給与体系が変わった」くらいの違いしか感じない。

企業が大きくなっていく中で，経営者にも創業者やその一族という株主だけではなく，プレイヤー，管理職という階段を昇って出世してくる「サラリーマン経営者」が生まれる。

こうして日本企業では経営者，管理職，プレイヤーという3層が実質的にシームレスとなる。すなわち日本の大企業は成長していく過程で，そこで働く従業員が年とともに企業のトップに出世していき，「従業員ガバナンス」という企業へいつの間にか変わっていく。

この経営家族主義をベースとしたマネジメント1.0は，企業の成長段階にお

いては一致団結という驚くべきパワーを生み，ついに日本企業は世界チャンピオンにまで登りつめる。

　この世界チャンピオンというサクセスによって，本来は上場によって変革していくはずのマネジメントが，マネジメント1.0のままを保守する。業績を出して「勝てば官軍」であり，上場企業となっても，証券市場の主役のはずの投資家が求めるアメリカン・マネジメントを拒否する。そしてアメリカン・マネジメントを取り入れ，逆に弱体化していく諸外国の先進企業を尻目に，マネジメント1.0で日本企業は栄光の時代といえる高度成長期を続けていく。

(2) マネジメント2.0＝アメリカン・マネジメントの導入

① マネジメント2.0への波

　法という社会ルールから独立し，企業内部にクローズした形で完成したマネジメント1.0に，その後，外部から2つの波が襲ってくる。「ゆっくりとした波」と「激しい波」である。

団塊の世代がもたらした波

　ゆっくりとした波は団塊の世代の入社から始まる。

　団塊の世代とは1947年〜49年あたりのいわゆる戦後ベビーブームに生まれた人たちである。彼らは生まれた時に，親から「あなたは同世代の人が多すぎるので，がんばらないと生き残れない」と言われ，それが彼らのその後の人生のトラウマとなる。「がんばり」「競争」「生き残り」が彼らの価値観である。

　彼らが入っていくことで幼稚園という教育機関ではなく，保育園という社会の育児サポート機関を生み，小学校，中学校はマス化していく。しかしその後の世代が減っていることがわかっているため教師は増員されない。これが教師を変え，人に教える「師」から，仕事を効率的にこなす普通のサラリーマンへと変身する。そしてこの過重労働からわが身を守らんとして，企業のものよりも力強い「教師の労働組合」を生み，日本の労働組合のリーダーシップをとっていく。

　彼らが高校，大学へ進学していく中で，その競争はますます激化する。こう

した中で団塊の世代のマジョリティは競争に疲れ，平等を求めるようになる。彼らの中のリーダーは，時の権力と戦争をしてでも，平等を勝ち取ると訴える。これが学生運動であり，いつの間にかこの考え方が団塊の世代に共感されていく。

そして彼らが競争の権化とした「東京大学」において東大闘争とよばれる戦争を起こし，入学試験を中止に追い込む。ここに学生運動はピークを迎え，その中心にいた団塊の世代は全共闘世代とよばれるようになる。彼らがやろうとしたことはまさに戦争であり，革命であった。革命によって大学だけではなく社会からすべての競争を排除し，平等な社会を作ろうというものである。そしてその理論的バックボーンは前述の「マルクス経済学」「資本論」，すなわち共産主義であった。

しかし彼らが就職適齢期を迎える1970年代に入ると，自然に学生運動は下火となり，終戦を迎える。多くの団塊の世代の戦士たちは社会復帰し，普通のサラリーマンへと変身していく。この頃日本企業は経営家族主義型のマネジメント1.0を完成させていた。

こうして彼らが大量に就職へと向かう中で，雇用の需要と供給のバランスが崩れ，圧倒的な供給過剰になる。そして就職戦争という彼らが排除しようとした「競争」を生んでしまう。就職戦争はいつの間にか「企業の偏差値」のようなものを生み，企業間格差を生んでいく。

彼らの競争に対する直感は鋭く，「伸びていく企業」には「力強くたくましい学生」が集まり，企業間戦争に勝ち抜く。これが企業偏差値を高め，それがさらに優秀な学生を集めるというスパイラルを生む。そして大企業と中小企業という日本的格差を生む。

団塊の世代が入社した当初は，マネジメント1.0の下「社内は一致団結してライバルと戦う」という外部競争型であった。しかし，彼らのトラウマである「がんばり」「競争」「生き残り」が社内出世競争を生み，企業内に新たな戦いを生んでいく。そして出世競争の勝ち組の“ものさし”は能力という目に見えないものから，単純ではっきりと数字に表せる「結果」へとシフトしていく。こうして成果主義というアメリカン・マネジメントの波がゆっくりとソフトウェア（人事制度ではなくムード，人事評価のオペレーションなど）として押し寄せてくる。つまり人事制度でそういうルールになっていなくても，結果を出

第❶章　マネジメント1.0から3.0までのプロセス　**37**

した人が特例として出世していくというものである。

バブル崩壊がマネジメント1.0を直撃する

　団塊の世代の入社とともに日本は高度成長を続け，栄光の時代を迎えることになる。そして彼らも年功序列という制度の下で，第一線の戦士から管理職という指揮官への昇格適齢期である40歳代を迎える。しかし彼らは戦争の嵐の中でその戦果ばかりを追いかけ，次世代の育成にはあまり興味を示してこなかった。そのため，次の戦士が育っていない。団塊の世代という第一線の戦士が中年を過ぎて，その戦闘力を失っていく中で，日本経済は急激な下降期を迎える。前述のバブル崩壊である。これがマネジメント1.0を襲う激しい波となる。

　永遠に続くと思われた日本の経済成長が止まったのである。マネジメント1.0の終身雇用，年功序列を支えるのは「業績の右肩上がり」である。これによって企業の成長とともにどんどん入ってくる若者の上に，業績を出した仕事のプロ，功労者が課長として立つことができる。

　企業業績が急降下する中で当然のように戦士である末端プレイヤーの採用は抑えられ，さらに第一線の戦士は減っていく。

　企業が採用を抑えたこの時期に団塊ジュニア（団塊の世代の子供でやはり多数の人がいる）が就職を迎える。こうして学生の就職難は激しさを増し，氷河期とよばれる。学生たちは大学院などへ行って就職浪人をしたり，フリーターが世にあふれてくるようになる。しばらくすると，大学院卒と大学卒が重なり合って就職するようになり，大学卒にはより厳しい時代となってしまう。そしてこの就職氷河期はさらに景気を悪化させ，企業の業績は景気サイクルではなく，構造的な右肩下がりを感じさせる。この中で給与の上がり方も抑えられ，「夫が働き，妻が生活を支える」という日本的家族から「共働き」が当たり前となる。これでは子供を産むのが苦しくなり，少子化という日本社会の最大の悩みを生んでしまう。

　こうしたなか，企業と就職学生のパワーバランスはさらに大きく企業側に傾いていく。団塊ジュニアの直前では大量採用しており，バブル層とよばれていた。このバブル層の「ヒト余り感」が企業に強くなり，ますます採用を抑えて

しまう。

　そのため，ごく少数の優秀な人（偏差値の高い）だけが入ってくるようになる。こうして企業の年齢階層は大きく歪んだものとなってしまう。

　就職する学生たちは就職したい企業，その企業の仕事について学校で勉強し，アメリカンなジョブ型採用（この仕事をやりたい）を求めてくる。この中で先輩，上司は異人類が入ってくることに驚き，その人的ギャップで企業内は混乱していく。

　一方，学生時代は遊んでいて企業のことを勉強していない人の中にはバイタリティのある若者もいて，久しぶりにベンチャー型の企業が日本に生まれてくる。特にIT系のベンチャーが誕生し，数年後にはITバブルを生んでいく。彼らはこれまでの日本の創業者のようなスタイルではなく，アップル，マイクロソフトなどのアメリカンなスタイルで起業を行う。アメリカのITベンチャーがNASDAQというベンチャー型の証券市場でカネを得て，急成長していくという姿をコピーするものである。日本のITベンチャーも，当時作られたベンチャー向けの証券市場でカネを得て，アメリカンな会社を創る。そこには当然アメリカン・マネジメントが取り入れられる。

　一方で，大企業では団塊の世代が管理職適齢期を迎えており，またしても彼らがポストの需要と供給のバランスを大きく崩してしまう。そして課長にもなれない人が現れてきて，組織のムードは落ちていく。一方，力のある若者は日本型大企業よりも日本にある外資系のアメリカ型企業にその目が向かっていき，大企業には活力が失われていく。

　こうしてマネジメント1.0はその土台が揺らいでいくことになる。

コーポレートガバナンスの波

　バブル崩壊という激しい波は，もう1つのことをもたらす。企業と外部の関係である。これまで独立した存在であった日本型企業に激しい逆風が吹いてくる。

　14ページで述べたように，外国人投資家がコーポレートガバナンスを叫び，何が何でも株価を上げることを強く求めてくる。「株価を上げるために利益を上げよ」というものである。

　そして手っ取り早く利益を上げるために，「人件費のカット」という経営家

第❶章　マネジメント1.0から3.0までのプロセス　　**39**

族主義ではありえなかったことが現実のものとなってくる。なかでも短期的な業績に影響が少ないと思われる管理職の削減にその目が行く。これが後述するリストラであり，当時の流行語となった。

企業にはここに大きなトレンドが生まれてくる。そしてそれが横並びをとってきた日本型企業で1つのブームとなってしまう。そのブームの中心がアメリカン・マネジメントであり，ジョブ主義と成果主義である。つまりマネジメント1.0の「人中心」から「仕事中心」「成果中心」へという大きなトレンドである。

このトレンドこそがマネジメント2.0である。

このマネジメント2.0時代には日本には3つの企業が併存している。1つは大企業の主流であり，マネジメント1.0からマネジメント2.0化に期せずして進んでしまう企業である。2つ目はバブル崩壊後も安定的に成長していた少数の企業であり，マネジメント1.0に留まっている。3つ目はバブル崩壊後に登場したベンチャー型の企業で，若き社長の下にアメリカン・マネジメントを貫く企業である。

このマネジメント2.0のトレンドとは次のようなものである。

② マネジャーの誕生

アメリカでマネジメントが生まれた時と同じ現象が日本でも起きてくる。

「コーポレートガバナンス」という投資家を中心とした証券市場の要求で，この人たちと「相対する人」が必要となり，ここにそのプロフェッショナルとしての経営者が求められる。

ここでは2つの経営者スタイルが生まれる。1つは，アメリカ型企業で働いていた「MBAなどのビジネススクールの卒業生」を外部から経営者として持ってきてしまうものである（外国人を持ってきてしまう企業もあった）。しかし，企業内はマネジメント1.0のままであり，この経営者の声に誰も耳を傾けず，多くの場合失敗に終わってしまう。

もう1つのスタイルは，今の上級管理職から新しい経営者を創るというものである。これが私が携わった「新しい経営者の養成」というコンサルティングである。

しかし，新経営者が育つには時間がかかる。その育成中，現経営者の目は内部から外部へと向かっていく。それはシームレスの組織（皆で1つの仕事をやってきた）から経営者が抜けていくことを意味する。

こうした中で，経営者と現場のプレイヤーの間に，これをつなぐ仕事，つまりマネジメントを担当する人がどうしても必要となる。この時彼らは管理職，課長ではなく，マネジャーとよばれるようになる。このマネジャーはプレイング・マネジャーではなく，マネジメントという新しい仕事，そして企業の要となる仕事を担当することになる。

これは，シームレスな出世階段のランクにマネジャーという大きな段差を生むことになる。したがって，その名前もプレイヤーのキャプテンという「課長」から，プレイヤーと経営をつなぐ「マネジャー」へと変化する。

③ 人事制度の変更

このマネジャーの登場と合わせるように，多くの企業はマネジメント1.0の人事制度を変更していく。これは業績が上がらない中で，年々上がっていく給与（低給与の新人をとらず，後述するように定年が上がっていくので，給与額全体が年々上がっていく）を抑える必要が生まれたことが主因である。もっときつくいえば，アメリカン・マネジメントという利益第一主義が進む中で「利益を出すために給与を下げたい」というかつてない気持ちが生まれてしまった。

まずは資格制度からである。年功という年とともに上がっていた「資格」に見合ったポスト（たとえば副参事なら課長，参事なら部長‥‥）を用意できないので，資格と役職を切り離さざるを得なくなる。こうなると，資格は組織内の身分ではなくなり，その原点である「職能」つまり能力ランキングに戻る。

一方，ポストも変化する。需要の高まる管理職ポストを増やすのではなく，外部からの圧力で逆に減らさざるを得なくなる。「2つの課を合併」「課を廃止して部だけにして課長をなくす」「従来の課をチーム，部をグループとして，チームマネジャーは管理職ではなく，クループマネジャーから管理職とする」‥‥といったことがブームとなる。その極め付きが役職定年であり，管理職を一定年齢になると降格させるものである。このきっかけは「法による定年の年

齢アップ」である。法で定年は55歳から60歳となった。そのため役職定年の年齢を55歳くらいに設定した企業が多かった。

ただ，いきなり今の課長をクビにしてヒラ社員というわけにもいかず，担当課長，担当部長（よく考えれば不思議なポストだが，部下のいない課長，部長待遇という意味）といったポストを用意する。彼らは専門職とよばれる。そして管理職がマネジャーとよばれるようになると，これに対し専門職はスペシャリストとよばれるようになっていく。こうして期せずして管理職・マネジャーと専門職・スペシャリストという複線人事（出世の道が複数ある）をとるようになる。

組織はフラット化していくが，管理範囲を上げて（＝マネジメント力を上げて）フラット化したわけではないので，いきなり課長，マネジャーとなった人は戸惑う。しかも部下には自分と同格の課長待遇，さらには昨日まで管理職だった役職定年の人などがいる。

こうして管理職は冬の時代へと突入していく。マネジメント1.0ではサラリーマンのゴールであった管理職も夢のないポストへと変わっていく。

次は，資格（職能）がポストと再度の合体を図る。ポスト減少でフラット化するのに伴い，資格の能力ランク数も減らしていく。大きく一般職（32ページの総合職と一般職ではなく，ヒラ社員という意味），リーダー職（マネジャー＆スペシャリスト），経営職といった3区分とし，その中のランクを1級，2級，3級程度のランクとする。こうなると働く側から見ると給与が上がるチャンスが減ってしまうことになる。

一方，経営の仕事は増えるため，経営職は逆に人数を増やし，取締役に加えて執行役員といったポストが増える。さらには経営スタッフが増員され，現場はどんどん人手不足となっていく。

当然のことながら給与システムも変更される。流れからいって，成果主義という形で業績と給与の結合度を高くする。

業績が落ちていく中で成果主義が取り入れられるので，ほとんどの人の給与

はダウンする。日本中がそんなことを行うと給与ダウンによる消費者の購買力が落ち，商品価格が下がり，これが企業の業績を落とし‥‥とデフレ・スパイラルに入っていく。

　ポスト減少，給与ダウンによって，企業内には経営者への不満が充満していく。そしてこの中で経営が行った人事制度の変更は，企業内では全くといってよいほど評価されず，「人事制度の変更は人件費削減のためなのか」という疑念が渦巻く。そしてリストラという手段がマスコミを騒がせたことで，当該企業だけではなく，ニュースとしてすべての企業の従業員に伝えられ，その疑念は頂点を迎える。

　リストラとはリストラクチャリングの略で，本来は「企業の再構築」という意味であるが，一般的には「中高年の管理職に，一定期間内での退職に対して退職金を上積みするなどして，定年前の早期退職を促がすこと」を指す。いわゆる“肩たたき”である。見方を変えれば一定量の中高年を退職に追い込むことで，それ以外の人の職を守るということである。まさに“うば捨て”であり，経営家族が崩壊していく象徴的なシーンである。

　年功序列，終身雇用というマネジメント1.0の根幹が，バブル崩壊，コーポレートガバナンスの嵐の中で吹き飛んでいってしまう。

④ 若手抜擢

　年功序列が壊れていく中で，若手抜擢という嵐が近づいてくる。

　企業は人事制度の変更だけではなく，これを担うマネジャーの育成に着手し始める。ここでは既存の管理職を教育して変身させるのではなく，新しいマネジメントを担う新しいマネジャーを育てようとする。だからマネジメント2.0での新人事制度のスローガンは「若手抜擢」である。しかし，そのマネジメント環境は先ほどの状況からどんどん悪化していく。

　成果主義下で業績が落ちていく一方で，新しい仕事が増えず同じ仕事を続けていくので仕事の効率は上がっていく。こうなると採用はますます抑えられ，後輩が入ってこない。仕事はがんばってやっても給与，自分の地位は上がらず企業への不満がさらに膨らみ，その矛先は上司であるマネジャーへと向かう。

ここで企業は，仕事の効率が高まった生産，オペレーション[注]，スタッフなどの部門から，その効率が上がらず，売上という業績に直接影響を与える営業部門へとヒトをシフトさせていく。そしてこの営業部門にさらなる強烈な成果主義を適用することで，企業全体としての成果主義色がより濃いものとなり，職場のムードは殺伐としたものとなる。

　この悪化していく環境の中で，「成績を上げただけで，マネジメント未経験の若手プレイヤーをマネジャーにする」という冒険に企業はチャレンジする。
　この新しいマネジメントを担う若手を，先輩たちがOJTで育てるわけにもいかず，研修などのOff-JT（仕事を止めて教育）で一気に早期育成を図ろうとする。
　当たり前の話だが，新しいマネジメントなど企業内に教える人がいないので，この教育を外部に求める。しかし，こんな環境でマネジメントを経験した人など世界中探してもいない。
　そこで，アメリカ企業がやっているようにビジネススクール型の教育を行おうとする。むろんベースはアメリカン・マネジメントである。このアメリカン・マネジメントは理論化されており，わかりやすく，かつその研修で出てくるケーススタディなどがアメリカン・マネジメントの成功例なので，なんとなく「自分もできる」と思う。しかし彼らが実際にマネジメントを行うのは日本であり，そもそもガバナンスモデルが異なっている。「企業価値（＝株価）を上げるために，現場のプレイヤーをリストラして利益を搾り出して」といったアメリカン・マネジメントなんてうまくいくはずがない。

　さらに若手抜擢はもう1つのことをもたらす。その抜擢によって管理職ポストを奪われたベテランと昇格できなかった若手の不満である。
　前者のベテランは，若き時代に年功序列で昇格を我慢してきて，やっと適齢期になったら若手が追い抜いていく。しかもその理由が"若さ"という自分の努力ではどうしようもないものであり，マネジメント教育というチャンスも与えられないのでは"やってられない"。後者の若手は，従来までの昇格ルールなら不満はないが，同期の人間が昇格していくことで「なぜ自分ではなかったのか」という昇格基準に不満を持つ。そして，企業はどうしてその若者をマネ

ジャーへ昇格させられないのかをうまく説明できない。

　もっとかわいそうなのは昇格してしまったマネジャーである。悩み深き若手マネジャーはこの不満を持ったベテラン，若手をマネジメントしていかなくてはならないのに，与えられるのはアメリカン・マネジメントしかない。そして「業績を上げること」を強く求められる。

　こうした中で若手マネジャーは戸惑い，ストレスをため，人間関係や業績が出ないという理由でうつ状態になったり，退職したりする。こうしてマネジャーという仕組そのものが崩壊していく。

注）本書では顧客から受注した仕事を遂行していくことをオペレーションと表現する。

⑤ マネジメント3.0へ

　マネジメント2.0へ変身していく過程では，終身雇用という働くルール，年功序列という秩序，家族的なムードというマネジメント1.0の要素が消え，成果主義という戦場のような企業へと変わっていく。給与は業績給となり，業績を上げれば昇格し，もちろん下がれば降格もある。企業の給与パイ（総給与額）が増えていかない中で成果主義をとれば，パイの奪い合いとなり，一緒に働くメンバーも家族からライバルへと変わり，企業は戦争中のようなムードとなっていく。そして，このムードに合った人が企業でリーダーシップをとるようになり，かつてはなかったパワハラが横行し退職者も続出してくる。

　マネジメント2.0はアメリカン・マネジメントの輸入のように見えるが，アメリカとは土台が異なる。マネジメント1.0からの急激なチェンジであり，リストラというかつての日本ではありえなかった血を伴うものである（アメリカは70ページで述べるが，解雇はもともと自由にできる）。

　このマネジメント2.0の強風が日本に10年間吹き，特に上場企業はこの逆風に何の手も打てない。

　経営者は企業内部よりも，自身のクビを脅かす証券市場からのコーポレートガバナンスと業績向上の圧力で"あっぷあっぷ"となる。この嵐の中で，高度

成長時代を支えてきた経営者たちが，業績不振を理由に次々と去ってしまう。経営者教育どころかマネジメント教育さえも受けず，心の準備もなく，後釜として突然経営者になった人たちは打つ手も浮かばず，呆然とするだけである。これが「不毛の10年」とよばれる時代であった。

　しかし，嵐もようやく静まってくる。2000年代に入って，ITバブルが起きて投資家たちにも株価アップという果実が渡り，業績アップのプレッシャーも少し収まってくる。
　この頃，企業の頂点に立ってくるのが団塊の世代である。
　2000年代に入って50歳代後半となり，「若き社長」としてトップに立つものが現れる。そして彼らは「変革」という言葉を口にする。若き時代に目指し，果たせなかった夢「革命」である。そして2001年に首相になった小泉純一郎が言った「聖域なき構造改革」が彼らのキャッチコピーとなる。

　変革とは，問題点を解消することではない。それは改善である。あるべき姿を創ってそこに向かっていくことが変革である。私もこの頃からその「変革」（イノベーション）という仕事をコンサルタントとしてサポートするようになる。この頃に私が変革に携わった企業のトップは，驚くべきことにすべて団塊の世代であった。
　彼らは持ち前のパワーとバイタリティで，コーポレートガバナンスで弱り切った企業を従業員の代表として破壊し創造していく。その手法は小泉首相が使った「骨太の方針（変革のベクトル）を作って，これに則ってすべてを作り直していく」というものである。
　マネジメントにもこれが適用される。私が彼らの指示でやった経営塾という経営者養成の場では，グループディスカッションというスタイルでマネジメントの"骨太の方針"を決め，リーダー塾というマネジャー養成の場でこれをやはりディスカッションで"形"にしていくものである。

　そして多くの企業が変革していく中で，日本型企業のマネジメントモデルは収束していく。これがマネジメント3.0である。マネジメント3.0は，ガバナンスモデルについては従業員ガバナンスとし，マネジメント2.0化からマネジ

メント1.0への回帰を図るものである。

だから経営塾，リーダー塾などで自社のケーススタディを通して，自らの企業はどうやって生まれ，何を目指したのかを原点として，さまざまなことを話し合う。そしてこれをミッション（企業の使命）として定め，社内外に強く訴える。

「われわれはカネのためではなく，ミッションのために仕事をする」

ただマネジメント1.0にすべてを戻すのではなく（年功序列などは一度やめたら，今さら戻すことはできない），アメリカン・マネジメント，ヨーロピアン・マネジメントなどの"いいところ"を取り入れていくものである。

そしてこれが世に公表され（ライバルにも隠す必要はないので），マネジメント2.0で悩んでいた多くの企業の共感を生み，マネジメント3.0がゆっくりとではあるが浸透していく。

③ マネジメント3.0

マネジメント3.0はフレームワーク，マネジメントシステム，マネジメントオペレーションの3つの要素からなる。本書で述べるマネジメント4.0では，マネジメント3.0のフレームワークの基本部分は引き継ぎ，マネジメントシステム，マネジメントオペレーションを再設計していく。

マネジメント4.0が引き継ぐ「マネジメント3.0の基本部分」とは次のようなものである。

（1）企業原則

マネジメント3.0では，マネジメント1.0が持つ「経営家族」という組織としての魅力を取り戻すこととした。この魅力とは「従業員が働いてみたいと思う組織」という意味である。「マネジメント1.0の経営家族主義の企業」と「マネジメント2.0のクールに利益を絞りだす成果主義の企業」を比較すれば，多くの人は前者を「良い企業」と評価し，「そこで働いてみたい」と思うであろう。

第❶章　マネジメント1.0から3.0までのプロセス　**47**

マネジメント3.0は，企業がその魅力を持つために次の4原則を前提としている。

① 個人原則

従業員ガバナンスの企業において，その構成要素は従業員という働く個人であり，それ以外の実体を持っていない。そしてその企業の範囲は，同一ガバナンス下にある会社（1つのことも複数のこともある）である。

株主，投資家は企業のメンバーではなく，外部ステークホルダー（利害関係者）である。

企業は従業員の共同所有物であり，企業が持つ財産もそこで生む最終的利益もすべて従業員のものである。法の下では株式会社であっても，会社は株主のものでも，経営者のものでも，社会のものでもなく，すべて従業員という企業メンバーのものである（もちろん「会社が存続している限り」という前提である。株式会社では企業消滅後に「残った財産」は株主のものとなる）。

② 平等原則（公平・公開原則）

企業を従業員の集まりと考えれば，従業員は役職，年功，職種，性，さらには親会社，子会社などにかかわらず，すべて平等である。

したがって，この組織における最大の"ものさし"は「公平さ」である。

企業の各従業員は平等であるので，持っている情報は「各個人の情報」を除けば同じものでなくてはならない。つまり個人情報を除けば企業にあるすべての情報はすべての従業員に平等に公開されなくてはならない。

③ システム化原則

システムは「複数の要素からなり，共通のベクトルに従う複合体」と定義される。企業でいえば「複数の要素」にあたるものが企業の従業員である。企業における共通のベクトルはミッション，戦略，経営計画といったものであり，これを作るのは経営者の仕事であり，その共通ベクトルに各従業員が向かっていくようにするのはマネジメントの仕事である。

④ ES原則

　企業は従業員そのものであり，この組織を評価する主体はむろん従業員である。したがって企業，組織，経営，マネジメントといったものを評価する基準は，競争優位性，業績，組織効率といったものではなく，「従業員満足度の和」である。従業員満足度は，一般にES（Employee Satisfactionの略）とよばれている。

　ESが高い企業が良い企業であり，経営，マネジメントの目指すベクトルの方向である。

(2) 秩序

　秩序とは組織内の上下関係である。企業で働く従業員がすべて平等といっても，すべてのことを民主主義のように多数決で決めるわけにはいかない。そこには上下関係が求められる。ここでの上下関係はポスト（上司，部下）として表される。

　マネジメント1.0の組織では年功序列であり，極めて安定した秩序であった（上下関係が逆転することはない）。マネジメント2.0では成果主義という結果によって変わる極めて不安定な秩序である。

　マネジメント3.0では，年功序列という安定性へ戻していこうとしても困難な面が多すぎる。その最大の難点は年功の階段を作っても，それに見合った「上司」というポストを安定的に用意できないことである。企業が成長中で，現場のプレイヤーがどんどん増加していれば上司ポストをそのニーズによって増やしていくことは可能である。しかし，マネジメント3.0の企業の多くは業績的には安定しており，ポストをどんどん増やすわけにはいかない。それでは上司だらけになってしまう。

　さらには，上場していればすべてのことをディスクローズ[注]しなくてはならない。特に利益に関することへの監視はシビアである。そのため，給与の高い上司というポストを増やしたり，年とともに給与が上がっていく仕組に変えられるはずもない。したがって，上下関係が逆転するという"不安定さ"を持たざるを得ない。

第❶章　マネジメント1.0から3.0までのプロセス　**49**

マネジメント3.0における秩序は絶対的なものではなく（上司のほうが偉いというわけではなく），「意見の優先度」とする。すなわち組織内でＡさんとＢさんで意見が合わなかった時は，話し合って決めるのではなく，「どちらの意見を優先させるか」ということをあらかじめ設計しておく。ここで意見を優先するほうを「上司」（秩序上位という意味），優先されるほうを「部下」（秩序下位），この上司の意見を「指揮命令」という。

したがって，上司は部下の意見をまず聞いて（先に上司が優先意見を言ってしまっては，それで終わってしまう），そのうえで事実確認（意見のベースとなる事実が部下と同じか）をして，部下の意見も考慮して指揮命令という優先意見を出す。これがマネジメント3.0の基本オペレーションである。

この秩序を決定する基準は「年功」「成果」ではなく，「能力」である。つまり能力の高い人の秩序を上げていく。この秩序を上げることをキャリアアップと表現する。

マネジメント3.0で能力秩序を目指す理由は2つある。

1つは企業外部に対してのものである。外部ステークホルダー（利害関係者）に対して，自らが「能力主義の企業である」という基本的スタンスを打ち出すことである。これをミッション（企業理念，行動基準などと表現される）として外部へ訴えていく。株主，投資家という主要ステークホルダーに対しては「われわれ従業員の能力に投資してほしい」という企業としての“意思”，「短期的な業績ではなく，従業員の能力の高さによって生まれる長期的な業績に着目してほしい」という“願い”を表す。また，社会に対しては「われわれは業績よりも能力に着目し，この高い能力で社会に貢献していく」という“誓い”となる。さらには採用対象の学生に対しては「能力の高い人，高めたい人を集めたい」という“要望”となる。

もう1つの理由は企業内部に対してである。企業のトップが「企業の個々のメンバーが能力を上げれば，企業の業績も上がり，個々人の給与も上がる」という仮説を従業員に提示して“共鳴”してもらうことであり，「皆が能力にプライドを持ち，能力が高まっていくことに働く喜びを感じてほしい」という“願い”である。

したがって，秩序を上げること，すなわちキャリアアップの条件は能力であ

り，能力評価という人事評価によってキャリアアップしていく。

注）ディスクローズはクローズの反対で隠さないこと。上場企業は証券市場にディスクローズを求められる。

(3) マネジメント理論

マネジメントの理論については，キレのよいアメリカン・マネジメントのツールの中で"使えるもの"をマネジメント3.0では採用した。主なものは次の3つであり，マネジメント1.0にはなかった考え方である。

① 権限委譲

絶対的上下関係にあるマネジメント1.0には「権限委譲」という考え方はない。すべての従業員は直属の上司の指揮命令下にあり，権限は常に上位者にある。

ここにアメリカン・マネジメントの「empowerment＝権限委譲」という考え方を導入する。

権限委譲とは，組織の上位者が持っている権限を下位者に委譲することをいう。ここでは上位者にも権限委譲した仕事の"結果"に対する責任は残る（これが残らない"丸投げ"はできない）。もちろん，委譲を受けた側にも責任はある。つまり責任の共有である。この責任を共有するという面から，「誰にどんな権限を委譲するか」という権限は上位者が持っているのが当然である。

マネジメントにおける権限委譲は「本来権限者」である上位者に対して，その一部の権限に関する「実行計画」を下位者が作成・提出し，権限者である上位者の了承を得ることでなされる。つまり「計画＝権限委譲」である。

経営者も経営計画によって経営という権限を株主から得ると考える。ここで権限委譲は組織の上位者から順になされていく。したがって，計画の原点は経営者が作る経営計画である。以降の権限委譲のための計画は，すべてこの「経営計画のベクトル」（＝戦略）に従う必要がある。

権限を委譲されたマネジャーは，その計画を実行するメンバーに対して指揮命令権を持ち，この計画をメンバーに実行させる責任を負う。そのうえで実行

の結果，特に「計画と実行の差異」について本来権限者に伝える義務を持つ。この義務をアカウンタビリティという。accountabilityは説明責任，説明義務と訳されることが多いが，少しニュアンスが違う。「計画実行差異報告義務」であり，マネジメント3.0では「アカウンタビリティ」とカタカナで表現する。

② マネジメントサービス論

マネジャーは上司から権限委譲を受け，メンバーに対する指揮命令権を持ち，自らが作った実行計画の責任を負う。したがって，メンバーが計画どおりにできない時（能力的に，時間的に‥‥）は，マネジャーがその遂行を担う。これを例外処理という。

この例外処理を含め，マネジメントという仕事のすべてを「メンバーへサービスを提供すること」とし，「マネジャーはサービス提供が本業」と考える。つまりマネジャーはサービス業である。

マネジャーがメンバーへ出す指揮命令も「メンバーにどんな仕事をどのようにやるか」というサービスと考える。これによって管理者による「支配」「服従」という構造をなくし，「マネジャー（芸能人のマネジャーのようなイメージ）とプレイヤー」という関係を作る。互いがプロフェッショナルとして仕事をし，互いをリスペクトする関係である。

③ マネジメント・サイクル論

マネジメント3.0では，18ページで述べたアメリカン・マネジメントの原点というべき「マネジメント・サイクル論」を採用する。

ここではすっきりとPLAN（計画）→DO（実行）→SEE（評価）という3機能のPDSサイクルを採用する。サイクルとは，SEEを「CHECK→ACTION」に分け，ACTIONを次のPLANと結び付けるというものである。

SEEは，反省，叱責（なぜうまくいかなかったかを責める），責任（うまくいかないと責任をとる）ではなく，次の2つのプロセスである。

• CHECK

上記のアカウンタビリティと同意である。すなわち「PLANとDOの差異を冷静に判断し，その違いを本来権限者へ報告する」ということである。

• ACTION

CHECKをベースとして，次の計画に生かすことである。SEEはACTIONが目的であり「次の計画」を作って，「次の権限委譲」を受けるためのものである。

すなわちPDCAと表現できる。

(4) CSR

マネジメント3.0では，ヨーロピアン・マネジメントからCSRという考え方を導入した。

CSR（Corporate Social Responsibility）はヨーロピアン・ガバナンス，ヨーロピアン・マネジメントのリーダー的存在であるドイツで生まれた考え方である。これは「社会の一員として存在する企業が，社会に対してどんな責任を持つのか」を企業自身が考え，設計していくものである。

マネジメント3.0では，この社会に対する責任を次の3つに分けて取り入れた。

① 公共責任

大企業悪人説

公共責任とは，「企業がしてはならないことはしない」というものである。最も低いレベルに位置する「最低限の責任」であり，CSRの出発点となっている「基本的な責任」である。

法などの社会ルールによるコントロールが出発点であり，コンプライアンス（ルールを守る）もこの範疇である。

日本で公共責任のトリガーとなったのが，マネジメント2.0時代に出てきた新しいタイプの企業不祥事の続発である。マネジメント1.0時代の企業不祥事といえば，公害や事故などの過失や従業員の使い込みなどの管理不足がその代表であった。しかし，クールで成果主義のマネジメント2.0になって，それとは異なるものが多発する。「企業ぐるみ」とよばれるものである。過失や管理不足ではなく，企業がそれを犯罪と知りながら，経営者またはそれに近い責任者の意思決定の下で犯してしまうことである。雪印事件，保険金未払い，不良

品隠し，談合摘発後のさらなる談合，賞味期限改ざん，建物の偽装構造計算……といったものである。そして今でも相変わらず続いている。これはマネジメント2.0から3.0へ脱却できない企業が未だに存在していることを表している。

　このトラブルは当該企業だけではなく，社会へ2つのものを残していく。

　1つは，社会全体に残る「企業への不信」である。「企業は儲かるためならなんでもやる」という印象を残し，マネジメント1.0時代からなぜか日本にある「大企業悪人説」という不思議なイデオロギーが社会で共感を生んでしまう。「中小企業は安い給料でがんばっているのに報われない。大企業はのん気に仕事をして高い給料をもらい，年休ばっかり取り，会社の福利厚生施設で安く楽しんでいる」というものである。

　この悪人説をバックに，証券市場のコーポレート・ガバナンス（企業は株主のものである）をさらに踏み込んだ「企業は社会のもの」というヨーロピアン・ガバナンスの声があがる。そしてこれがCSRという流行語となっていく。

　この逆風の中で，特に大企業に対するさまざまな規制が強くなってくる。そしてそれをコンプライアンスする（守る）ためのコストを企業へ要求する。しかもそれだけではなく，この悪人説のイメージを払拭するためのさまざまなコストを企業に発生させてしまう。

　経営者はこれに対し，むろんそのコストを企業として負担するが，社会から「良い企業になった」という評価を得られるわけではなく，「当然のことをした」という評価しか得られない。それどころか「今までこんなこともしていなかったのか」というマイナス評価さえ受け，イメージアップにはつながらない。

　マネジメント2.0の企業の不祥事が続くなか，規制強化はその後もとどまるところを知らない。そしてついには「働き方改革」という規制をも生んでしまう。

コンプライアンスの徹底

　不祥事がもたらした2つ目は，企業自身に残したものである。企業で働く従業員から見れば「うちの会社だって同じ状況なら，もしかしたらやっていたかもしれない」という共感ともいうべき感想である。経営者から見れば「皆がや

っていることなのに，こんなことで自らのクビが飛ぶだけでなく，会社が消えてしまうのか」という恐怖感である。

マネジメント2.0の時代に入って，皆が必要悪と思ってやってきたことが表面化したのである。「企業が厳しい経営環境の中で生き残りをかけ，命をかけて必死に業績を求めているんだから，多少のルール違反くらい許してくれるだろう。ライバル企業もやっているのだから」という企業としての"甘え"，「自分個人のためでなく，自らの企業のためだから」という"言い訳"に対して，社会がイエローカードではなく，レッドカードを出したのである。

経営者はこの甘え，言い訳を断ち切るために，コンプライアンスというごく当たり前のことを企業に徹底しようとする。「ルールを犯してまで作った業績に意味はない」というものである。これがCSRの基本ラインといえる公共責任である。

経営者はこの「してはならない」レベルを上げるべく，ISO9000，ISO14000などのハイレベルな基準をクリアし，さらには独自の企業行動基準を作る。そしてこれをWebサイトで訴え，従業員にコンプライアンス教育を行い，コンプライアンス委員会を作ってそれを監視し，目安箱のようなものを作って「不正を内部通告してくれ」と頼み‥‥と涙ぐましい努力とカネをつぎ込んでいく。

しかし，多くの企業で従業員，特にマネジャーの反応は極めて鈍い。彼らの意見は次のようなものである。

「CSRなんていったってそれは建前，企業は稼いでナンボ」

「ライバルを倒して，お客を囲い込んで，利益を出すのが戦略のはず。CSRなんて余裕のある企業がやることだ」

現場のプレイヤーの上司であるマネジャーがこう考えれば，経営者のCSRへの想いが全くといってよいほど組織へ浸透せず，公共責任を犯すリスクはどんどん高まっていく。

インテグリティ

そして，経営者の想いとは逆に，毎日のようにこの不祥事がマスコミを騒がせる。このようななか，経営者（特に団塊の世代の経営者）はあることに気づく。自社が自分たちが入った頃（マネジメント1.0の初期の時代）とは全く変

わってしまったことである。そして，この成果主義というマネジメント2.0の流れを，自分たち自身が作ってきたことを反省する。

　彼らは自分たちが入った頃の会社と今の会社を比べてみる。ここで浮かんでくるのは「品格」である。ここでの「品格」は人間でいう「人格」と同じである。人格は年収（成果）によって決まるものではなく，その人が持っているインテグリティ（integrity）によって自然と生まれる。

　integrity は辞書では高潔，誠実などと書かれている。integrity という言葉をマネジメントの世界で使ったのはドラッカーであるが，訳者はこれを「真摯さ」という日本語にしている。どれも少しニュアンスが違う。

　だからマネジメント3.0では，これを「企業の品格を生み出すもの」という意味で「インテグリティ」と訳さずそのまま使っている。人間でいえば人格が外から見えるものなら，インテグリティは心の内面に持っているものである。その人が持っているインテグリティが「人格がある」「人格がある行動をとる人」とまわりに感じさせる。

　苦しい環境のなか，業績を必死に追いかけ，ライバルと戦ううちに，そしてその結果に一喜一憂しているうちに，自社が持っていたインテグリティをいつの間にか失ってしまったことに経営者は気づき始める。そしてこれに最も反応したのが，前述の若き「団塊の世代のトップ」である。自らの競争志向が企業の品格を奪ってしまったことに気づく。

　自分たちが入社した当時の「経営家族主義＝マネジメント1.0の時代」にはこのインテグリティがあり，その格の高さをまわりに感じさせていた。そしてこれが「一流企業」の評価基準であった。コーポレートガバナンスをキーワードとするマネジメント2.0に入ってこれを失い，業績のみを追いかけるようになってしまった。この反省である。

　経営者たちは自社の品格を高めて「一流企業」という評価を得ることを「コーポレートブランド」と表現している。

　商品ブランドは，他商品と差別化し，高品質，高機能などのイメージを顧客に持ってもらうものである。そしてこれをテレビCMなどのプロモーションを使って顧客に訴えていくものである。

　一方，コーポレートブランドとは，企業を表すものである（トヨタ，日立‥‥）。一緒に働く従業員に対して「このブランドは自分たちを表すものであ

り，皆で社会から良い企業と思われるようになろう」という経営者の願いである。だから商品ブランドとは異なり，社会へ訴えるというものではなく「感じてもらう」ものである。さらにはその誓いとしてコーポレートブランド名，社名を変更する企業も出てくる。

マネジメント3.0ではこのインテグリティを中核として，CSRについて次の公益責任，存在責任へと積極的に踏み込んでいく。

② 公益責任

公益責任とは，「企業は社会利益へ貢献する責任がある」という考え方である。この公益に関しては従来から2つの相反する考え方があった。「企業が利益を出すのは社会から利益を搾取していることになる。これを社会から見れば損失だ。したがって企業は利益を小さくしていくことが必要である」と「企業は利益を出して，それによる税金で社会に貢献しているのだから，利益を大きくしていく必要がある」である。

法的には株式会社は株主のものであり，株主が期待する利益を増やす必要がある。したがって，株式会社としては後者をとらざるを得ない。そのうえで前者への反論も用意する。社会と企業が利益において，ゼロサムゲーム[注] ではなく，「社会の利益も企業の利益も上げることを考える」ということである。もっといえば企業の利益が上がるとしても，社会の利益が下がるなら「やらない」という意思を持つことである。これがマネジメント3.0の公益責任である。

そのために，付加価値分配論を採用する。企業が生み出したものを「付加価値」（従業員の給与＋利益）とし，これをステークホルダー4者（従業員，株主，社会，企業）が「約束した比率」で分配していくものである。こうすれば付加価値が上がれば従業員の給与，配当（株主の取り分），税金（公益），内部留保（企業が次の仕事のために使う）もすべて上がるというものである。この付加価値分配論によって，社会に対しては「利益を上げることで社会に貢献している」，従業員に対しては「社会貢献することで自らの給与も上がる」と合意を得ていく。

注）「ゲームの理論」の用語で，ゲームをする両者の利益の和がゼロ（一定も含む）

になるという状態。

③ 存在責任

CSRの中で最も高レベルにあるのが存在責任であり，「企業は人間同様に社会の一員であり，社会に存在し，貢献し続けること（ゴーイング・コンサーン）自体がその責任である」というものである。

公益責任の社会貢献を税金というカネではなく，付加価値を生み出すこと自体に求めるものである。魚屋は「魚をうまくさばく」という自らの社会における役割を果たすことで「魚をおいしく食べたい」と思っている社会に貢献する。この役割をミッションと考え，これを企業の存在目的と考える。この付加価値を社会貢献を受けたほう（＝企業の顧客）から見れば，いわゆる顧客満足度となる。つまり「社会貢献度＝付加価値の大きさ＝顧客満足度」である。そのため，多くの企業はミッションに「社会のために働く」ということを加える。

「企業が存在責任を果たす」ということは，付加価値を高めることであり，社会貢献としての顧客満足度を高めることである。さらにはこれが従業員の給与を高めるだけでなく，社会に貢献できるという仕事の充実感，満足感（49ページのES）を高め，企業にインテグリティをもたらし，社会から品格を評価される。

ただこのCSRは，なかなか企業の従業員に浸透していかない。そのためマネジメント4.0ではこれを再設計することが求められることになる。

マネジメント4.0が求められる要因

マネジメント3.0でまず起きた動きは，14ページで述べたコーポレートガバナンスのさらなる強化である。投資家とその集団である証券市場の声は，どんどん大きくなっていく。純資産（会社を解散した後に残った財産。これが株主の取り分）という考え方を決算書に導入し，「ROE（24ページ参照。純資産の利回り）の約束に「経営者のクビをかけろ」と脅し，株主のモニタリング機関としての社外取締役の導入‥‥と限りなく進めていく。

しかし，日本企業はマネジメント3.0で取り戻した従業員ガバナンスを守る。この外部からの声を無視するのではなく，従業員側ががんばって応えるという形で，なんとかマネジメント3.0のコアといえる従業員ガバナンスだけは死守する。

しかしこのマネジメント3.0は，さらなる大きな環境変化によってバージョンアップが強く求められることになる。それがマネジメント4.0というマネジメント3.0の進化形である。

マネジメント4.0が求められるようになった環境変化を，外部環境と内部環境の2つに分けて考えてみよう。

外部環境の変化

(1) 働き方改革

① 働き方改革の3つの柱

マネジメント3.0のバージョンアップが強く求められることになったトリガーが「働き方改革」である。戦後最長となった安倍内閣は，小泉首相の構造改革後の日本を引き継ぎ，アベノミクスとよばれる経済政策を推し進める。アベノミクスの骨格は「3本の矢」といわれるもので，金融政策，財政政策，成長戦略という3大テーマである。

この中の柱であり，その目的といえる成長戦略において，「健康長寿社会から創造される成長産業」「全員参加の成長戦略」「世界に勝てる若者」「女性が輝く日本」というベクトルを示し，これを実現するために「働き方改革を行

う」と宣言した。そしてこの働き方改革をアベノミクスの最後の仕上げとしている。

これを受け2016年には「働き方改革担当大臣」を設け，「働き方改革実現会議」（安倍首相を議長として関係閣僚，有識者からなる会議）から「働き方改革実行計画」が発表された。

安倍首相はこの「働き方改革」を迅速に進めていく。具体的には自公政権の国会での圧倒的な勢力を武器として，労働法という「働くルール」をこの「働き方改革」ベクトルに沿って改定していく。

しかしよく分析してみると，労働法の根幹を変革したのではなく，「法のベクトル」はそのままにして手続き，ルールを厳格化したものである。これは次の3点に集約される。

1つは，「労使[注1]でよく働き方を相談して，win-winになるように考えなさい」という，これまで政府としてとってきたスタンスを変えることである。特に大企業は従業員ガバナンスであり，これでは大企業自らが自由に働き方を決めることができてしまう。そうなるとこの大企業の中で"弱者"となってしまった女性，非正規労働者[注2]（これも女性が多い）たちが圧迫を受け，低所得者となってしまうだけではなく，働く場を失ってしまう。

そこで企業内弱者を守るために，女性，非正規が働きやすい環境，そして給与の向上を法によって国が求めるものである。今や共働きが当たり前の家庭で，相対的に低い女性側の収入を増やせば，世帯所得が大きく向上し，消費者の購買力が上がるというものである。

しかし，これでは人件費アップで企業の経営を圧迫してしまう。そこでこれまでは野放しになっていた残業という高価格労働（給与が割増になる）について，思い切った上限規制を行う。これによって「"あふれた仕事"を割安給与の女性，非正規，あるいは仕事不足で悩んでいる中小企業へ」というものである。

2つ目は，これまでも労働法ではよく使っていた「WANT→MUST」手法である。

労働法のルールにはハードロー（hard law）とソフトロー（soft law）があ

る。ハードローとは，それを行うことが強制されるMUSTルールである。一方，ソフトローとは強制力を持たないもので，「企業への努力義務」といった形で表現されるWANTである。

働き方改革では，従来のソフトローを次々とハードロー化し，そのうえでバーを上げたソフトローを提示していく。たとえば，従来「企業は従業員が望めば65歳まで働けるようにする努力義務がある」というソフトローを「すべての従業員は望めば65歳までは働くことができる」というハードローに変え，同時に「企業は70歳まで働けるようにする努力義務がある」をソフトローとして提示する，といった形である。そしてこのソフトローも期限を決めハードロー化していく。

すなわちソフトローを提示し，企業に準備期間を設けて，「その間に努力義務を果たしなさい。いずれはルールとなるのだから」というものである。しかもハードローのルールの詳細を法律には定めず，省令（政府の各省で決めるルール）など国会承認のいらないものも多用し，状況に応じて政府がハードローを変化させていく（法律には「省令で定める」と書いておく）。

3つ目は，労働法のルール（ハードロー）には刑事罰が伴うということを企業に再認識させることである。

この労働法の番人たる"警察"は，労働基準監督署（労基署）である。労基署は一般警察と同様に，犯罪捜査として捜索，差押え，逮捕を行い，送検[注3]することができる。

しかし，かつては労基署が警察として機能することはほとんどなかった。そこで2015年には労基署の警察機能の専従部署として，過重労働撲滅特別対策班（「かとく」とよぶ）を作り，大企業の労働法ルール違反を次々と送検し，これをマスコミに大きく報道させた。

これにより企業に労働法違反は犯罪であることを知らしめ，法の実効性を担保した。これまで労働法を守らなくても労基署に叱られる程度で済んでいたものを，他の犯罪同様「警察につかまる」ということを企業に示した。そして「つかまる人」が経営者だけではなく，末端の管理職にも及ぶことを企業へ教えた。

ただし働き方改革といっても，一気にすべてのことをやるわけではなく，徐々に法改正していく。そうなると経営，マネジメントとしてはそのたびにこの法に対応していくことは困難と考えがちだが，そうではない。労働法の骨格は何も変わっていない。つまりはっきりとしたベクトルを持っており，かつソフトローの動きを見れば明日のハードローが読めるだけではなく，その終着点さえも見える。

　マネジメント3.0にはこの「働き方改革による労働法のベクトル」とのすり合わせが求められる。これがマネジメント4.0の出発点となる。

　本節ではその労働法の骨格について述べ，その"すり合わせ"については他の要因と合わせて次章で具体的に述べることとする。

注1）後述する労働者と使用者のこと。
注2）これも後述するが正社員以外の従業員。
注3）検察庁へ容疑者を送ること。その後，検察庁が起訴すると刑事裁判となる。

② 労働契約

　労働法は労働に関する多くの法律群を指す。このような法律群には基本法（たとえば環境基本法）を定めて法律全体のベクトルを決めておくのが普通だが，労働法にはそれにあたるものがない。したがって，そのベクトルがとらえづらい。まずはこのベクトルをはっきりさせよう。

　労働法の基本理念は資本主義である。すなわち3ページで述べたように「資本家は労働者から労働力を買い，自分の持つ資本と組み合わせて財を生むことで益を得る」ものが企業であり，この資本主義のシーンにおいて，「労働」を規制するもの（労働者を守る）が労働法である。

　企業での「労働」のベースは労働契約である。

　民法において「契約」とは，「債権」（人にやってもらえる権利）と「債務」（人がやらなくてはならない義務）を相互に取り交わすものである。労働契約は労働者と使用者（後述するが「労働力を使用する人」という意味）の個別契約（1対1の契約）であり，「労働者が使用者に使用されて労働し（労働者側の債務＝使用者側の債権），使用者がこれに対して賃金を支払うこと（使用者側

の債務＝労働者側の債権）によって成立する」と規定している。

労働法は「使用者という強者」から「弱者である労働者」を守る法律である。すなわち使用者を規制する（やってはいけないことを定める）ものである。

労働契約は（通常の契約と同様に）文書であることを要求しておらず，「口頭や黙示でも可」としている。ただし「一定以上の規模の企業」[注]は，労働者の過半数の意見を聞き（少し微妙な表現だが），「就業規則」を文書で定めることを求めている。

日本では個々人の個別の労働条件について（つまり労働契約）契約書を取り交わすことはほとんどなく，就業規則という書面によって企業としての労働条件を一律に定める場合が多い。しかし逆にいえば口頭，黙示も労働契約である。それなのに「勤務地，働き方といったことが就業規則に書かれてはいないが，入社時に口頭で従業員が聞いたこと」などを契約として意識していない。特に「企業と従業員が合意した"契約当初の状態"から変更できるのか」（「口頭で採用時に勤務地は関西に限定と言い，その後その会社が合併によって全国展開の会社となり，九州へ転勤となった」など）といったことが問題になる。

マネジメント4.0ではこの労働契約を，企業が通常行っている契約同様に，はっきりと文書に残して再契約することが求められる。これによって人事制度ではなくファジーに決まっていたこと（内規，不文律……）などをはっきりさせていく必要がある。

また，一部の労働者とは「一律の就業規則によるもの」とは別の形で労働契約を結ぶことがある。この時，一律の労働契約によるものを正規労働，正社員とよび，別の労働契約を取り交わすものを非正規労働，契約社員（正社員も労働契約を結んでいるのに表現がおかしいが）とよぶことが多い。

注）この場合は常時10人以上の労働者を雇う事業所のこと。こうした形で零細企業を労働法では例外としていることが多い。以降本書では，すべて一定以上の規模の企業を対象とする。

③ 労働者

誰が労働者か

　労働契約上の「労働者」について，労働法では「労働者とは使用者に使用されて労働し，賃金を支払われる者」としている。

　では，企業において誰が労働者であろうか？　課長は？　部長は？　労働しているから労働者なのだろうか？

　日本の法律はこういった形でファジーな面が多く，その判断は最終的には裁判所に委ねられる。そしてこの裁判所の出した最終判断は「判例」とよばれ「法」となる（これを判例法理という）。「法」は社会のルールの総称であり，法律は国会で決めたルール，前述の省令はその省という役所が決めたルール，そして判例とは裁判所が決めたルールである。

　日本では，判例で労働者の定義として「使用従属性の有無」を挙げている。そしてこの「使用従属性」を「指揮監督下での労働」としている（だったら使用従属性なんて言葉は使わなくてよいと思うが）。指揮監督とは「指揮命令をし（〜をしなさい），監督（ちゃんとやっているかをチェックする）する」としている（命令権と監督権はセットなので，以降本書では指揮監督を一般的に使われる指揮命令と表記する）。

　要するに，「誰かから指揮命令を受けているかどうか」が「労働者かどうか」の分かれ目である。そして，一般にこの指揮命令をする人のことを上司という。だから上司のいる人はすべて労働者となる。課長であろうと部長であろうと上司がいれば労働者である。

請負契約と委任契約

　「他人に仕事を頼む」という契約スタイルは「労働」だけではない。民法では雇用契約（≒労働契約）のほかに，次の2つの「仕事を頼むスタイル」について定めている。

・請負契約

　「一方が仕事の完成を約束して，一方はこれに報酬を約束する。仕事の完成までは請負者（仕事をやるほう）に責任がある」という契約スタイルである。ビジネスの世界では請負者は仕事を受けるので受注者，仕事を出すほうを発注

者という。また，請負者がその仕事の一部を別の人へさらに発注すると，発注側を元請，受注側を下請という。

　請負契約における発注者（X社）と受注者（Y社）の間には，仕事の指揮命令関係はない。X社のいかなる人もY社のいかなる人に対して指揮命令はできない（仮にY社の人が，その仕事をX社でX社の人と一緒にやっていても）。

　しかし，問題は請負契約なのに，実際は「X社の人がY社の人へ指揮命令をしている時」である。本来なら請負契約なので労働法の対象ではない。すなわち労働法では罰せられないはずである。しかし，労働法では契約上は指揮命令関係になくても（請負契約でも），実際は指揮命令関係にある場合は，その指揮命令を受ける人（Y社ではなくY社の従業員）を「労働法で保護する」としている。つまりX社およびその指揮命令者（発注者側）は労働法の対象となり罰せられる。このケースでは民法上は雇用契約ではなく請負契約であっても，労働法上は労働契約となる。

・委任契約

　「事務処理などの仕事を委ね，任せることを内容とする契約。そのルールが契約に書いていない限り，解任（委任者が受任者をクビ），辞任（受任者から辞める）はいつでもできる」という仕事の頼み方を委任契約という。

　ここでは依頼を受けて仕事をするのだが，仕事のやり方はすべてやる方が自分で決めることができる。つまり指揮命令を受けることなく仕事をする。

　この代表的なものは「取締役」である。取締役は「会社という法人」と会社法に基づいた委任契約を結んでいる。そして取締役同士も（代表取締役を含め）すべて平等で指揮命令関係はない。そのため，彼らは労働者ではなく，労働法で保護されない。監査役，委員会設置会社の執行役も同様である。

　問題は，会社法に基づいていない「執行役員」である。執行役員は一般に取締役会でその任期を決めて選任されていくものである。であれば委任契約とみなすことがノーマルである。ただ実質的には指揮命令下で働いているのであれば労働者である。判例でも実質的に指揮命令を受けている執行役員を労働者として認めている。

　マネジメント4.0ではこのファジーな執行役員の位置づけをはっきりさせる必要がある。

④ 使用者

労基法[注1)]では、「使用者とは事業主又は事業の経営担当者、その他事業主のために行為をするすべての者をいう」とし、労契法[注2)]ではあっさりと「使用者とはその使用する労働者に対して賃金を支払う者」としている。これは労契法では「労働契約の定義」のみをしているのに対し、労基法では使用者に罰則があるためと考えられる。つまり使用者をはっきりさせることで、労働法違反で「罰する人」を決めている。

労基法の「使用者」の定義にある「事業主」は法人としての会社自身、「事業の経営担当者」は経営者（取締役、執行役、執行役員‥‥）となる。

では「事業主のために行為をするすべての者」とは誰だろうか？

この判断基準は判例によって示された。「使用」の定義である「指揮命令権の有無」である。つまり1人の労働者から見た使用者は、会社、経営者を含め、指揮命令権を有する人（＝上司）すべてである。

違法残業（後述するサービス残業など）には「6ヵ月以下の懲役または30万円以下の罰金」という刑事罰がある。ここでの犯罪者は「この残業を指揮命令した人」である。一般的には直属の上司（部下が課員であれば課長）が使用者であり（むろんその指揮命令の元がその上司の部長から出ていれば2人とも）、刑事罰の対象である。現実に"かとく"は末端の管理職を労働法違反で送検している。最近、私がやっている管理職向けセミナーで、この摘発場面をビデオで見せるのだが、受講者は自らが犯罪者であること（なる可能性があること）に驚き、しーんとなってしまう。

職制上（組織ルール上で指揮命令権を持つ）の管理職（係長、課長‥‥）はむろんのこと、実質的に指揮命令権を持ってこれを行使している人は、その指揮命令を受ける労働者の使用者であると考えられる。労働法はこの使用者を規制し、ルール違反を罰する法律である。そしてこの管理職も一般に上司（使用者）がいるので、労働者でもある。

注1）労働基準法。労働条件について定めている法律。労働法全体の基本法としての部分もある。
注2）労働契約法。労働契約について定めている法律。

⑤ 労働時間

残業時間の上限

「働き方改革」における最大のテーマ（というより最も企業を驚かせたもの）は労働時間の規制である。

そもそもこれについては最低限の労働条件を決める労基法で，はっきりと「法定労働時間」として決められている。「週40時間，1日8時間」が「上限」である。だから普通に考えれば残業[注1]（要するに週40時間，1日8時間を超える労働）は禁止である。しかし日本では残業が当たり前のようにある。

それは労基法に例外規定があるためである。「残業は各事業所ごとに労使協定（労働者の代表と使用者が文書で取り交わす協定。残業に関しては労基法36条に書いてあるので三六協定という）を締結し労基署に届けることが必要であり，その範囲で行うことができる」というものである。つまり残業は原則禁止ではあるが，企業がやらざるを得ない事情（企業を存続させるためなど）のある場合に限って，働く側が納得のうえ，おカミにきちんと届ければ特別に認めるというものである。

しかし日本の場合，こういう例外事項を「当然の権利」として受け取って，「やってよい」というルールと勝手に解釈してしまう。

当初，三六協定についてはその上限はなく青天井であった。しかし諸外国からの指摘（後述）もあり，1982年から指針（政府が出す弱いソフトロー）を使って上限の目安時間を作り，行政指導（守らなくても処分されない）を行っていた。

その後1998年には厚生労働大臣が告示[注2]で残業の限度基準を定め，「三六協定の定める残業限度はこの基準に適合したものとなるようにしなければならない」かつ「労基署長が必要な場合，指導を行える」こととなった。働き方改革の前まではこの基準は「1ヵ月で最大45時間まで（週，年などでさらに細かい基準がある）」であった。ただし建設業務，自動車運搬業務（なぜこの2つ？），新技術対応等の研究開発業務は適用除外としている。

しかし「限度時間を超えて労働時間を延長しなければならない特別の事情（2003年に「臨時的なものに限る」という条件が追加された）が生じたときに限り，三六協定でその旨を定めることによって限度時間を超えることができ

る」という例外付きであった。

　法の主旨は特別の事情，臨時的なもの，一定期間となっているが，現実の企業側の対応は例によって「超えることができる」をルールとし，結果として相変わらず残業は青天井となっていた（CSRを標榜している企業であっても）。

　2018年に労働法を改正する「働き方改革関連法案」が国会を通過し，2019年4月より施行となった。その最大のものが「残業時間の上限規制」である。これまで告示によって定めていた「三六協定でも超えられない残業時間の上限」を労基法に明記した。これによってこの上限に違反した使用者は刑事罰（労基法なので6ヵ月以下の懲役又は30万円以下の罰金）が課せられる。その上限は例によって細かい例外もあるが「月45時間年360時間」とした。まあ「月45時間の残業」といえば多いように感じると思うが，企業内で「1人でも超えたらアウト」というものである。

注1）法定時間外労働が正確な表現であるが，本書では残業と記す。
注2）告示という用語にはさまざまな定義があるが「公の機関が法に基づいて広く周知させるもの」というのが一般的。

なぜ残業を青天井にしてきたのか

　では，なぜ日本ではこのように労基法で法定労働時間を規定しながらも，実質的にはこれを意味のないもの（残業代は支払われるものの）としてきたのだろうか。

　その最大の理由は解雇に関するルールである。解雇とは使用者側の一方的な都合による労働契約の解約である。これについて民法（契約のことを定義）では「解約の自由」（どちらも自由に契約をやめることができる）が定められている。そして従来から労基法では解雇について「少なくとも30日前に予告をしなければならない（しない時は30日分以上の賃金を払う）」「差別的取扱や業務災害，産休といったシーンでの解雇を禁止」としている。

　しかし，これは見方を変えれば「解雇を使用者の権利として認め，特定のパターンのみを禁止している」ととらえることができる。

　ところが，裁判所が解雇された労働者の訴えに対して「解雇は客観的に合理的な理由を欠き，社会通念上相当でないと認められる場合は，その権利を濫用

したものとして無効とする」という判例法理を打ち出す。さらに2003年には労基法，2007年には労契法が解雇権濫用法理（上の「解雇は客観的に‥‥」）を条文に入れている。これは前と同じようにネガティブルール（こういう場合は禁止）のようにも読めるが，「客観的」「合理的」「社会通念上」といった極めてファジーな条件であり，かつこの"極めてファジー"なものを裁判所が「厳しく」解釈していく。つまり「解雇を認めない」という判例を次々と出し，解雇に関する裁判は労働者側の常勝となる。

　こうして，実質的には「解雇は原則として認めない。やむにやまれない時にだけ例外的に認める」となっている。したがって，総人件費カットが目的の中高年リストラも，解雇ではなく「希望退職」（労働者側から労働契約の解約を申し出る）がそのベースとなる。

　こうしてマネジメント1.0の「終身雇用制」は，マネジメント2.0が壊すことのできない大きな壁となる。（ただ，ひどい大企業が肩たたきではなく，蹴っ飛ばすようにして希望退職を迫るシーンがマスコミで報道され，大企業悪人説が社会へ蔓延していくようになってしまうが。）

　この「解雇できない」ということで，多くの企業は次のような形で労働契約を結んでいく（書面なしではあるが）。

　「一般的な労働契約（むろん特別なものもある）では雇用期間を定めない（これを無期労働契約という。期間のある特別のものは有期労働契約という）。そうなると労働者側が自ら辞めない限り原則として雇用が継続される。しかしこれではきりがないので，一定の年齢で労働契約を打ち切ること，つまり定年を定めておく」

仕事量と労働力の調整

　しかしこの解雇権濫用法理は企業経営上に大きな問題を残す。それは仕事量と労働力の調整である。「仕事量＝労働力」が経営の目指すものである。しかし仕事量は外部変化によって大きく動く（顧客の注文，商品の売れ行き‥‥）。したがって，仕事量に労働力を合わせるしかない。最も簡単なのは仕事量に合わせて労働力を調達するものである。つまり「仕事量が減ったら労働者を解雇し，仕事量が増えたら労働者を雇う」というものである。

　自由主義，資本主義の国アメリカの判例法理は「employment-at-will doctrine」＝「随時雇用原則」＝「いつでも自由に労働契約を解約できる」＝「解雇は自由」である。

　一方，日本はこの解雇が原則禁止である。そうなると最低限の労働力を確保しておいて「仕事量＞労働力」の時には労働力をアップさせるしかない。つまり「仕事が増えて忙しくなったら残業して働く」というものである。さすがに解雇を禁止した日本国としては，これを認めるしかない。

　さらに残業をしても労働力が仕事量に追いつかない場合は，有期労働契約である非正規労働者（パートなど）を雇うことも認める。この有期契約は当然のことながら「雇止め」（期間終了で労働契約を更新しない）ができるはずである。しかし，この「雇止め」は「まだ働きたい」と思っている労働者から給与を奪っていく。そこで雇止めされ生活に困った非正規労働者が裁判所に訴える。ここで裁判所は「雇止め法理」を打ち出す（裁判所は政府と違い「労働者を守る」という労働法の理念の下，企業には極めて厳しい）。そして，正規労働者の解雇の時と同様に「客観的，合理的，社会通念上」というキーワードで全く同じ判断を下し，解雇と同じ道をたどっていく（非正規労働者の訴えが完勝）。つまり，有期労働契約も労働力の調整とはなり得ず，単なる給与調整（契約社員のほうが給与が安い）にしかならない。そして後述するが，今度は政府が非正規労働に対し，同一労働同一賃金という原則を企業に求めてくる。

　一方，国は企業が直接労働契約を結ばない「派遣労働」（後述）を"厳しい条件"付きで認める。企業側はこれを利用するのだが，"厳しい条件"を飲むのが難しい時は，リスク（本当は指揮命令せずには仕事はできない）があっても，請負契約であふれた仕事を出すようになる。

　残業以外の労働力をミニマムとしても（最低の仕事量を想定して），それでもなんらかの事情で仕事量が急減して「仕事量＜労働力」の時もあり得る。ここでも解雇はできない。そこで企業ははじめから「一定量の残業をやること」を前提として人員調達を行い，仕事量が落ちてきたら「残業を禁止すること」によって対応する。

　こうして日本企業においては残業が常態化する。残業の意味を理解していない従業員は，自分のミスによって残業となってしまった場合は，これをつける

ことなくサービス残業としてしまう。この違法行為はすぐに組織内に伝染して，サービス残業が当たり前となり，企業から見ると本当の残業時間がわからない（コントロールできない）ようになってしまう。

　昔はあったタイムレコーダーはなくなり，残業時間はいつの間にか自己申告（これも基本的には違法）となってしまう。大企業において，残業に関しては仮に違法とわかっていても従業員ガバナンスの下，これをチェックする人（摘発する人）もおらず，企業内は働き方に関して治外法権のようになってしまう。というよりも，「違法行為」という認識を使用者（自分が使用者と思っていない人がほとんど）も労働者も持っていない。

　ここに「働き方改革」で司法のメスが入る。しかし，大企業側の反応は「そこまでいうのなら解雇を認めてほしい」というのが本音である。

　この「仕事量<労働力」の時には別の手も打たれる。それが配置転換である。多くの場合，仕事量が減っているのは特定の部署，特定の職種である。そこで“暇な部署”から“忙しい部署”へ従業員を配置転換する。ここに日本独特のメンバーシップ型採用が生きる。つまり“やる仕事”を労働契約していないことである。諸外国のジョブ型採用ではできない“テクニック”（解雇してしまうから使わなくてもよいが）である。

　そのため，従業員がさまざまな仕事ができるように，普段からジョブローテーション（仕事の変更）を定期的に行う。さらには会社を越えて「忙しい会社へ出向」という諸外国では見られないスタイルをとる。「出向」は現在の会社に在籍しながら他企業の業務を行うということである。しかし，この給与をどちらで払うのかが今ひとつ不明であり，かつ労働法が想定する労働契約（指揮命令と給与はセット）とは異なるスタイルとなっている。

　さらにこの労働力の余剰については，仕事量を増やすべく，新規事業開発，子会社設立，M&A，バリューチェーン（後述），グローバル展開といった戦略をとる。

　こうして日本の大企業は，長期にわたって同じメンバーで仕事を続けることで会社へのロイヤルティ（忠誠心）を高め，生産性向上を図り，世界で無敵の

ジャパニーズカンパニーへと育っていく。そしてジャパン・アズ・ナンバーワンとして世界中から称賛，羨望されるだけでなく，国際競争上アンフェア（日本はずるい）として指摘されるようになる。

なぜ残業規制をするのか

では，なぜ国は残業規制に踏み込んだのか。その最大の理由は上で述べた諸外国からの指摘と圧迫である。「強すぎる日本」に対する当然の反応である。
「日本企業が良質な労働力を時間制限なく使えるのは国際競争上不利である」
実は日本が高度成長期から何度も指摘されてきたことである。

戦後，ILO（国際労働機関）条約という外圧により，当時の労働実態（長時間労働は当たり前）とは大きくかけ離れた「1日8時間，週48時間」を労基法で"原則"としてしまったことに端を発している。この「実態と大きくかけ離れた規制」はこの後も尾を引く。つまり「おカミが決めたとおりでは，他社と戦っていけない」というものである。ここにマネジメント1.0の経営家族主義が重なり「別に従業員が長時間働くのが嫌と言っているわけではない。皆が家族のために一生懸命汗水垂らしてがんばれば，それによって企業が儲かり，残業代も増えるし従業員の給与もどんどん上がっていく。残業がなぜ悪い」となる。

そして，高度成長から国際競争に入っていく中で「海外企業に勝ち抜くにはこんな規制は守らなくてもいいのでは」という社会ムードとなり，規制のある諸外国を尻目に，「24時間365日働くジャパニーズ・ビジネスマン」という像を作り上げる。そこに当時の主力プレイヤーである団塊の世代のトラウマ「がんばり」という美意識が重なり，「残業して会社のために働くのは企業人として当たり前」，「定時に帰る人はやる気がない」という日本独自＝マネジメント1.0の企業文化を生んでしまう。

一方，残業が常態化していく中で，従業員にとってはその割増賃金が生活給となっていく。つまり働く側も「残業をなくしては生活できない」となってしまう。

企業から見ても残業代が人件費の中で大きなウエイトを占めることになる。そのため仕事量が減ってしまって業績悪化が予想される時には，残業規制をす

ることで人件費を抑制することもできる。

　1980年代に入ると，日本がグローバル戦争に圧勝したこともあり，「日本の長時間労働放任がソーシャルダンピング（個別企業ではなく，国家レベルでの輸出におけるダンピング）を生んでいる」と批判が出る。そして諸外国との1人あたり年間総労働時間が国際的な話題となる。この当時，社会主義ともいえる西ヨーロッパ（ドイツ，フランス）が1,600〜1,700時間，資本主義のイギリス，アメリカが1,900時間程度であったが，日本は2,100時間（むろん，サービス残業分は入っていない）と1ランク上の状態であった。この原因として「残業の長さ」「週休2日制導入の遅れ」「年休消化の低さ」が指摘された（この3点はこの後30年以上も言われ続ける）。
　1986年，いわゆる「前川リポート」注）によって中曽根首相が「労働時間短縮」を国際公約とする。そして残業を入れれば未だに達成できていない週48時間を40時間まで段階的に下げて法制化していく（週40時間ではおのずと週休2日となる）。

　その後のバブル崩壊では，企業が大ピンチを迎え，採用を思い切り絞り込んでしまう。そのため残業時間が増大し，かつ業績が苦しいなか，サービス残業（見えないものではあるが）もさらに拡大していく。このようななか，国の労働時間規制の手は緩んでいく。

　この時代を経て，安倍首相は「アベノミクスが成功（と本人は言っている）し，景気が回復し，企業業績が最高潮（大企業の決算上はそうなっている）を迎えた今こそ，この残業削減に真剣に取り組む」と国際公約をする。そして先ほどの3つのうち残っている「年休取得」に関しても「一定以上取らせること」を企業に強制していく。
　先ほどの企業の「残業は美という文化」についても，働き方改革案の資料で思い切った批判をしている。「働き方改革の第一歩は，企業文化，企業風土という従業員の創り出したレガシーを変えることにある」とし，「長時間労働を自慢するような風潮（なかなか言い得て妙ではある）が蔓延，常識化している状況を変える」と宣言している。政府が「企業文化を変える」と宣言するのは

極めて異例なことであり，政府の本気度を感じる。

　これは，マネジメント1.0を作り出した原点であり，マネジメント3.0でも引き継いでいこうとした「従業員皆で協力してがんばろう。そしてがんばった人にはがんばったなりのリターンを」という理念を真っ向から否定，というよりも禁止していくものである。そして「従業員は家族であり，皆平等」を否定し，「労働者を使用者から守る」という労働政策のベクトルを「法ではっきりさせる」というものである。

　この国の内政干渉というべき改革によって，マネジメント3.0は大きな変革を求められることになる。

注）中曽根首相の私的諮問機関である経済構造調整研究会（座長が前川日銀総裁）がまとめた報告書。

残業代を払わなくてよい人

　「労働者，使用者」という関係のほかに，マネジメントを考えるうえで大きなテーマといえるのが「労働時間規制の適用除外者」がいることである。ほとんどの企業がこれを受け，いわゆる管理職には残業代を支給していない。

　労基法では「労働時間，休憩及び休日に関する規定」について，一部の労働者を適用除外としている。つまりこの人は労働時間，休日の制約はなくなる（年休などの規制は適用される）。したがって，残業代は支給する必要はなくなる（むろん支給してもよい）。この適用除外者には農業，畜産，水産業のほかに，「管理監督者」が入っている。

　この「管理監督者」の法律上の定義は「監督もしくは管理の地位にある者」とあっさりしている。残業代，休日出勤といった経営上だけではなく，働くうえでの大問題なのに，その定義があっさりしているため解釈が“いい加減”となり，上下関係からいってどうしても使用者側に有利に解釈されてしまう（と国は判断している）。

　そこで労働行政側は「“監督もしくは管理の地位にある者”とは労働条件の決定，その他の労務管理について経営者と一体の立場にある者の意であり，名称にとらわれず定義に則って判断すべし」とした。

　しかし，使用者の定義が「指揮命令」ではっきりしているのに対し，これで

もまだまだファジーである。そこで例によって裁判所が労働者側からの訴えによって判例を出し，現在の「管理監督者かどうかの判断基準」はほぼ次の3条件となっている。この条件はORではなくANDである。つまりこの3つの条件すべてを満たした場合に限り，労働時間規制の適用除外となる。1つでも条件を満たさなければ残業代を支給しなくてはならない。

- **職務権限**

第一の条件は「会社の経営に関する決定に参画し，労務管理に関する指揮命令権を有すること」である。

「会社の経営に関する決定」とは何のことかがよくわからない。経営計画，部門計画，チーム計画，予算などかなり広く解釈することができる。「労務管理に関する指揮命令権」もよくわからないが，要するに「最低でも使用者たりうる立場」（誰かに指揮命令をして仕事をさせる権限がある）ということであろう。

- **勤務スタイル**

第二の条件は「自己の出退勤をはじめとする労働時間について裁量権を有していること」である。

おそらく「好きな時に来て，好きな時に帰ってよい人」という意味であろう。しかし現在の企業には，こんな管理職はあまりいないと思う。3条件のうち，これが最も大きな問題であろう。

- **賃金**

第三の条件は「一般従業員に比し，その地位と権限にふさわしい賃金上の処遇を与えられていること」である。

管理職になって残業代がなくなり，給与が下がったという話もよく聞くが，多くの企業では基本給ベースは管理職のほうが高い。そして残業削減の波で残業代は減っていくので，この条件はクリアできると思う。

これを読む限り，ライン管理職（部下を持っている）に適用されるはずである。しかし多くの企業では複線人事（42ページ参照）を採用している。そこで国は「スタッフ管理職（部下を持たない管理職ということ。スタッフ部門の管理職という意味ではない。普通はスペシャリストと表現される人）」に対して「処遇の程度についてライン管理職と同様に取り扱っても労働者保護に欠け

る恐れがない場合は管理監督者として認める」とした。

　この適用除外規定を受け，多くの企業では一般職（非管理職）と管理職（スペシャリストを含む。上記の条件からスペシャリストも給与ベースは同じにする必要がある）を人事制度上ではっきり分け，管理職に対しては残業代を支給していない。

　しかし近年「名ばかり管理職問題」（上の3条件を満たしていないのに管理職という名前だけを与えて，残業代を払わない。そのため会社に対して働いた分の残業代を支払うように労基署に申し出をしたり，訴訟を起こす）が多発し，この裁判でも企業は連戦連敗となる。

　マネジメント4.0では，この「残業代を払わない管理職」は大きな問題である。つまり，今残業代を払っていない管理職は，「労基法上の管理監督者たりうるか」である。どう考えても，第二の条件である「自由な勤務スタイル」を満たしているとはいえない状況である。これを「その人がおカミに訴えないだろうから“よし”」とするのは，CSR上大きな問題である。そうなると管理職（スペシャリストを含む）について第二条件を満たすルール（出勤時間を自ら決定）に変えるか，管理職にも残業代を支払うかである。そう考えると前者のほうがダメージは少ないと思う。

　また，労働組合のある企業では「非組（管理職になったことを理由に労働組合を脱退した人）の人には残業代を支払わない」と考えている企業もあるが，労働組合と「労働時間規制の適用除外」は全く関係がない。管理職のための労働組合があることを考えればわかるはずである。この残業代の適用除外は労働組合との調整事項ではなく，法の規定である。

サービス残業は犯罪

　国は常態化しているといえるサービス残業についてもメスを入れている。これには2つの手を打っている。

　1つは，サービス残業の発生源である「残業時間の自己申告」についてである。

サービス残業とは自己申告制の下で，従業員自らが残業時間を少なく申請するものである（管理者が労働者の申告した残業時間をカットしてしまうものもあるだろうが，これはどこから見ても悪質な違法行為であり，サービス残業の範疇を越えている）。このサービス残業は労働法違反（犯罪者は使用者）だけではなく，粉飾決算（残業代を払わないことで利益を水増ししている）とも考えられる。

　厚労省はこれを「賃金不払残業」とよび，「労基法から考えて，使用者が労働時間を適切に管理する責任を有していることは明らかである」として，基本的には「残業時間の自己申告制などやるべきではない」としている。

　そのうえで「労働者間の適切な管理のために，使用者が『労働者の労働日ごとの始業，終業時刻を確認し，これを記録すること』を構ずべき」としている。そして確認・記録の方法として，次の2つのどちらかをとるように指示している。

・使用者自らによる現認（部下が実際に働いていること，終わったことを目で見て確認）
・タイムカード，ICカード等による客観的な記録

　ただし，なんらかの事情で上の2つの方法をとることができず，自己申告とせざるを得ない場合には，「本人に対して労働時間の実態を正しく申告するように説明し，実態と合致しているかを必要に応じて調査し，労働者に残業時間の上限の設定はしないようにすること」とした。つまり法の行う残業時間規制は使用者を規制するものであって，労働者に制限してはいけないということである。

　（しかし，これを読んで「残業時間の自己申告は認められている」とルールを曲解している企業がいるのはいくらなんでも‥‥）。

　第一の「現認」は，オフィスでそれぞれがそれぞれの仕事をしている状況では無理である。こうしてしまうと，マネジャーはメンバー全員が退社するまでオフィスにいなくてはならなくなってしまう。そもそも先ほどの管理監督者の勤務スタイル条件からとることはできない。

　したがって，第二の「客観的記録」しかない。そのやり方はさまざまであろうが（オフィス，工場などで働く），IT時代でかつオフィスのセキュリティ上ICカードなどを本人に持たせていること（持たせるべき）を考えると，この

第二の方法を採用しないことに合理性がないと思う。「オフィスにいても仕事をしていない時間がある」という反論に対しては，「仕事をやっている時」と「やっていない時」をやはりITで管理していくしかない。また，外で働く人などに対して，これが無理な場合は後述する"みなし"という選択肢が用意されている。

　未だなぜか自己申告制をとっている企業もある（多い？）。そのため上記のような法が要求する"監査"のために，パソコンのログタイムとのチェック，入退場記録とのチェック（しかしこれならこの記録をそのまま使わない理由が見当たらない）をやっているという企業もある。コスト的に考えても，こんなばかばかしいことをやる理由が見当たらない。

　国がもう1つ打った手は，サービス残業の摘発である。サービス残業は犯罪なので当然といえば当然であり，かとく（62ページ）などを使ってこれを行っている。2017年には宅配会社のヤマトホールディングスが労基署の是正勧告を受け，過去2年分のサービス残業を調査し，「未払い残業代190億円（後に200億円以上と公表）を払う」としてニュースになった。そしてこのサービス残業に関して「ヤマト運輸と支店の現場管理職2人を送検して刑事事件として立件した」と報じられ，その後いくつかの企業が同様の犯罪で摘発された（67ページで述べたように，このシーンを私がやっている管理職向けセミナーではビデオで見せている）。この報道を受けて，多くの企業ではサービス残業を「絶対にやるな」と指導している。しかしそれでも未だサービス残業が残っているのが現状である。

　これについては，現場のマネジャーにサービス残業は犯罪であり，その犯罪の実行者は部下ではなく自分であると認識させることにある。私は管理職の人によくこう言っている。

　「ルールを知らずにルール違反をやるのは単なるバカ。ルールを知っていてそれを守らないのは犯罪者。犯罪者は見つかれば警察につかまる」

時間ではなく，仕事，能力に給与を
　国は労働時間の弾力化による残業削減も考えている。仕事がない時でも勤務時間中なので仕方なくオフィスにいて，仕事が増えると残業ということも当然

のようにある。

そこで，変形労働時間（1日あたりの労働時間で考えるのではなく，1週，1ヵ月，1年間の総労働時間で考えることができる），フレックスタイム（始業，終業を労働者が選択できる），みなし労働時間制（セールスマンなど事業所外で働く場合や，自分の裁量で仕事をやっていくもので省令に定めた職種については一定の時間働いたとみなすもの）などの弾力的な働き方のオプションを準備している。これからもこのオプションは増え，かつ実施条件が緩和されていくと考えられる。

そして，2019年からは働き方改革関連法の最大の難関（野党の反対が強かった）だった「高度プロフェッショナル制度（略して高プロ）」もついに実現した。

労働時間という概念そのものを取り払ってしまうという考え方をホワイトカラー・エグゼンプション（exemptionは「除外する」という意味）といい，アメリカをはじめとする諸外国でも（条件付きではあるが）見られる制度である。これはオフィス勤務（工場労働ではない）の人は，労働法の規制が及ばない働き方を選ぶことができるというものである。

一般に労働法は「工場」のような皆が一斉に仕事を開始し，一斉に終了するというシーンを想定している。そしてこのちょうど反対側にあるのが，オフィスで1人1人が仕事の分担を持って，自らの裁量で仕事をするスタイルである。これを「ホワイトカラー」と表現している。

日本では2005年の経団連[注]の提言から始まっており，当時は日本版ホワイトカラー・エグゼンプションとよばれた。発想の原点は「仕事をして同じ成果物を作るのに，ゆっくりやって残業すればたくさん給与（残業代）がもらえ，早くやれば給与が下がるという矛盾」にある。そして「残業代があるゆえに残業する」という生活残業を生んでいる。しかし，日本では当初から「残業代ゼロ法案」とネーミングされ，反対の声が大きく，法制化できずにいた。今回もその反対で難航したが，厳しい条件付き（職種を限定，世の中の平均年収の3倍以上）の下，2019年から施行されている。

この状態では該当する職種がかなり限定されており（ディーリング業務，アナリスト，コンサルタント‥‥），年収バー（年収1,075万円以上）も高く，

80

一般企業にはほとんど関係がない。しかし，企業経営者が先ほどの残業の矛盾に悩んでいるだけではなく，私が会う「仕事ができる若者」も，「仕事ができない人のほうが残業代で給与がたくさんもらえるのはおかしい」と同じ疑問を持っていることは事実である。

　マネジメント4.0ではこの高プロの拡大（職種が広がる，年収バーが下がる）も期待されるが，やはり今の状態では，これと同じ発想を先ほどの「管理監督者」を使って実現していくのが妥当だと思う。つまり上の「仕事ができる若者」を法律上の管理監督者にすることである。従業員ガバナンスの下で考えれば，マネジメント4.0では「残業をなくすこと」は人件費削減ではなく，「給与分配のフェアさ」ととらえて，「時間ではなく仕事，能力に給与を」というシステムをできる限り導入していく。

注）日本経済団体連合会。大企業を中心として構成される団体。

⑥ 非正規，ダイバーシティ，ワーク・ライフ・バランス

　国は32ページに述べた総合職，一般職という「働く姿」を真っ向から否定した。もっといえば，日本の黄金時代のマネジメント1.0を支えたジャパニーズ・ビジネスマンの姿を否定している。これは「大学卒（大学院卒）男子が，学校卒業時に会社を決め，そこで一生働くことを誓い，出世の階段を上がっていく」というスタイルを"働き方"の本線とするものである。

　「非正規」という言葉の定義はファジーであるが，最も広義のものは，上の"働き方"を正規とし，それ以外の働き方を非正規とするものである。すなわち非正規には，前述の有期契約労働だけではなく，女性，派遣，外国人，さらには中途採用，新たに生まれたシルバー（定年後の継続雇用）などが含まれる。

　この正規と非正規の区分はほとんどが個人の属性である。すなわち，性をその中核として学歴，年齢，国籍，職歴といったものであり，本人から見れば「いかんともしがたいもの」である。

　国はこれらすべてにおいて正規からの差別をなくそうと努力している。つまり「非正規は差別」として，「正規と公平にしろ」である。安倍首相の言葉を借りれば「非正規という言葉を日本からなくす」ということである。

そしてこれをダイバーシティというキーワードで表現した。ダイバーシティ（diversity）とは，もともとは多様性という意味であるが，ビジネスの世界では「性別，キャリア，国籍などについて多様な人が集まることでシナジー（相乗効果）を生む」という意味で使われている。特に日本は諸外国以上に男女差別が激しいこともあり，「女性の働き方」について使うことが多い。

この「女性が働く」ということを考えるともう1つのキーワードが重なってくる。ワーク・ライフ・バランス，つまり「仕事と生活のバランス」である。

この非正規，ダイバーシティ，ワーク・ライフ・バランスは，働き方改革において企業に要求される大きな課題であり，マネジメント3.0では積み残してしまったものである。つまりこれがマネジメント4.0を必要とする理由の1つである。

ここではこれら非正規の要素をタイプごとに見ていきたい。

（i）有期契約労働
パートから有期へ

64ページで述べた「期間の定めのある労働契約」で働く人である。最も狭義の非正規雇用である。かつてこの中心はいわゆるパートタイマー（略してパート）であった。そしてほとんどが主婦パート（家事を主な仕事とし，手が空いた時に働く）であった。

有期という「いつクビを切られるかわからない弱い立場」であり，労働法の「弱き立場を救う」という理念によって従来から保護されてきた。それが1993年施行のパートタイム労働法である。通常の従業員（正社員と表現する）より「働く時間が短い人」をパートタイム労働者とし，これを保護する法律である。

当初はソフトロー（努力義務）だけであったが，その後2007年，2014年の2回の改正で規制を強化していく。最大のものは「正社員への転換チャンスを与えなければならない」というものである。

一方，バブル崩壊後には新しい労働スタイルが生まれてくる。それは「家計を助ける主婦パート」とは異なる「契約社員」という有期契約労働である。企業が先行き不透明ななか，正社員ではなく，いつでもクビを切れる契約社員を雇うというものである。パートが「働く時間」に着目しているのに対し，これは「労働契約の期間」に着目している。パートのほとんどは有期労働契約であ

るため，パートという概念を飲み込んでいく。そして規制（保護）の対象はパート（短時間）から有期（短期間）へと移っていく。

雇止め法理と同一労働・同一賃金

「有期」に対して国が打った手は2つある。

1つは，71ページで述べた「雇止め法理」である。つまり有期契約終了後，「本人に働く意思があれば働かせなさい」というものである。さらに延長契約について，2011年には「有期労働契約が5年を超えて反復契約（1回あたりの契約上限は3年）された時には，正社員（無期）になることができる（ならなくてもよい）」とはっきりと規定された。

ここにもう1つの手を重ねてくる。それが「同一労働・同一賃金」である。国はこれを「正規と非正規の不合理な待遇差をなくす」という“旗”として次々と手を打ってくる。

本来，国として民間企業の給与に口を出すのは，「性，国籍などの属性で差別することの禁止」，「最低賃金を決める」くらいまでであり，それ以上のことに口を出すのはいくらなんでもやり過ぎだと思う。しかし，国はこの「同一労働・同一賃金」をなんと「働き方改革のロードマップ」（これからやること）の第一（長時間労働の是正は第二）に挙げており，実際に次々と手を打ってくる。むろん，働き方改革関連法にもこの項目は入っており，2020年4月（中小企業は2021年4月）から施行される。ここでの「同一労働・同一賃金」については，かなり細かいルールを決めており，今後はさらなる強化も予想される。つまり国は「同一労働・同一賃金が達成できるまでとことんやる」という立場を見せている。

さらに，これに対して行政ADR（Alternative Dispute Resolution）を整備した。ADRは裁判以外で“もめ事”を解決するものである。つまり「同一労働・同一賃金」もファジーな理念のため，その解釈でもめた時は時間がかかる司法裁判ではなく，このベクトルを立案し遂行している「行政」側に持ってくれば，すぐに調整するというものである。

しかし「同一労働・同一賃金」を，「同じ仕事をやっている人には同じ給与を」と考えるのはいくらなんでも乱暴である。そこで国はこれをハードローとソフトローで使い分けている。そしてこの切り分けを「均等」と「均衡」とい

第❷章　マネジメント4.0が求められる要因　　**83**

う言葉で表現している。

「均等」はその言葉どおり「同じにする」であり，「均衡」とは「不合理な処遇差（給与だけではなく労働条件も含めて）をなくすこと」としている。このターゲットは有期労働契約とこの後述べる派遣労働である。

つまり国は「有期労働といっても実質的には無期だし，安く使おうと思ってもそうはさせない」と言っている。

有期労働をどう考えるか

これをマネジメント4.0から考えてみよう。

有期労働契約については国がここまで否定したのだからやめるべきである。というよりもそんな契約をしてもあまり意味がない。国が言っているように本人が有期を望んでいる時（あまりないと思うが）以外は，すべて無期（定年を設けることになるが，これも正規と同じにしなくてはならない）とするしかない。

同一労働・同一賃金については，まさか「同じ仕事をしている人」をすべて「同じ給与」とするわけにはいかない。国も「均衡」で「不合理をなくせ」と言っているのだから，合理的に仕事以外の要素も含めて給与を決めるしかない。そうなると打つ手は限定されてくる。

まずはいくつかの労働契約のパターンを用意して，これを労働者側が選択できるようにする。地域限定社員（転勤がない），グローバル社員（世界中転勤がある）といったものである。そのうえでこれを文書ではっきりと再契約する。すでに取り入れている企業もあるが，国も均衡の条件として「文書で説明」を法のいろいろなところで取り込んでいる。

そのうえで，各契約内で合理的に給与ルールを変えることである。この要素は国も認める（というよりも推奨している）「能力」を中心とするしかない。同じ仕事をやっていても（同じ仕事という定義が難しいが）「能力の高い人には高い給与を」というものである。これならマネジメント3.0の能力主義からスムーズに変身できる。

(ii) 派遣労働

派遣労働の法的な定義は，「自己（派遣元事業者，いわゆる派遣会社）の雇

用する労働者を当該雇用関係の下に（雇用契約を継続），他社（派遣先事業者）の指揮命令下（労働契約が発生）において労働に従事すること」である。つまり「自分の会社の従業員を他社の指揮命令下で働かせること」で，「どこで働くか」（自社か他社か）は関係ない。働く側から見ると雇用契約，労働契約が複雑に絡み合う関係になってしまうものである。そのため，1985年に労働者派遣事業法（労派法）ができるまでは，この派遣労働は全面的に禁止されていた。しかし，1980年代前半にはその法の網の目をすり抜けるようなグレーな労働者派遣事業が登場してきた。

　この時，企業側もバブル真っ最中で人手不足がどうしようもないところまできていた。特に労働集約型で急成長していたIT業界において顕著で，抱えている仕事がこなせない状況となっていた。しかし，このバブルがいつまでも続くわけではないので，すべて正社員として採用することはリスク（仕事が減ってもクビを切れない）が大きすぎる。そのためテンポラリーな（忙しいときだけ雇う）労働力を求める声が高まっていた。

　この時，人手不足で本当に仕事がパンクしてきたITベンダーが「システム開発を海外で行う」（オフショア開発とよんでいる）と言い出す。国も「当時のリーディングカンパニーであるITベンダーが，海外へ逃げてしまうのは困る」ということもあり，規制（特定の仕事でのみ認め，派遣元，派遣先にハードローで規制）をかけたうえで，労働者派遣を認めるべく1985年に労派法が成立した。

　しかし2003年，小泉政権下で製造業にもこの派遣労働を認めてしまう。すなわち機械化され，単純労働が主流の工場でも派遣労働が可能となってしまった。これは1985年当時のITベンダー同様に，大手メーカーから出た「工場にテンポラリー労働（というよりも低賃金労働）を認めてくれないと，オフショア（海外へ工場を移す）も辞さない」という声（脅し？）に国が応えたものである。そしてこの時ポジティブリスト（この仕事のみ派遣をやってよい）からネガティブリスト（この仕事はやってはいけない）に変わっている。現在では港湾運送，建設，警備などが禁止対象業務である。

　しかし労派法は業務範囲を広げながらも，それ以外の規制はますます厳しいものとなっていく。派遣会社だけではなく，派遣を受け入れる側の企業の規制

も厳しい。そのため規制のない請負契約へとその流れはシフトしていく。

この時，「偽装請負」という言葉が話題となった。これは実態としては派遣労働（労派法の規制を受ける）スタイルで仕事をしていても，これを請負契約で処理しているものである。つまり請負契約した他社の従業員に発注元が指揮命令（ひどい時は同一チームで働く）を行うものである。これがマスコミを賑わせたが（このニュースを知らない人も多かったが），指揮命令をしているほうも，されているほうも法のルールを知らず，罪の意識が全くない（しかもここには親，下請という関係からパワハラも内在していた）。

ここに同一労働・同一賃金が重なる。「派遣労働者を低賃金労働として見ようとしてもそうはさせない」という国のベクトルである。そして「なんとしても低賃金労働者の給与を上げて消費者の購買力を上げる」という国の強い意志を見せる。

国は派遣元にさらなる厳しい規制をするだけでなく，派遣先企業にハードロー，ソフトローを付けて「直接雇用」（派遣社員を受け入れている企業と雇用契約を結ぶ）かつ「無期雇用」を求めてくる。

この流れはもう止まらないと思う。つまり国が認めてきた派遣というスタイルを，本人が派遣を望まないのであれば（本人が直接雇用を望んでいないことはあまりないと思う）このスタイルをやめるように要望している。

マネジメント4.0で考えれば派遣労働という特殊ルール（規制付きで認められても）を使うのはリスクが大きく，かつ労働者側から訴えられる可能性も高い（その場合企業は勝てない）ことを考えると，派遣というスタイルをやめざるを得ない。すなわち，その派遣社員を直接雇用とするか，派遣が禁止されている警備業務のようにはっきりとした請負契約へと変えていくべきである（ガードマンには社長といえども個人としては指揮命令できない）。ただし請負契約といっても，偽装請負のような派遣隠しではさらにリスクが高いので，はっきり外注として仕事をアウトソーシングするか，その会社をM&Aのような形でグループ化していくことである。

(iii) 女性
女性に対する国の見方
　女性の労働に対して国は次のように見ている。

　「大企業で働く女性正社員のうち，近年入社した若手層やこれから入ってくる人は男性とほぼ同じように働けるようになっている。最大のハンディキャップであった『出産・育児』も国の支援でかなり改善されてきた。しかし中堅以上の女性たちから見ると状況はまだまだかなり厳しい。大企業の昇格・昇進は過去の人事評価を引きずっているので，途中からの進路変更は難しい。そして単純作業をやらされてきた女性は当然のように人事評価が低く，今から"公平"と言っても過去の人事評価結果が昇格・昇進のハンデとなってしまう。一方，国の支援なき状態でかつて大企業を去り，パートまたは専業主婦となった女性に復職の目が出てくる。しかし大企業にはその正面入口はない。したがって，派遣，有期雇用などの裏口から入るしかない」

　すなわち，国がこれから手を打つターゲットは，中堅以上の女性と復職女性である。後者は派遣，有期雇用をなくせばなんとかなる。つまり前者が主な対象であり，これを「女性活躍」というキーワードで表現している。

　女性活躍に関しては上記の理由でここに来て方向がはっきりしてきたが，これまでの流れを整理しておこう。

均等法が生んだもの
　1979年国連で採択された「女子差別撤廃条約」に，日本は1980年署名した。そのため国内法の整備が求められ，1985年男女雇用機会均等法（均等法）が成立する。

　ここまで労基法では「平等」ではなく「女性保護」の立場をとってきた。しかし「保護」か「平等」かという議論に加え，「女性雇用を義務づけるのは納得がいかない」という企業側の声によって，その議論は収束しないでいた。

　そのようななか，条約批准という国際法と，判例による「男女平等法理」により，「平等」，というよりも「差別禁止」へとはっきりとしたベクトルをとり，「ソフトローからハードローへ」という道をたどっていく。

　一方，「保護」のほうはこれまでの女性の保護規定は撤廃されていく。そし

て女性保護ではなく，妊娠，出産，育児といった生活ハンディキャッパーのサポートへと向かい，ここに「ワーク・ライフ・バランス」という波を生む。これに介護というハンディキャップが加わり，さらには長時間労働というライフ圧迫が重なり合っていく。

この中で均等法は1997年，2006年と改正されていく。現在のポイントは次のとおりである。

• **性差別の禁止**

この対象は募集・採用，配置，昇進・降格，教育訓練，福利厚生，職種（営業，技術‥‥），雇用形態（正規，非正規など）変更，退職勧告，定年，解雇，労働契約更新といったほぼ全域である。なかでも昇進，職種といったキャリアに関するものはマネジメントに大きなインパクトを与えた。

そこで生まれたのが管理職コース（当時は総合職という名前が多かった），非管理職コース（一般職）というコース別人事制度である。すなわち"性"ではなく"コース"によって2つのキャリアパスを持ち，出世のスピードを変えるというものである。

だが，実態は差別の撤廃とはならなかった。前述のとおり，常に「もう差別をしてしまった人のリカバリーをどうするか」という難問のためである。「いきなり昇進というわけにはいかない，給与を上げるわけにはいかない」というジレンマである。結局は非管理職コースには従来の"庶務"の女性を当て，例外的に管理職コースにも希望すれば転換できるという形をとる企業が多かった。

そして，これにもう1つ「転勤」という要素が加わる。つまり転勤の「あり」「なし」でコースを2つにするのだが，おのずと多くの女性は「転勤なし」を選び，出世は抑えられていく。

「これから入ってくる女性」は総合職になれば，男性と同等のキャリア（「転勤あり」だが）が獲得できるようになる。ただ結婚，出産によって転勤が難しくなると，転勤命令が出なくてもおのずと出世スピードは遅くなり，同期の男性が出世していく中で，優秀な女性はその不公平さから退職する道を選ぶ人も多くなる。

さらにはこれがもう1つの問題を生む。それは組織内，さらにチーム内に管理職コースへキャリアチェンジした女性，チェンジしなかった非管理職コース

の女性，初めから管理職コースとして入社した女性という3つのタイプが混在することである。そしてそれは能力ではなく，入社した年齢，ライフスタイルによるものである。この3つのタイプは「性が同じで同じ仕事」をやっていても「給料が違う」ということで大問題となっていく。

つまり男女間だけではなく女性キャリア内に差別，というよりも不平等を生んでいってしまう。

私はいろいろな企業で「女性活躍セミナー」（タイトルは企業によって違うが）をやってきた。受講者の多くはこれからキャリアアップをしたい（させたい）女性である。彼女たちの何人かが発言することで気になっていることがある。「女性ということでひと括りにしないでほしい」というものである。真意がわからないので聞いてみると，「女性の中にはキャリアアップ志向を持っていない人もいる。責任のある仕事をしている私たちは，彼女たちとは違い体を張って仕事をしている」ということのようである。

これではまさに昔の男性社員と女性庶務という差別のままであり，差別している男性社員の中に一部の女性が入っただけである。そして差別を受ける女性はライフでのハンディキャップを背負っている。

マネジメント4.0での対応は1つしかない。差別をされてきた人（能力向上のチャンスがなかった人）の「能力」を上げることである。そしてライフのハンディキャップに対しては国が求めるようにまわりが協力してサポートすることである。

• 間接差別の禁止

間接差別とは，一見すると「性に関係ない中立的な基準」が，実質的には差別基準となるもののことである。

間接差別は諸外国では従来からある考え方であり，日本は2006年の均等法改正で輸入し，これを禁止した。そして具体的な事項は省令によるものとした。現在の「禁止条項」は「募集・採用に当たって身長，体重など体に関することを要件とする」といったもの（明らかに女性と男性に有意差のあるもの）に加え，「募集・採用，昇進，職種の変更に当たって"転居を伴う勤務に応じること"を要件とするもの」「昇進に当たって転勤の経験を要件とするもの」などがある。

実はこのような具体的事例の列挙は諸外国では見られないものであり，かな

り強烈な規制である。特に転勤要件は，従来は「コース別雇用管理における『総合職』の労働者の募集，または採用に当たって転居を伴う転勤に応じることができることを要件とするものは禁止」となっていたものを，2014年からコース別，総合職という限定を取り去り，昇進，職種の変更を付け足したものである。先ほどのように男女ではなく「転勤あり，なし」で昇進をコントロールしていくルールに対して，レッドカードを提示したものである（法の読み方によってはイエローカードだが）。しかし現実的には「転勤あり，なし」によってキャリアパス（出世ルート）が変わる企業もある。

　では，転勤昇進要件はすべて違法か？

　これには「合理的な理由がないにもかかわらず」という条件が付いている。68ページのように日本流に例外事項を読めば，「合理的な理由があればOK」ということである。

　マネジメント4.0ではこれをどう考えたらよいのだろうか。「転勤のあり，なし」は女性という要素を取り除いても，従業員が生活するうえで大きなテーマである。家族との生活，住居といったライフのコアな部分である。

　一方，はたして転勤に「応じる人」と「応じない人」を"均等"に扱うのはフェアだろうか。

　国の言っている主旨は女性への間接差別（男女雇用機会均等法）である。だから少なくとも男女は同じにしなくてはならない。そのうえで84ページのような労働契約のパターンとしてとらえるしかないと思う。つまり労働契約の当事者である「会社と従業員」の合意である。そしてこれは1対1のものである。そう考えると従業員本人の意思を尊重して「転勤あり，なし」を決め，かつライフの状況を見つつ，その行き来（あり⇔なし）を条件付きで認めていくことであろう。詳細な対応は第3章で述べることとする。

・ポジティブアクション

　労基法から女性優遇措置は禁止されている。しかし前述のとおり，「過去の不平等によって生まれた結果（特に人事評価）」をそのままにして，「今日から平等」と言っても不公平である。そこでこの「過去の不平等による結果」を是正するものとして，「女性を優遇していくこと」を国は例外として許容している。これをポジティブアクションという。

　具体的には国は指針という形で「女性労働者が男性労働者と比較して相当程

度少ない職務・役職への採用，配置，昇進，教育訓練，職種変更，雇用形態変更などについて，男性より女性を優先，または有利な取扱いをすること」という女性優遇措置を認めている。というよりもここまで踏み込んで例示するということは，それを企業がやることを求めている。

当然のことながら，マネジメント4.0ではこの指針に沿ってこれを進めていく。具体的には第3章で述べる。

国はさらにはポジティブアクションの一環として，リカレント教育を支援するとしている。正社員で働いている女性でも，育児によって退職してしまうと，そのブランクのため復職できない。だから大学などでもう一度教育（リカレントとは回復，反復という意味）を受けることで就職活動を行うことを国が支援する。

マネジメント4.0ではこれも当然受け入れる。リカレント教育をポジティブアクションの一環として自企業で行い，自企業で働いていた人だけではなく他企業で働いていた人でも復職しようとする女性を積極的に採用していく。

• セクハラ

セクシャル・ハラスメント（セクハラ）は，「相手の意に反する不快な性的言動」というのが一般的な定義である。均等法ではこれを対価型セクハラ（性的な言動で労働者が不利益を受けること）と環境型セクハラ（性的な言動によって働く環境が悪化，業務に影響が出ること）に区分し，企業側（事業主と表現）に「適切な措置を講じなければならない」とした。

これら企業への義務は厚労省の行政指導，企業名公表の対象であり，労働局による紛争解決の援助対象になる。つまりソフトローではあるが，企業への直接的なダメージを与えることができる。

しかしこの均等法では企業側だけで，加害者については触れていない。加害者については他の法によってその責任を問うとしている。強制わいせつ行為は問題外としても，セクハラによって被害者が受けた不利益に対しては，当然のことながら不法行為責任を負う（不法行為とは，違法行為ではあるが刑事罰のないもの。これは民法上被害者からの損害賠償責任を負う）。

あわせて女性労働者に対して，婚姻，妊娠，出産，産前産後休暇，妊娠中の軽易業務への転換（労基法で認めている）などを理由とする不利益取扱いを禁止した。

第❷章　マネジメント4.0が求められる要因　**91**

また妊娠，出産などに関する不適切な言動を，一般にマタハラ（マタニティ・ハラスメント）とよんでいる。さらにはパワハラ（パワー・ハラスメント）を「同じ職場で働く者に対して職務上の地位や人間関係などの職場内での優位性を背景に業務の適正範囲を越えて精神的，身体的苦痛を与える，または職場環境を悪化させる行為」と厚労省が定めている。

マタハラ，パワハラとも不法行為であり，損害賠償責任の対象となる。

育児，介護，少子化対策

1980年代に入ってからの日本の2大テーマである「女性の社会進出」と「少子化解消」の最大のネックを，国は「育児」ととらえている。1991年に育児休業法が生まれ，1999年には介護休業と合わせ，育児介護休業法となった。

この法は育児（男女問わず），介護を抱えているハンディキャッパーに休業を取る権利を保障し，企業側に残業制限，時短勤務を認めさせるものである。育児休業中の賃金保障は法定化されていないが，雇用保険から育児休業給付金が支給され，その間社会保障は継続されるが保険料は免除される。

あわせて少子化対策については，2003年に次世代育成支援対策法（10年間の時限立法だが，2025年まで延長）が成立した。「子供が健康に生まれ，養育されるための環境の整備を，国，自治体，企業，国民の責任として，それぞれが行動計画を策定すること」などを定めている。企業の計画には基準を設け（ISO認定のようなもの）それに適合した企業は"くるみんマーク"を付けることができる。

育児については少子化への対策として国も必死になっていることがうかがえる。むろんマネジメント4.0でも積極的に対応していく。

「女性活躍」という名の法律

1999年，男女共同参画社会基本法が制定された。これを受け2003年小泉首相の下，「2020年までに指導的地位（『議会議員』『法人，団体等の課長担当職以上』『専門性が高い職業』）に女性が占める割合を，少なくとも30％程度にする」という目標が掲げられた。民主党政権下で一旦は消えたが，アベノミクスで再度クローズアップされる。当初は「2020年に30％までアップ」を法に入れるべく努力したが，成立が遅れてしまったこともあり，数値目標をはずし

て2015年「女性活躍推進法」として成立する。

労働法の「平等」の理念の下で，「女性」という名前を堂々と付けた法律であり，世界の先進諸国では見られない稀有なものである。ただソフトローであり，主に「女性活躍」を国が強く望んでいることを前面に出し，企業側はそのための行動計画を作ることと，職業選択のための情報公開（従業員，管理職，役員などに占める女性の割合，平均残業時間，年休取得率‥‥）を求めている。

テレワークを導入しなさい

テレワークとはネットワークを中心とするITを用いて，通常のオフィスではなく，自宅，サテライトオフィス（自宅の近くにある小さなオフィス）などで働くスタイルのことをいう。

国はこれが子育て・介護などをしている人のワークスタイルとして適切と考えている。そこで働き方改革のロードマップで「2020年までに，テレワーク導入企業を2012年度比で3倍，週1回以上終日在宅で就業する雇用型[注]在宅テレワーカー数を全労働者の10％以上とする」と政府は目標を打ち出し，厚労省（働く環境），経産省（仕事の環境）などがタッグを組んで進めている。つまり国からのWANTは，従業員1,000人の企業であれば100人以上は在宅勤務をしてほしいというものである。

働き方改革としては未だ「提案」で止まっているが，企業がテレワークを禁止することができないことは事実である。

マネジメント4.0ではこれを積極的に取り入れる，というよりもこれが可能な情報システム，コミュニケーションシステムを作り上げ，さらにはこれをグローバル・マネジメントのインフラとする。

国のロードマップではこのテレワークのところで副業・兼業についても述べている。国は副業，兼業についてテレワークを前提に考えている。残業時間の削減で収入がダウンして，「食べていけない人」，さらには「もっと働きたい人」に対して，副業，兼業を提案している。現在多くの企業はこれを認めていないので，認める方向に指導していくことになる。

むろんマネジメント4.0としても副業，兼業について考慮する。これは自社従業員の副業，兼業（禁止はできないのだから，どういうふうに認めるかを決

めればよい）だけではなく，他社従業員の副業，兼業によるパワーの活用が期待されるところである。

注）国はテレワークを雇用型（企業と雇用契約を結ぶ），非雇用型（請負契約など）に分けている。

(iv) 中途採用，定年と継続雇用

　国は前述のように，「大卒男子が定年まで働き，それをまわりが支える」というマネジメント1.0時代の大企業の姿を否定している。さらには，これまでの「新卒採用，中途採用」という日本独特の考え方をできればなくし，諸外国と同様の「通年採用」としたいと考えている。しかし現実問題として，欧米はジョブ型採用で随時雇用が原則であるが，日本はメンバーシップ型採用で解雇ができない（経団連会長である日立の中西会長は，2019年に「通年採用と解雇権をセットで考えてほしい」と口にして話題になった）。

　そこで，日本的企業の中でも増えてきた中途採用，働く側から見ると転職を国が支援していく。具体的には中途採用受入企業，年功序列（中途採用には不利）ではなく能力評価する企業や転職者受け入れのための教育を助成（要するにカネを出す）し，さらには中途採用・転職のマッチングを積極的に支援する。

　マネジメント4.0から見ると，中途採用よりも「他社へ転職によって去っていく人」をどうするかが大きなテーマである。これについては第3章で述べる。

　もう1つの定年については，国ははっきりとしたベクトルを持っている。それは諸外国のようなエイジレス社会（年齢に関係なく，公平な能力評価によって，働き続けられる社会）を目指すことである。しかし，企業に解雇権を認めないでこれをやることは不可能である。そこで考えられるのが定年延長である。そしてこれと重なるのが年金支給時期の先送りである。ひと昔前には団塊の世代が高齢化していく中で退職金が問題となったが，これは企業側の努力（退職金の引き下げ，支払いを年金化など）でクリアした。しかし問題は，退職後の公的年金の支払いである。そしてこれがパンクしそうなことを野党とマスコミが追及していく（追及しても代替案がないので，それによって何かが変

わるわけではないが)。

そこで国は「定年延長」という内政干渉に入る。まずは1986年の高年齢者雇用安定法の改正で55歳が一般的だった定年を60歳にすることを努力義務とし，1994年には60歳未満の定年を禁止，2000年には65歳までの雇用を努力義務，2012年には働く人が希望すれば65歳までの継続雇用を義務づけた。そのうえで65歳以降の継続雇用延長や65歳まで定年延長する企業へさまざまな支援策を行っている。これは2020年までの期限付きでの集中支援であり，2020年以降これをハードロー化するのであろう。

そして，これと歩調を合せるように年金の支払い開始時機を先送りしている。

企業側から見ると，1986年の60歳への定年延長は当時バブル時代であり，後述する役職定年などを使って，なんとか踏み込むことはできたが，2000年（国としては景気回復の頃合を見計らってのものではあったが）の65歳への定年延長には先行き不透明のなか，踏み込めなかった。定年延長ということは年功給（勤務年数に対して払うもの。その最大のものが退職金）をどうするかを考えなくてはならないが，どう考えても業績との間で辻褄が合わない。そこでほとんどの企業が「希望者の継続雇用」というスタイルを横並びでとった。すなわち定年を迎えたら，無期労働契約を破棄し，65歳までの有期雇用契約を結ぶことである（国もこの有期雇用を例外として認めている）。

ここに追い打ちをかけたのが2012年の希望者全員のハードローである。しかもこれがまだまだ伸びていく。「年金スタートを70歳からとしたいから，それまでは企業側で給与を払ってほしい」という国の思いがよく見える。

マネジメント4.0では，この継続雇用をどうとらえていくかについての結論が求められる。それが継続雇用で働く人だけではなく，その人と一緒に仕事をシェアしているメンバー，両者をマネジメントするマネジャーたちにとって極めて大きなテーマであることをすでに企業は気づいている。そして，多くの人にとって明日はわが身であり，「従業員から取締役，執行役員となった人たちにはこのルールが適用除外なのか」という不公平さである。そしてこの意思決定者は第三者ではなく当事者であり，この人たちがどう決めるかをその他の人は見ている。

(ⅴ) 外国人労働者

入管法（出入国管理および難民認定法）という法律で，「外国人が日本に在留して仕事をするには一定の在留資格を得ること」を求めている。この資格は「活動に伴う資格」（特定の仕事のみ認める）と「身分，地位に基づく資格」（永住者や日本人の配偶者等で，仕事に制限はない）がある。

国は外国人労働者を2つのタイプに分けている。

1つは，「高度外国人材」（特定の仕事に関するプロフェッショナル）と国がよんでいるものである。これについては積極的に受け入れを求めており，日本版高度外国人材グリーンカードを創り，特別優遇している。しかし実際には，英語が通じない日本型企業で働く外国人プロフェッショナルはあまりいない（日本にあるアメリカ型企業にはいるが）。

もう1つは，外国人単純労働者で，国は基本的には受け入れない方針をとってきた。これは単純労働に従事している日本人を失業に追い込んだり，外国人労働者の低賃金によって給与水準がダウンしていくことを恐れたためである（つまり企業が外国人単純労働者を低コストの労働力と見ていることを知っている）。

しかし1980年代後半から不法就労（観光ビザで仕事に就くなど）が急増した。そこで1989年に入管法を改正し，この不法就労の取締りを強化することとした。

一方，1981年に作られた「外国人研修制度」では研修のみで就労は認められなかったが，1997年の入管法改正で「外国人研修，技能実習制度」と変更し，技能実習（要するに研修を受けながら働くこと）について研修と合わせて3年を上限として認めた。しかしこの制度が低賃金労働力を使用する手段として用いられてしまった。

企業はそこまでして低賃金の労働力を買いたいのだろうか。まさにマネジメント2.0である。働いている人の気持ち，そしてその人たちをマネジメントする人の気持ちを考えていないのだろうか。

そのため2009年入管法が再度改正され，技能実習を行う場合は雇用契約を締結するように義務づけた。あわせて在留資格にも「技能実習」を追加した。また2007年の雇用対策法の改正で，事業主に対し，外国人を雇用，離職する

際には届出を義務づけた。

さらに2016年にはこれを技能実習法として独立させ，期間を3年から5年に延長し，そのうえでこれまでグレーゾーンであった技能実習制度をはっきりと法律の下で規制を強化した（外国人労働者を保護するだけではなく，実習という名の低賃金によって日本人労働者の賃金が下がることを規制するために）。

さらに2019年には入管法を改正して，「特定技能」という在留資格を新設した。特定技能を必要とする仕事について，一定の技能水準を試験等で確認することで外国人の就労を認めるものである。これは1号（更新を必要とし上限5年。日本語能力も試験する。家族の帯同は基本的に認めない），2号（更新は必要だが上限なし。配偶者や子の帯同も可）の2つがある。そのうえでこの資格を適用できる「技能を必要とする業務」（どう考えても単純労働もあると思うが）として，建設，造船（この2つは2号も可。それ以外は1号のみ），介護，ビルクリーニング，電子・電気機器関連，自動車整備，宿泊，農業，漁業などを指定している。

技能実習のように「発展途上国の技能に貢献（名目上は）」ではなく，それまで認められなかった外国人労働力（単純ではなく高度でもない）を受け入れるというもので，深刻な人手不足を受けてのものだと思う。どこまで広げていくのか，あるいは絞っていくのかは，国の腹ひとつである。

マネジメント4.0では，外国人単純労働力については国の規制変化というリスク，現状の労働トラブルの多さ，さらにはロワーマネジャー[注]への負担を考えると（2020年までの人手不足である程度は頼らざるを得ない企業もあると思うが），基本的には受け入れをやめていく方向で考える。

注）後できちんと定義するが，プレイヤーの直属の上司をロワーマネジャー（たとえば課長），それ以外をミドルマネジャー（たとえば部長）と表現する。

(2) ITの進展

ITは人類が生んだテクノロジーの中で最も速いスピードで変化し，かつありとあらゆる分野へと広がっていく。ビジネスでいえばオフィス，銀行，工

場，さまざまな企業間取引，さらには農業，環境，省エネ，生活から見れば店舗，病院，住宅‥‥といったすべてを飲み込んでいく。

しかし，マネジメントへのIT適用はいつも他分野よりもワンタイム遅れている。それは組織内に起こる「ITリテラシー（IT操作能力）の歪み」のためである。

ITの進化スピードは速いので，どうしても若い人のITリテラシーが相対的に高くなる。face to faceでビジネスをやってきた人はメール文化を拒否し，パソコンで仕事をやってきた人はスマホをプライベートで使っていても仕事では距離感がある。そして，マネジメントのやり方を決めるのは常にそれを実施する経営者やマネジャーというベテランであり，そのサービスを受ける若者たちではない。そのため一世代遅れて（「ベテランが自らが若者の時のITを入れる」という時代遅れを引きずって）マネジメントではITが変化していく。

まずはマネジメントの進化からITの進化を見てみよう。

① マネジメント1.0の時代

仕事のコンピュータ化

マネジメント1.0が完成した高度成長期に，コンピュータという形でITは登場する。

コンピュータは数学者がややこしい計算をするためのツールとしてアメリカで生まれた。コンピュータに「計算式」を覚えさせておいて，これに「数字」を与えることで「計算結果」を得るという仕組である。日本では「電子計算機」と訳された。

このコンピュータがビジネス向け商品へと変身する。「計算式」を「プログラム」（仕事のやり方），「数字」を「データ」（数字を含む文字），「計算結果」を「帳票」（請求書などの伝票）として，さまざまな仕事に使っていくという利用モデルである。そしてプログラムを作ることで（仕事のやり方をコンピュータに教えることで），企業内の多くの仕事がコンピュータ化されていった。

このコンピュータビジネスのチャンピオンとなったのがアメリカのIBM社である。IBMは，一番のお金持ちであり「さまざまな仕事」と「多くのデータ」を持つ「大企業」を顧客のターゲットとして絞り込んだ。この大企業向けの商品として「システム360」（360度なんでもできるという意味。日本では

汎用コンピュータといわれた）という大型コンピュータを開発し，圧勝した。

　ここでコンピュータ化された仕事は定型化（やり方が決まっている）された仕事であり，現場のプレイヤー業務中心であった。「仕事をコンピュータ化して現場の変革を目指していく」のは本来マネジメントの仕事である。しかしベテランのマネジメント層ではこれを実行できない。そのため，これを担うマネジメントスタッフ（33ページ参照）としての情報システム部が生まれる。彼らが「プログラムを作り，現場，マネジメントに代わってデータを入力する」という形で進めていく。

データベースと情報システム

　しかし，マネジメントという仕事そのものは非定型（やり方が都度変わる）という理由で，プログラム化されない。つまりIT化されない。

　ただこのマネジメントという仕事には先ほどのIT化で生まれた「現場のデータ」を利用したほうがどう考えても便利である（今までは経験を頼りにやってきて，たいして困ってはいないとしても）。

　そこでコンピュータを売る側が，データベース，情報という新しいITを提案する。まずは仕事ごとに（プログラムごとに）分散しているデータを「データベース」（データの基地）として大型コンピュータに集める。

　そのうえで「情報」（information）という概念を取り入れる。データは「仕事で発生したもの」（たとえば売上データ）であり，他の業務ではそのまま使えないので，このデータを処理して「使いたい形にする」ということである。これが情報（information，たとえば顧客別売上情報）であり，「データを情報に加工する仕組」が情報システムである。ここにIT（Information Technology）という言葉が誕生する。

　ただこれが登場しても，いつの世もマネジャーは年齢的にベテランであり，ITへの適応力が低い。ここに「情報を使う人」がサポーターとして必要になる。

　こうしてマネジメント1.0のITは，情報システム部が持っている大型コンピュータ内のデータベースをサポーターが使うという形となった。これはマネジメントをサポートするのでマネジメントスタッフ（情報システム部の一員として）のはずなのだが，そのサポートという仕事の性格上，そしてとてつもなく

第❷章　マネジメント4.0が求められる要因　**99**

多い仕事量を考えると，現場への配置，つまり「同一チーム内にそのサポーターがいる」という形をとらざるを得ない。また，このサポート業務はある程度定型化されているので，いってみれば単純業務であり，当時は庶務として採用された若き女性たちがこれを担当していく。さらには，情報システム部の仕事であったデータ入力も彼女たちが担当するようになっていく。

マネジャーから見るとサポーターは部下であり（全く違う仕事をして，かつマネジャーは例外処理もできず，人事評価もできないのに），指揮命令すればなんでもやってくれる。そうなると「言葉の通じる情報システム」となり，「口で言えば情報がもらえる」という極めて便利なITとなってしまった。

② マネジメント2.0時代

エクセルがコンピュータ化の道具となる

この後，パソコンとインターネットというITがマネジメントを直撃していく。

パソコンは天才スティーブ・ジョブズがAppleという商品名で，「パーソナルコンピュータ＝1人が使うコンピュータ」というコンセプトで開発したものである。大型コンピュータのように皆で共有するものではなく，個々人が分散して使うコンピュータである。

このパソコンは当初は子供向け商品として考えられており，マウス（子供はキーボードが使えない），アイコン（まんがでプログラムやデータを表す）という柔らかいインターフェース（人間とコンピュータの関係）を持っていた。

これが，マッキントッシュという名でビジネス向けパソコンとして変身する。ここで決め手となったのは「ビジカルク」というスプレッドシートである。スプレッドシートは，当時すでに大型コンピュータで使われていた表計算ソフト（縦，横という2次元の表でデータを集計）とよく似ていたが，発想が全く異なるものだった。

それまでは「仕事のやり方」をコンピュータに教えるためにはプログラムというややこしい手続きで記述しなければならず，情報システムのプロ（プログラマーとよばれた）しかできなかった。これを素人でもできるようにしたのがビジカルクである。ビジカルクの最大の特徴はデータもプログラムも区別せずに，すべて「セル」（1つ1つの箱）で持つことである。セルには数字，文字な

100

どの「データ」とともに「やり方」（式，関数など）も入れることができる。

　このビジカルクによって，プログラマーがいる情報システム部，ITベンダー（IT商品を売る会社）に頼まなくても，一般のビジネスマン自身が自分の仕事をコンピュータ化できるようになった。

　そして，そのパソコンを巨大IBMがキャッチアップしようと考える。それがアップルキラーとよばれたIBMPCである。このIBMPCの基本ソフト（パソコンにパッケージングされているソフト）を担当したのがビル・ゲイツをリーダーとする当時のスタートアップ企業「マイクロソフト」である。マイクロソフトがこの基本ソフトを他社に売ることでIBMPCのクローン[注1] が登場し，IMBPCとそのクローンがオフィスのパソコンマーケットを席巻する。

　このIBMPCをヒットさせたものが，ロータス社のスプレッドシート「ロータス1-2-3」である。その後IBMとマイクロソフトは決別し，マイクロソフトは基本ソフトをWindowsという名前でIBM以外のPCメーカーへ販売し，圧勝する。圧勝したマイクロソフトはこのWindowsにさまざまなソフトをバンドル[注2] させていく。これでロータス1-2-3は，マイクロソフトのエクセルというWindowsにバンドルされたスプレッドシートに完敗する。マイクロソフトは同様にワード（ワープロソフト），パワーポイント（プレゼンテーションソフト）といったソフトもバンドルさせ「office」という総合型ソフトとして圧勝する。そしてこれがディファクトスタンダード（実質的な標準）となる。

注1）全く同じコンピュータという意味。
注2）セットで販売すること。

インターネットがネットワークをつなぐ

　ちょうどこの頃インターネットが登場してくる。このインターネットは，これまでのネットワークの概念を壊していく。

　一般にネットワークは，ネットワーク企業（キャリアとよばれる）が開発し，これを利用者へ提供し，使用料をもらうことで開発費，サービスのランニングコストを回収していくビジネスである。

　インターネットは，もともとは軍事上の都合で考えられたものである。すなわち「集中型のコンピュータを軍事に使うと，そこを攻撃されてしまうので，

各軍事拠点をweb（くもの巣）のようにつないでいこう」という発想で，アメリカの国防総省が発案した。ただこれをどうやって作ってよいかわからないので，そのアイデアを募った。そこに若者が「ネットワークとネットワークをインターネットワーキング（できているネットワークをつなぐこと。国と国とをつなぐとインターナショナル）し，これをweb状態にする」というアイデアで応募し，当選した。

　最初は各大学内にあるネットワーク同士をつなぐという形で実験し，その後アメリカは世界のネットワークリーダーになるべく，このネットワークをすべてオープンとした。つまり誰がつないでもよいこととした。これがインターネットである。

　インターネットはあっという間に世界中のネットワークを飲み込んで1つのネットワークにしてしまった。

パソコンが上下関係を壊していく

　話をパソコンに戻そう。パソコンはアメリカからやや遅れはしたが，日本でもオフィスに普及していく。これを支えたのは新たに企業へ入ってくる若者である。

　前述のように均等法によってマネジャーのサポーターである女性を一般職として（技術の進歩が激しいので，短期間で退職していくのは好都合）採用するのが難しくなる。そしてバブル時代を迎え，大量の新入社員が入ってくることとなり，彼らがパソコンのオペレーションを担当するようになっていく。

　パソコンの特徴は非定型さである。大型コンピュータ時代のように「情報システム部に頼んでプログラム化して」というものではなく，「自分で自由に仕組を作っていく」というマネジメントにとっては極めて使い勝手のよい道具である。というよりも，現場のプレイヤーのやっている担当業務は相変わらず大型コンピュータのシステムを使っているので，パソコンはマネジメントのための道具でしかない。

　しかしマネジャーはITリテラシーが追いつかず，リテラシーの高い若者たちを通してパソコンを使っていく。そしてベテラン上司は使わず，若者は使うのでますますその差は開いていく。

　ここに初めてITという部分的ではあるが，「仕事のできない上司」と「仕事

のできる部下」という構造を生む。そして上司の大切な仕事であるはずの「IT という仕事の人事評価，人材育成」は消えていく。つまり部下から見ればIT に関する仕事をがんばってやっても評価されないという形となる。こうしてマネジメント1.0の基本である先輩・後輩，絶対的な上下関係が崩れていく。

さらには，この頃になると経営スタッフからの資料も，エクセルを使った非定型なものが要求されようになる。これをマネジャーは，本来は自らの仕事であるのに若者たちや女性（総合職を含めた）に頼らざるを得なくなる。この頃の若者たちの声は，「経営企画などのスタッフの資料要求がどんどん来て，本来の仕事ができないので残業せざるを得ない」であり，さらには「こんな資料作りは課長が自分でエクセルを使ってやるのが普通だろ」である。

ERPパッケージの導入

バブルが崩壊していく中でITに新しい動きが生まれる。

大企業では情報システム部というプロがプログラム作成を担当しているため，毎年どんどん開発していく。気がついたらプログラムが1万本を超える企業も出てくる。こうしてプログラムが膨大化していけば，それを入れるコンピュータもどんどん巨大化していく。

そのため，本来なら技術の進歩とともに年々コストダウンできるはずなのに，情報システムコストはどんどん膨れていき，経営上大きな負担となっていく。そしてこれがバブル崩壊で「コストダウン」がテーマとなった大企業で表面化してくる（情報システム部に任せきりの経営者には気づかない人もいたが）。

そこで提案されたのがドイツのSAP社が最初に開発したERP（Enterprise Resources Planning）パッケージである。ERPパッケージは，これまでのような「オーダーメイド・プログラム」ではなく，「出来合いのプログラム」（これをパッケージソフトという）である。つまり各社それぞれが作っていたプログラムを統一しようというものである。ソフトウェアはノーコストでコピーができるので，皆で同じものを使えば驚くほどのコストダウンができる。しかも，これを機にプログラムの合理化（複雑な構造になってしまったものを整理）もできる。仕事のやり方に合わせてプログラムを作るのではなく，出来合いのプログラムに合わせて（最も合理化したやり方で）仕事を標準化するものであ

る。

　パッケージソフトはサイズも小さいので，コンピュータ自身も大型コンピュータからサーバーという小型コンピュータへコストダウンできる。さらには業界内の各社が同じERPパッケージを使えば，データのやりとりもできる。ここに当時普及したインターネットが力を発揮する（つまり各社のネットワークをインターネットワークできる）。

　この時の抵抗勢力は，既存の大手コンピュータ会社（リプレースされてしまうので）と社内の情報システム部（今までやってきた仕事がなくなり，新しい仕事をやらなくてはならない）である。しかしERP販売会社とサーバー販売会社がコンビを組んで経営にアプローチをかけ，業界内のリーダー企業がこのスタイルを取り入れると，自然に他社へも普及していくようになる。

　ERPには特徴がもう1つある。それは共通部分の仕事はパッケージソフトでやるが，個人の仕事は主にエクセルという万能ツールを使って行うことにある。こうすればサーバーと既存のパソコンをつなぐだけで，すべての仕事をITで行うことができる。

　こうして現場の仕事がITによって大きく変わっていく。現場にいる若手はこれに順応するが，現場のベテランは仕事の激変についてこられない。これまでもITで仕事が少しずつ変化していくことはあったが，これを課長などの上司へ昇格することでなんとかしのいできた（部下にやらせる）。しかし，マネジメント2.0で年功序列は終わりを遂げ，上がるポストは激減してしまう。

　すでにマネジャーになっているベテランも，ERPパッケージで現場の仕事が大きく変わってしまい，例外処理のみならず，パソコンを使う現場の仕事のマネジメントもできなくなってくる。

　一方，マネジメントの上位層である経営にはITの手が伸びず，IT化に関するベテランの危機感が感じとれない。

　そして業績が大きくダウンした時には，このITについてこられないベテランマネジメント層がコストダウンの対象となり，リストラされていく。あわせてマネジメントサポートを担当していた若者が，若手抜擢という名の下でマネジャーへと上がっていく。

　しかし，マネジメント経験がないため，マネジメントのサポート（「こんな情報を出してくれ」と言われて出す）はできても，ITを使ってやるマネジメ

ントをどのようにやってよいかわからない。組織として公平さを保つために最も大切な「人事評価」も，本来は能力を見るはずなのにどうしてよいかわからず，エクセルで計算した業績へと（業績を出した人が能力が高いと考える）シフトしていく。

エクセルは成果主義，マネジメント2.0を推し進める1つのエンジンとなってしまう。

③ マネジメント3.0

このマネジメント2.0の苦しい状況も，マネジメント3.0の導入と時の経過で落ち着きを見せてくる。

「仕事ができてITが使えない人」は机の上に自分のパソコンを置かれて，サポーターを取り去られていくうちに（自分でやるしかない），遅いながらもITリテラシーが身についていき，本来の仕事の能力を発揮し始める。一方，マネジメント未経験ではあるが経営層から高いITリテラシーを認められてマネジャーに上がった若手マネジャーも，新しいマネジメントスタイルをITでなんとか創り上げていく。

この時のマネジメントにおいて，最も大きなインパクトとなったのはメールである。当初キーボードに抵抗感を持ち，それまで「呼べば部下がすぐに来た」ベテラン層においても，メールがごく普通のコミュニケーションとなる。そして後述するように非同期（時間を共有しないコミュニケーションスタイル），同報性（上下，左右に同じ情報を送ることができる）から，自分で使ってみてメールの威力に驚かされる。

しかし，ここでITに大きなインパクトが同時多発的に起きてくる。それがWeb，スマホ，IoT／ロボット／AIである。この3つが働き方改革とともにマネジメント4.0へのバージョンアップを強く求める要因となる。

④ Web

インターネットよりも大きなインパクト「Web」

初期の頃インターネットには大学や研究機関がつながったのだが，悩んだ点があった。それはネットワークとネットワークがつながっても，「送るデータをどうやって表現するか」を決めていないと，つながった意味がないというこ

とである。

そこで皆，同一の表現ルールを使うこととした。これがWWW（World Wide Web）である。これには特徴が2つある。

1つはページである。

従来このようなネットワークシステムではSE（システムエンジニア）とよばれるプロが，利用者の使うディスプレイ（端末と表現される）に応じて，その人が使いやすい形で情報を表示するように設計していた（よくこれを「画面」とよんでいた）。これは「データを情報に変えること」（＝情報化）であり，こうやって情報システムを作っていた。

WWWの情報化では，まず利用者を「見せるほう」と「見るほう」という2つに分けて考える。

今までは「見せるほう」がプロであり，表示方法を決めて，多くの素人の「見るほう」が使いやすいように画面表示した。WWWでは「見せるほう」と「見るほう」がともに素人で，「見せるほう」は「見るほう」がどんなディスプレイで見るかは意識せず，「見せるほう」の都合で「ページ」という単位にデータを表現するようにした。

図表2-1　WWWのコンセプト

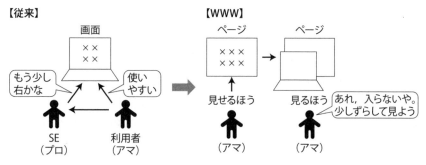

もう1つはハイパーリンク（今は単に「リンク」とよんでいる）である。従来は各情報の関係を整理し「どの画面の次にどの画面を出したら使い勝手がよいか」という順番を考えていた。その関係を考えるのが大変で，プロのSEが苦労して設計していた。

WWWではページとページの間は「リンク」という関係しか持たない。ページのどこかに「リンクしたい相手のページのアドレス」を書いておき（アンダーラインが入った状態で表現する），そこをクリックするとそのページに飛ぶようにする。

このリンクの出発点，つまり最初に見るページをホームページとよんだ。近年ではリンクによって作られた一定のページの集まりをWebサイトとよび，そのWebサイトの表紙（メニューなどが書いてある）となるものをポータル（玄関）とよんでいる。

WWWでは「見せるほう」と「見るほう」にそれぞれソフトが必要である。「見せるほう」（ページを作るほう）はHTML（Hyper Text Markup Language）というプログラム言語で標準化された。プログラム言語なのでプロ向け（セミプロくらい）の仕様である。そのためすぐに素人向けのホームページ作成ソフト（ここで作ったものがHTMLに変わる）が生まれ，比較的簡単にWebサイトを作れるようになった。

さらにはCMS（Contents Management System）というものも現れた。これはWebサイトのテンプレート（ひな形）のようなもので，これを使えば素人でも簡単に作ることができる。しかもインターネット上に，フリーソフト（無料），オープンソース（ソフトを自由に変えることができる）として落ちている。

この「何かを無料で提供する」という考え方はインターネットではごく当たり前のこととなり，このほかにもフリーソフト，オープンソースが次々と生まれていく。そしてスマホの普及で，写真や動画も含め誰でも簡単にWebサイトを作れるようになり，Twitter，FacebookをはじめとするSNS（Social Networking Service）という新しいフリーネットワーク（無料で使える）を生む。

一方，「見るほう」にもソフトが必要である。つまりHTMLで書かれたデータをディスプレイに表示するソフトであり，これをブラウザとよぶ。このブラウザもエクスプローラがWindowsにバンドルされ，誰が作ったWebサイトでも自らのパソコンで表示できるようになった。

これらの「インターネット技術」は「Web技術」，略してWebとよばれるようになる。Webは「くもの巣型のネットワーク」という意味から，インターネットで生まれた技術，考え方を総称するようになる。

このWebは，Google（インターネット検索），LINE（無料で会話ができるSNS），アマゾンをはじめとするインターネットビジネスなどさまざまなモノを生み，社会を大きく変えていく。

安く，使いやすい情報システムがマネジメントを変える

Webは一般企業から見ると，上の社会変化とは全く別の意味で大きなインパクトを与えることとなった。

Webが企業へもたらした最大のインパクトは，コストダウンとフレキシビリティさである。つまり驚くほどの低コストで，自由にデータを情報に変えられる「柔らかい情報システム」が手に入ることである。

私がそれを痛感したのは20年くらい前のことである。当時私の長女は中学3年生で，夏休みの宿題である自由研究のテーマを「インターネット」とした。そしてそれを調べていくうちに「私もホームページを作る」と言って，あるプロ野球のピッチャーの「勝手サイト」（ファンが勝手に作るWebサイト）をホームページ作成ソフト（当時はまだテンプレートが落ちていなかった）を使って3週間で作った。インターネットがそれほど普及していない時代であり，娘が作ったそのWebサイトを見て，私は本当に驚いた。「よくできている」。

私はコンサルタントになる前はITベンダーに勤務しており，企業から引合を受けた情報システムの開発コストを見積っていた。もし当時のITベンダーが「彼女が作ったWebサイトの作成」を企業から引合を受けたら，「受注金額3,000万円を切ったらやらなかっただろう」と思った。プロが3,000万円かけて作ってきたネットワークシステムを，中学生が3週間で作ってしまった。品質保証（きちんと動くか），セキュリティ，データベースといったことは考慮されていないが，インタフェースは美しく，ワクワク感さえある。当時，ITベンダーとして最もカネ（＝時間）がかかったのは画面という「データ→情報」のインタフェース部分である。「これではITベンダーは食いっぱぐれる」と思った。そして前述のERPパッケージという安いソフトと相まって，その後ソフトハウス（オーダーメイドソフトを作っていたソフト開発会社）が次々と消えていった。

今やCMSという"ひな形"がインターネットに落ちており，しかもセキュリティも考慮（ID＋パスワード）されている。だからマネジャーがそのチーム専

用のWebサイトでチーム内のさまざまなコミュニケーションをとることも簡単にできる（FacebookのようなSNSを使ってやることもできるが，パッケージ化されたもので機能追加ができないため，マネジメントから見るとやや使い勝手が悪い）。

マネジメント4.0にとってこの「チーム専用Webサイト」は魅力的である。これを階層的（課，部‥‥）かつ水平的にリンクして，他のWebサイトともつなぐことができる。

弊社でもセミナーのクラス（20人くらい）ごとにCMSを使って専用のWebサイトを作っているが，低コスト＆フレキシブルさには驚かされる。「なんでこんなものがタダで‥‥」が率直な印象である。これをブレーンストーミング（自由にディスカッションする），e-ラーニング[注]，情報提供などに多用している。

現在マネジメントを担当している人は，このWebサイトを自分で作れなければ情報システム部や部下などの「ITが好きな若者」に頼むとよい。彼らは楽しんでやるだけでなく，驚くほど短時間でこれを仕上げる（というよりも使いながら作っていく）。

先ほどの私の娘は今，裁判官という仕事をしている。彼女ならこの堅いお役所仕事を大きく変えてくれると思う（上司さえ許してくれれば）。そしてもうインターネットで育った彼女たちの世代が企業の中核となっている。

注）インターネット，Webなどを使って学習していくこと。

分散化がマネジメントを変える

Webは情報システムに，コストダウンよりもさらに大きなイノベーションを起こすことになる。そしてそれがマネジメント4.0に大きな影響を与える。

コストダウンはインタフェースの標準化という機能縮小とWebサイトのコピー機能がもたらしたものである。つまり多少使い勝手を悪くして（最適化するのではなく，ページのリンク，テンプレートによって自由度が落ちる），コストを落とすというものである。

Webが情報システムを大きく変えた点は（多くの日本企業が変えようとしている点は），リンクという考え方から来る「分散」という設計思想である。

大型コンピュータでもERPパッケージでも，データシステムはデータベースであり，皆がデータを"1ヵ所に共有"して，他人のデータを使うというものである。

これを「分散へ」と変える。「各自が持っている情報を標準化して『皆が同じデータ』を共有することでハッピーになる」という既成概念を破り，「各自が自由に最も使いやすい形（＝自分なりの情報）で持ち，これをWebでつなぐ」というものである。こうすることで，全体のシステム設計（組織内の各個人の情報化ニーズをSEが聞いてその共通部分をシステム化，データベース化する）をやらず，各自が情報のまま自分の仕事に合った形で自由に持つことで，システム設計コストの大幅なダウンが図れる。

この情報はサーバー単位で持つ。サーバーは同一の仕事をやっている人たちが共有するものであり，チーム，部門といったマネジメント単位である。これをマネジメントサーバーとよぶ。

この「分散」はコストダウンのみならず，次のようなかつての情報システムの問題点を一気に取り払うことになる。

・情報システムが全社共通機能となっていて，これを自分のチーム用にシステムの追加，変更をしようと思っても，情報システム部門に頼まないとできない。そして頼んでもカネと時間がかかるので「できない」と断われる。

・自らのパソコンデータと会社全体のデータベースのマッチングがとれない。全社データベースをうまく使えない。そもそも「全社データベースに何がどんな状態であるのか」もよくわからない。

・法や制度の変更，組織変更やM&Aなどに，情報システムがタイムリーに対応できない。

・Google，Facebook，スマホなどのインターネットツールと自分の会社の情報システムがかけ離れているため，操作方法が全く異なっている。スマホ，インターネットはマニュアルなしで使えるのに，会社の情報システムはマニュアルを読んでもうまく使えない。スマホ世代の新人が入ってくると，ITリテラシーが高いのに情報システムの操作がうまくできず，教育に時間がかかる。

・他社との取引に情報システムがうまく使えない。相手がインターネットでのデータのやりとりを要求しても対応できない。

・社内各支店，各事業所のデータを共有しようとしても，フォーマットが統一されていないため共有できない。「全社データベースに入れよう」と決めても誰も入れてくれない。
・自社内のデータを検索しようと思ってもフリーワード検索ができない。社外データはインターネットでスピーディに検索できるのに，社内の各人のデータはどこにあるのか，そもそもあるのかどうかさえもわからない。

これらの問題点を解消するWeb型情報システムとは，図表2-2のようなものである。

図表2-2　分散型情報システム

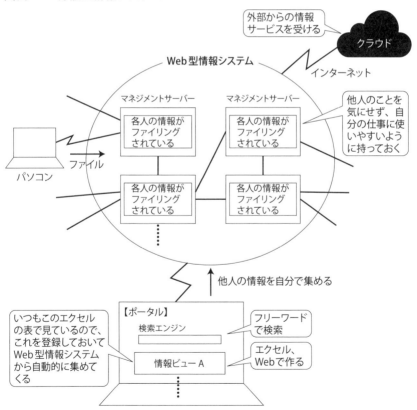

このポイントは以下の点である。

・データは発生元のチームで，発生した状態や自分たちの使いやすい形で（＝情報），自らが所属しているマネジメントサーバーへファイルする。

・マネジメントサーバーはWebを使って他マネジメントサーバー，さらにはインターネットへ（むろんセキュリティを考慮して）とつなぐ。

・利用者はいつも使っている他人のデータのアドレス帳（データがどこにあるのか）をポータルサイトに持ち，それ以外の必要なデータは検索エンジン（検索用のソフト）などを使ってフリーワード検索（どんな言葉でも自由に検索，Googleのイメージ）し，自分で収集して使用する。

・利用者が常に一定のデータの使い方（＝情報）をしている時は，「情報ビュー」（「データの見方」を登録しておくイメージ）を各自で作っておく。この「情報ビュー」を素人が簡単に作ることができるツールがエクセルそしてWebサイトであり，Web型情報システム利用者の基本インタフェースである。

・外部からの情報サービスを受ける時はクラウドサービスを使う。クラウド（雲）とは，インターネット上でプロが行うさまざまなサービスの総称である。このクラウドも1つの「マネジメントサーバー」として見れば，いつでも使えるし，いつでもやめられる。

　この分散型情報システムは，マネジメントという仕事の生産性の向上，質の向上を図ることができるだけではなく，組織変化にもすぐに対応できる。これによって後で述べる事業開発マネジメント（新しい事業開発部門を作る），バリューチェーン・マネジメント（他社とアライアンスする），グローバル・マネジメント（現地法人など）という新しいスタイルのマネジメントにも対応できる。このITがマネジメント3.0とマネジメント4.0のツール上の最も大きな違いといえる。

　そしてこの「分散化」は，ERPパッケージのWeb化の動きの中で，低コストでスピーディに実現することができる。中央集中型システムではITの頂点に立っていた情報システム部門にこの導入を嫌がる人も多いが，マネジメント側の声を経営に出せば変革できる。情報という資源の調達，配分は経営者の仕事である。そして情報システム部門はどう考えても経営スタッフではなくマネ

ジメントスタッフ（マネジメントをやりやすくする）として機能すべき人たちであり，マネジメントをコントロールする人ではない。

⑤ スマホ

メールの非同期，同報，記録性

インターネットはもう1つのものを生んだ。前述のメールである。すでにあったメール用のパソコンネットワーク，携帯電話ネットワークをインターネットが飲み込むことで，電話同様に誰とでもメールができるようになった。

そしてその使い勝手のよさから，電話世代の抵抗にあいながらも自然に企業コミュニケーションツールに溶け込んでいった。

メールがマネジメントを変えていく点は3つある。

1つは，非同期性である。同期とはコミュニケーションする相手が時間を共有して行うものであり，非同期とは好きな時に発信し，相手は好きな時に受信するものである。ただ非同期は時間を共有しないため，相手に伝わっているかどうかわからず，「話し合う」（互いが情報を出し合う）ようなコミュニケーションでは効率が悪い。

この非同期性は上司と部下のコミュニケーションを変革する。上司と部下のコミュニケーションは，それまでface to face，電話など同期をとって情報を受け渡しするのが普通であり，報連相（報告，連絡，相談）が基本であった。そしてその力関係から共有時間は上司に合わせることになる。これでは部下から見れば上司に時間を合わせないと話もできないことになってしまう。そして自分の仕事をやっている時に「ちょっと」と上司に呼ばれて（電話がかかってきて）仕事をディスターブされてしまう。

本来，部下の仕事の効率を上げるのがマネジメントという仕事のはずなのに，上司とのコミュニケーションのために逆に効率が上がらない。その最たるものが会議である。会議はメンバー全員が時間の同期をとるものであり，皆が通常の仕事をやっている以外の時間が最も都合がよい。つまり「就業時間外」である。そして時間内にやる時でも，当然のように上司の都合が優先される。

メールはこれらのことをクリアしてくれる。こうなると逆に不便となる上司が抵抗勢力である（これまでは自分のために最優先に時間を空けてくれていたのに）。しかしメールで育った人たちが企業内に増え，この人たちの水平コミ

第❷章　マネジメント4.0が求められる要因　**113**

ュニケーション（上下関係がない）でメールが広がり，この中から上司となる人が出て‥‥とゆっくりとではあるが企業内に浸透していく。初期の頃は「隣にいてもメールするなんて人間らしくない」などと非難していた守旧派も，オフィスの仕事は個人ワークが多く，「突然話しかけられたら仕事が止まってしまう」と反論されると返す言葉もない。

　さらには，この上司世代がしだいに上司の上司へと上がっていき，末端のメンバーとのコミュニケーションから離れていく。メールコミュニケーションの最後の抵抗勢力であった「団塊の世代」（彼らの多くは最後まで抵抗した。すなわちメールを使わないで仕事をしていた最後の世代）が組織からついに去っていく中でメールが常識となる。

　それでもマネジメント1.0の上下関係で育ってきた上司は，携帯電話をその主力武器として部下に同期を強要するが，部下はこれを留守電とすることで非同期としてしまう。私が管理職を対象にセミナーをやっていて休憩時間になると，ベテランの人は電話をかけて「メールの件だけど‥‥」と言っている人がいる。若い管理職はものすごいスピードで（休憩時間中に終わらせようとして）メールを打っている。メール処理を一気にやることに慣れているのか，処理スピードは私など比べものにならないくらい速い。

　一方，若者を対象としたセミナーでは休憩時間中に携帯電話で話す人はまずいない。ただ会社によっては携帯電話の留守電に対応している人もいる（その言葉づかいからして上司か顧客のどちらかのようである）。

　メールがマネジメントを変える2つ目は，同報性である。企業内には当然のことながら多くの人が共有すべきニュース（新しい情報）がある。これを今までは報連相としてface to faceで複数の人に伝えたり，文書閲覧したり，ひどい時は会議で伝えたり‥‥としてやってきた。これはメールの「同報」であっという間に処理できる。ただメールは一覧性，更新機能が弱いので，リアルタイム情報は混乱してしまうことも多い。この同報には先ほどのWebサイトを併用するとよい。これも組織の下位層の仕事（コミュニケーション）を驚くほど効率化する。

　ただインタラクティブにコミュニケーションする時（アイデアを出し合うなど）には錯綜してしまうので会議を使わざるを得ないが，会議のうちの伝達部

分についてメール，Webサイトを使えばその時間は大きく短縮される。

　それでも上司という秩序を保ちたい人（自分の都合に合わせたい人）は，抵抗して何だかんだ言ってこれをやらない。しかしどこかのチームがやれば，やらない理由を探すのが難しく，やらざるを得なくなっていく。

　メールがマネジメントを変える3つ目は，記録性である。face to faceのコミュニケーションでは当然のことながら「言った」「言わない」がある。ここに上下関係が加わると最悪である。少し前までの若者たちの愚痴は「上司の言っていることが"ころころ"変わる」であった。

　メールはコミュニケーションをすべて記録して，自然な形で残していく。東芝の不正会計事件でも社長からのメール（メールはメールボックスにあるので利用者は消せない。東芝の社長はこんなことも知らなかったようである）が最後の決め手となって，「私は知りません」が通用しなかった。メールを使うと昔のように上司が「部下のせい」にはできない。つまりパワハラから部下を守ってくれる。

　ここまで書けばわかると思う。メールは友人同士のようなフラットなコミュニケーションよりも，上下関係のある企業コミュニケーションに最適のものである。マネジメントから見れば，特に部下側に大きなメリットがあり，上司側には非効率（相手の受信確認が難しい，自分のメールを打つのが遅い）かつリスク（自分の指示がすべて残ってしまう）を持つものである。

スマホでパワーを増す

　2007年のiPhone登場から生まれたスマホがさらにコミュニケーションを変える。スマホは携帯電話，パソコンといったパーソナル・コミュニケーションツールとしての機能だけでなく，カメラ，ビデオ，テレビ，ウォークマン‥‥などあらゆるパーソナル家電を小型化して統合する。インターネットがすべてのネットワークを飲み込んだのと同じである。そしてそのネットワークも，従来のように携帯電話ネットワークをベースとしてなくても，インターネットによってすべてのネットワークへのアクセスが可能となっている。

スマホは先ほどの「メールの3つのメリット」を増幅させていく。

1つ目の非同期性については，その弱点である「話し合い」をLINEなどのSNSツールが解消する。これは電話のようなリアルタイム性を持っていて（通話もできるが，あまりLINEで電話をしている人を見たことがない），受信確認を発信側ができる。しかもこのツールは使用料がかからない。

2つ目の同報性は，先ほどのLINEなどもグループ化を用意している。しかもスマホはWebサイトとの親和性も高い。

スマホの同報性はWebと組み合わされてもう1つの新しいコミュニケーションスタイルを生む。不特定発信である。Twitter，Facebookなどは個人をベースとして"仲間"へ発信していくものだが，しだいに発信者本人さえ認めれば誰でも見られるものとなっていく。だから個人がテレビ局を開設することもできる。これがYouTubeというものを生む。

その発信情報には定型化されたものもある。たとえば，「いいね」や「5段階評価」のように，カウントできる評価情報のようなものである。これはマーケティングへのインパクトが極めて大きい。テレビ・コマーシャルがプロモーションを変革した時よりも強烈である。マーケティングから見れば，顧客側から情報を発信してくれるので，マーケティングリサーチという概念そのものが変わってしまう。

マネジメント3.0を取り入れた多くの企業は，事業の中心に顧客を置き，カスタマー・マーケティングをベースとしている。というよりも後述するように顧客に与えるバリューをその事業目的としている。この顧客へのアプローチ法，バリューのアカウンティングが変われば，どんな事業であっても現場は大きく変わり，当然のようにマネジメントも変革を迫られる。BtoB（企業が顧客）に見える企業であっても，最終的にバリューを受けているのは個人であり，カスタマー・マーケティング＝バリューマーケティングと考えられる。

これが企業内コミュニケーションに取り入れられるとそのインパクトは大きい。部下が上司を通して行うオフィシャル・ルート以外に，社内情報を自由にやりとりできるルートを持ったら組織はどうなっていくのだろうか‥‥。たとえば，現場のプレイヤーが社内SNSのような形で自らの意見を自由に書きこみ，社長を含めて誰でも見られるようになったら，社長がマネジメントを通さ

ずに毎日自分の考えをツイートしたら（アメリカのトランプ大統領のように）
……。

　このインパクトの大きさは，サラリーマンをやめて長く，かつ年寄りになっ
てしまった私には思いもよらない。ただたった1つはっきり言えることがある。
組織としてこれを禁止する理由が見当たらないことである。もしどこかの企業
がやってこれがマスコミなどで紹介され，若者たちから「やりましょう」と言
われたら，上司たち，そして社長はどうするのだろうか。「だめだ」という理
由をどこに見つけるのだろうか。娘のいるお固い裁判官業界でさえ，個人が意
見をSNSで発信し話題となっている。

　マネジメント4.0ではマネジメント3.0の「意見秩序」を引き継ぐ。しかし
下位秩序の意見のほう（部下たち）が多いに決まっている。そして企業は，多
数決や「いいね」の数というマジョリティで決めるわけにはいかない。ここに
マネジメント3.0で考えた戦略フロー[注]が生きる。つまりその意見が企業理
念，ビジョン，戦略とベクトルが合っているかが組織としての判断基準とな
る。こう考えると上司の部下への説明力はこのフロー思考しかなくなってく
る。すなわち，Webで多くの部下から囲まれてしまう上司側の意見の正当性
は，戦略フローを用いるしかない。

　3つ目の記録性は，マネジメントにとってさらに強烈なものである。スマホ
で音声，動画を簡単に記録できることである。近年，企業の不正事件だけでな
く，個人のパワハラ，セクハラがマスコミを賑わしているが，すべて録音，録
画が決め手となっている。上司がハラスメントを記録されない口頭でやって
も，すべてスマホで録音されてしまう（以前のように記録されていなければ，
これらのハラスメントは発覚しなかった）。近年の「上司—部下」の労働紛争
でも，これが証拠となって，ほとんどの場合上司側はぐうの音も出ない。もっ
といえば働く人からハラスメントを守る公的機関がこの録音，録画を推奨して
いる。

　そう考えると，マネジメント側から見て口頭でコミュニケーションをやるの
はかえって大きなリスクを生むことになる。政治家の失言でも，マスコミに対
して「話した内容の全部を聞いてほしい」というが，確かに録音や録画は，残
すほうが「都合のよいシーン」だけを記録できる。上司と部下であれば，部下

側の問題点は残す必要がない。

　マネジメント1.0の経営家族主義という「1つのタイプの人が働く組織」ではなく，ダイバーシティ化（いろいろな思いで働く人がいる）した企業では，マネジメント側はむしろわが身を守る意味でも，そしてつい踏み込んでしまう個々人のプライバシーに関する言動を自重する意味でも，できるだけface to faceをやめ，メールなどの「残るもの」にしていくべきだと思う。

注）企業の経営において企業理念→ビジョン（あるべき姿）→戦略ベクトル（事業の基本的方向）→経営計画→部門計画‥‥と1つずつ段階的に考えていくこと。

スマホの問題も時が解消してくれる

　一方，企業から見たスマホのいくつかの問題点も時が解消してくれる。

　1つは，スマホを使うコストである。これは98ページで述べた大型コンピュータのように年々上がっていくのではなく（ベンダーとしては上げたいのだろうが），機能を上げても上げても明らかにコストは落ちていく。そして政府の低価格化要求，2020年あたりからリリースが予定されている5G[注]がこれを後押ししていく。

　2つ目は，オフィスの主力ツールとなったパソコンとのハードウェア的な違いである。まずはキーボードがないことである。たしかに今時の若き社員はブラインドタッチでパソコンのキーボードをたたいて，セミナーなどで私の話すスピードにもついてきてメモを取っている。しかし，われわれのようにパソコンなきオフィスで働き始め（私はITベンダーにいたのだが），パソコンがオフィスの中心となってきた頃にはそのサポーターがついていた世代には，未だにキーボードアレルギーがある。（われわれがその最後ではあるが）。しかし，私も今や仕事上メールなどを使わざるを得なくなり，キーボードをなんとか叩いている。

　たまに電車に乗ると，若者たちは皆スマホを見ている。そしてLINEなどへの入力スピードは先ほどのブラインドタッチの比ではない。私も仕方なくスマホで文字を入れているが，その日本語入力機能の高さには驚かされる。つまりこれも時が解決してくれるはずである。

　あとの問題点は画面の小ささ，ビジネスパーソナルツール（エクセル，パワ

ーポイント‥‥），そして企業内情報システムとのインタフェースである。画面の小ささは，確かに私のような目が遠くなってしまった人間にはきついが，大きいディスプレイを折り畳んでポケットに入れられるようなものが考案されている。パーソナルツールもほとんどのものがスマホに対応している（まあいつまでもWindows，officeの時代が続くとは思わないが）。最後は企業情報システムである。これが111ページのような形でWebベースとなれば，これとの親和性の高いスマホが中心，というよりもデバイス（ネットワークを使う装置）に依存しない形になっていくと思う。

　つまり，すべてのことは時が解決してくれる。

注）GとはGenerationの略であり，携帯電話ネットワークの世代という意味。1G（第1世代）は初期の携帯電話時代。2Gでメールが可能となり，2000年代になって3Gで現代の携帯電話のインフラが整った。この3Gは次々と進化していき，LTE（Long Term Evolution：長期的な進化）とよばれ，次の5Gとの間で4Gと表現された。5Gの特徴は高速（4Gの20倍），低遅延（4Gの10分の1。遅延は通信のリードタイムのこと），多数同時接続（4Gの10倍），省電力（小型デバイスがバッテリーで10年間以上稼働可能）にある。これによってネットワークのコストパフォーマンスは飛躍的に向上する。

スマホ世代がマネジメントを変える

　私の次女は数年前に就職した。われわれがテレビで育ったのと同様に携帯電話で育ち，スマホを片時も離さない。誕生日プレゼントはずっと携帯，スマホであった。彼女たちよりも下の，もっとヘビーなスマホ世代がこれからどんどん就職していく。パソコン，メールがマネジメントの上下関係を変えたように，スマホがコミュニケーションツールとして本格的に導入されていけば，マネジメントは大きく変わっていく。そしてそれは誰にも止めることはできない。上下関係の中で上がダメだと言っても自然に導入されていく。

　スマホではプライベートとビジネスの境がなくなるという人もいるが，会社の電話だって携帯だってルール違反者はたくさんいた。しかも料金が固定化していく（要するに使い放題）中で，コミュニケーションツールをプライベートとビジネスで分ける必要があるかもはなはだ疑問である。

　私がサラリーマンになった時，文書の書き方，電話のとり方，報告の仕方，

敬語を教わり，「一体何のためにこんなことをやるのか，面と向かってフランクな言葉で自らの考えを伝えればいいのに」，「親にさえ敬語など使ったことがなかったのに，見も知らぬ人に対して，たかが会社の上司というだけで，なぜこんなにへりくだらなくてはいけないないのだろう」と思っていた。しかし，しだいに経営家族主義の居心地のよさにどっぷりと浸かっていった。そして上司が私に最初に言った「上司は理不尽なことを言うが我慢しろ。おまえだっていずれ上司になるのだから」という一言を上司になって強く感じた。私もいつの間にかマネジャーになり，「おまえは学生気分が抜けていない。ビジネスマンとしてのルール，マナーを学べ」などと部下へ言っていた。

そしてあれから30年近く経って，私のクライアント企業の人から「最近の若いやつは」と聞かされている。

スマホ世代の特徴は，われわれと違ってまわりに染まっていかないことである。われわれの時代のように「いずれは上司になるのだから我慢しよう」などと思っていない。また，パワハラ，セクハラといった社会のチェックは厳しく，組織の上下関係から「偉さ」がゆっくりとではあるが消えていっている。そして，「働きやすい職場」として「上下関係がなく，スマホを自由に使い仕事と遊びを区別することなく働いているベンチャー企業」がマスコミで紹介されている。しかも国が願っているように，労働の流動性（転職，中途採用）は若者サイドで高まっており，その流動のトレンドは「古い企業から新しい企業へ」である。だから古い企業はどんどん若者不足となり老化していく。

つまり彼らは「上司の言うことを聞いてその文化を引き継ぐ」なんてことはやらないと考えたほうがよい。

マネジメント4.0では，マネジメント3.0の「マネジメントサービス論」を引き継ぐ。「マネジメントはプレイヤーの仕事にサービスすること」と考えれば，おのずとコミュニケーションスタイルは部下のほうに合わせることになる。

企業外部とのコミュニケーションも記録性が変える

もう1つ，スマホを企業内へと後押しするものがある。それは企業外部とのコミュニケーションである。「従来の企業間ネットワーク（受発注ネットワー

クなど）から，103ページのERPパッケージへ」といったことと同様に，外部コミュニケーションとの親和性が求められてくる。

先ほどの若者にとって働きやすいベンチャー企業が成長し，社会の中心となっていく中で，働きづらい旧態依然とした企業を変えていく。かつての花王，トヨタ，セブン-イレブンがネットワーク取引を要求したように，先進企業が取引先に全く新しいコミュニケーションを求め，これについてこられない企業は淘汰されていく。

ここでは，今，取引先とのネットワークでは処理できない「外部とのフレキシブルな情報」をやりとりしている「セールス」という仕事が，そのトリガーになると思う。先ほどのセミナーの休憩中に電話をしているケースでは，セールスマンが留守電に入っている顧客に対して折り返しかけていることも多い。このセールスマンと顧客の情報のやりとりがフロービジネス[注]のトラブルを発生させている。

顧客からのスペック（仕事の内容），納期を口頭かつ「あいまいな形」で行うことが，それをやるオペレーション現場を苦しめている。顧客側からすれば，パワーバランス上，記録が残らない電話のほうがよいに決まっている（会社の上司のように）。しかし受注側からすればこれほどリスクのある取引はない。どう考えても外部とのコミュニケーションには記録性が強く求められる。どちらから言い出すか（口頭をやめる）といえば，当然受注側しかない。

つまり，外部コミュニケーションでメール，WebサイトさらにはLINEなどのSNSツールは時とともに増えることはあっても減ることはない。上司—部下の関係においてこのコミュニケーションツールの課題がすべて解消されていくので，相手も断わる理由が見当たらない。

弊社もフロービジネスをやっているが，顧客とのやりとりでは電話は使わない。「来い」と言われれば行くが，必ず資料を提出し，書いてあることしか言わない（だからあまり行く必要はないと思う）。そして相手が言ったことはすべて議事録に記録して確認を求めている。

セールスという企業間のコミュニケーションスタイルを変えることで，企業間の仕事のインタフェースである「スペック」（何をいつまでにやる）を明確にしていく。これによって驚くほどそれをオペレーションする現場の仕事，そしてトラブル対応の窓口であるマネジャーの仕事を効率化する。

注）顧客から注文を受けて作ったり，サービスしたりするビジネス。一方，ストックビジネスとは工場などを作り（ストック），ここで商品を作っていくもの。工場への投資は商品を売ったカネで回収していく。

⑥ IoT／AI／ロボット

デジタル化してセンシングする

　IoTとはInternet of Thingsの略で，直訳は「モノのインターネット」である。これは考え方，発想であり，ITのように技術を表すものでも，インターネットのような具体的なネットワークを指すものでもない。「つながっている状態」を指す概念的なものである。

　今のインターネットは「デジタルデータ（0，1で表現できるもの）が通信可能なハードウェア（パソコン，スマホ‥‥）」をつないでいるだけである。IoTとは「デジタルデータ」を持っていないモノ（ヒトもその代表）も，なんらかの形で（デジタルデータを持たせて＝デジタル化），インターネットに接続しようとする考え方である。これによってモノとモノがつながっていき，世界が変わるというものである。

　まずはどうやってデジタル化するかである。これがセンシング技術，センサーである。センシングとはモノの「状態」をとらえ，これをデジタルデータに変えることである。センシングの対象としては，長さ，重さ，電波，時間，波，音量，光，圧力，位置といったさまざまなものがあり，以前からこれを測るデバイス（装置）は開発され，ほとんどのものがすでにデジタル化が可能となっている。そして最後に動画，音声がデジタル化され，テレビなどのデジタル家電もネットワークに接続可能となった。

　あとはIoTにつながる“モノ”に近づいて，センシングするデバイスさえ開発されればよい。

　ここで対象となるモノは“すべて”であり，果てしなくある。かつその状態はアナログ（連続している）でリアルタイムに変化していく。これを一定時間ごとに区切って測定し，デジタル化していく。したがって，センサーには低価格，高性能（アナログをデジタル化する時間間隔を狭く）の2点が強く求められる。

　この条件を満たしている1つがRFID（Radio Frequency ID）という技術で

ある。小型のICチップ（コンピュータ）であり，リーダー兼ライターに触れなくてもデータのやりとりができ，かつこのやりとりによって充電される。これがSuicaなどの電子マネーに採用され，大量生産されることで低価格化した。このRFIDのICチップをモノに名札のように付けること（ICタグとよばれる）で，位置などさまざまな状態をセンシングできる。これによってモノがインターネットにつながる。

　次はスマホである。スマホは高性能のカメラ，ビデオであり，画像のデジタル化技術（画像というアナログをデジタルに変える。画像センサーという），処理技術を飛躍的に進歩させた。さらには上のRFID，カーナビで実用化されたGPS[注]，時計（時），健康状態測定器（血圧，心拍数‥‥）といった従来のセンサーをスマホが次々と統合していく。

　今やスマホはヒトと一体化しており，ヒトを中心としたセンシングにはスマホ（IoT型のスマホ）がすべてのセンサーを統合していくはずである。

　また，遠くにあってセンシングできないモノもあるが，これをクリアしたのがドローンである。ドローンは無人の航空機であり，遠隔操作や自動運転により飛行する。軍用としてその技術を向上させ，今ではビジネス用途に広く使われている。そしてこれによって大量生産され，驚くほどの低価格となった。スマホ同様にドローンにセンサーを集めれば，"離れたモノ"を人間が近づかなくても（近づけなくても）センシングできる。

　しかしそうなると，センシングしたデジタルデータが驚くほど大量に発生してしまう。よくこれをビッグデータと表現する。社会としてはこれを受け取るネットワークを用意しなくてはならない。これが前述の5Gである。5Gという新しいサービスをネットワークキャリアが提供することで，IoTにはその受け皿ができることになる。

注）Global Positioning System。人工衛星を利用して位置を特定するシステム。

AIが進化する

　IoTの最大の目的は，センシングしてデータを集めることではなく，このビッグデータをさまざまな用途に使うものである。このビッグデータの処理としてAIが注目された。

AI（Artificial Intelligence）は日本語に訳せば「ITを使って人間の知能を実現しようとするもの」である。

　AIではその実現する知能を「認識，理解」（たとえば「チームのムードが落ちて元気がなくなっている」とマネジャーが感じる），「解決」（飲み会をやったり，ブレーンストーミングをやったり，今の気持ちをレポーティングしてもらったり，とさまざまな解決策にチャレンジしていく），「学習」（気持ちをレポーティングしてもらったらムードが上がってきたので，こういう時はこうするのが一番ということを知る）の3つに分けることができる。

　AIは1950年代というコンピュータ登場当初からチャレンジしてきたアイデアであり，これまで何回かブームが訪れた。

　第1次AIブームは1960年代であり，まずはITで一番成果の出そうな，そして一番人工知能っぽい「解決」へのチャレンジであった。具体的には人間が経験によって学習した問題解決のやり方を，「論理」としてコンピュータにプログラムで教えていくものである。そしてそのターゲットは，定型化されているためにスムーズにプログラミングされた現場のプレイヤーの仕事ではなく，コンピュータ化が全く進まなかったマネジャー，経営者の仕事である。これがMIS（Management Information Systems），DSS（Decision Support System）という名前（キャッチコピー）でブームとなる。しかしマネジメント，経営という仕事のうち，論理で解決できるものがあまりないことがわかってくる。そして「人間は論理だけで問題解決をしているわけではない」という落ちがついてブームが去る。

　第2次AIブームは1980年代であり，先ほどの「論理」に代わって「エキスパートシステム」（難しい問題解決をやっている専門家の知能を実現する）というものが生まれた。再度「解決」へのチャレンジである。ここでのアイデアは，論理という数学モデルっぽいものではなく，知識とノウハウを合体させた「ナレッジ」で解決しようとするものである。確かにこちらのほうが人間に近い感じがする。

　ナレッジの基本は，if-thenルール（もし明日雨が降りそうなら，工事の開始時間を1時間早くする）というものである。そしてこれには「認識・理解」が求められる。たとえば「雨が降りそう」という「認識」をどうやって表現するかである。これには確率（雨の確率60％）が使われる。ここでは当然なが

ら「実際に雨が降ったかどうか」「1時間早くスタートして，結果はどうだったか」という事実を入れていく必要がある。

こうしていくうちにナレッジ，事実がとんでもなく増えていってしまう。「ナレッジ・エクスプロージョン（ナレッジの爆発）」とよばれる状況である。特にビジネスの世界でAIに最も期待したマネジメント，意思決定という頭脳作業では，これが顕著となる。そして「今のコンピュータの能力ではできない」という落ちがついてブームは去る。

この後AIは少し停滞するのだが，「ニューラルネットワーク」という考え方が注目される。これは人間の頭脳そのものをITで実現しようというもので，まさに人工知能である。「データを覚えて処理する」というコンピュータのモデルで考えるのではなく，コンピュータ内で「脳細胞＝ニューロン」をWeb状にネットワークでつなぐ（ニューラルネットワークとよぶ）というアイデアである。

この時，「忘れる」ということが研究される。人間は覚えていても忘れるし，思い出す。つまり記憶の濃淡をつけることで有限の頭脳の中にさまざまなことを記憶していく。しかしこれは難問であった。濃淡によってナレッジ・エクスプロージョンがかえって激しくなってしまう。

この難問を解決したのは2つの進歩である。1つはコンピュータの大幅な性能アップ（昔のスーパーコンピュータがチップ1枚に入る）である。

もう1つはモデルのイノベーションである。ニューラルネットワークに「畳み込み」というアイデアが生まれたことである。これは「不要な記憶を捨て去るニューロンを一層追加する」ことである。この「捨てる」ことこそが学習であり，これにより人間の脳の最大の特徴「忘れる」ということを実現した。

これは捨て去る層を奥に追加することから深層学習（ディープ・ラーニング）とよばれるようになった。

ディープ・ラーニングで一時話題になったのは将棋である。コンピュータがあらゆる手をシミュレーションして"勝つための次の一手"を考えるのではなく（これでは果てしなく時間がかかる），かつて負けた手を捨て去っていくことで（そのために勝つ確率を計算し）大幅に考える時間を短縮し，人間と対戦できるようになった。

ここに，現在の第3次AIブームが到来する。

ところが，この「深層学習」は当初期待していた「解決」ではなく，「認識，理解」への適用に向かっていく。そしてビッグデータについては「データ分析→予測」までをITが担い，「解決」は人間の頭脳でやり，その結果をデータとして入力する（学習する）という形をとっていく。解決には人間の意思（決断）が必要だからである。そして人間の意思をあまり必要としない仕事は，AIではなく従来のITを使って解決（実行）していけばよい。

　この「データ分析→予測」には，人間の頭脳の中でITに一番近く，最も論理的な「数学者の頭」を使うこととした。これが「統計」という技術である。こうして古くて新しいビジネステクニックとして「統計」が脚光を浴びる（統計に関するビジネス本が一時大ブームとなった）。

　これを受け，ビジネスツールのエクセルがこの統計機能を持つことで対応する。

　ビジネスでこの「人間の意志」を使う仕事の典型はマネジメントである。そのため私もマネジャー養成セミナーでは，「統計をエクセルで使いこなす」ということをe-ラーニングで学習してもらっている。当初は「使えるのかな」と思っていたベテランマネジャーたちも，e-ラーニングというどれだけ時間をかけても構わないスタイルで学習することで，自らで予測データ（予算，目標）を作れるようになっている。

AIとIoTがロボットを生む

　一方，AIの「認識・理解」には別の角度からのアプローチが重なってくる。IoTのセンシング技術である。ここでAIとIoTが合体する。そしてこの合体の成果はロボットの世界に入ってくる。

　工場を中心としたビジネスの世界で，人間に変わってさまざまなオペレーションを行うものを産業用ロボットという。産業用ロボットは人間がさまざまな"動作"を教えることで，疲れを知らずに働き続けるものである。この産業用ロボットマーケットは日本企業の独壇場である。

　産業用ロボットの用途としては，工場内の単純作業からスタートし，部品組立，溶接，塗装などの熟練工の領域へと進み，さらには「人間のやっている仕事をやる」のではなく，「やれない仕事ができるロボット」へと進化する。たとえば半導体の生産工程で1万点にも及ぶ部品をプリント基板に実装し，検査

126

を行うことは人間では不可能である。また，人間が動くとコンタミ[注]が発生するのでクリーンルームでこれを除去しながらやるのだが，これがロボットで無人化できる。

　そして，2011年3月に起きた東京電力福島第一原子力発電所のメルトダウンがロボットの世界に大きな影響を与えた。それは「人間が入ることのできない環境で作業できるロボット」という社会ニーズがあることがわかったことである。

　しかし，これまでの産業用ロボットは決められた作業はできるが，状況に応じて動作を変えていくことが難しかった。ここにAIの「深層学習」「認識，理解」が注目される。すなわちロボットにセンサーを付け，このデータをAIで処理をしてロボットの動作に生かすというものである。これで産業用ロボットに手足だけなく，目，耳，口，そして認識という頭脳が埋め込まれ，AIロボットとなる。

　スマホでGoogleの音声入力をやったことがあるだろうか？　つい数年前まで私の声はほとんど認識できなかったのに，今ではほぼ100％わかってくれる。それは学習しているからである。スマホで音声入力して検索する時，その音声の「正解」（結局どの言葉で検索したのか。AIではこれをよく「教科書」と表現する）が残っていく。この教科書によって誤りを捨てるだけではなく，これを繰り返せば幼児が言葉を覚えていくようにAIも学習していく。

　こうなると，自動翻訳も時間の問題で（もうかなりのところまで来ているが），通訳，翻訳家の失業もそう遠くはない。日本企業のグローバル化のネックといえる「英語」も，小学校の科目に入れる必要がなくなるかもしれない。かつてのそろばんのように。

注）コンタミネーション。皮膚のはがれ，髪の毛などの異物。

単純作業をAIに置き換えていく

　このAIロボットは，まずは人間が行う"サービス"をターゲットとする。その走りは企業の受付やホテルのフロントにいる案内ロボットであり，ソニー・アイボのAI犬としての復活，ルンバに代表される家電ロボット，AIスピーカー‥‥と広がっていく。ビジネス分野ですでに実用化しているものとしては，

第❷章　マネジメント4.0が求められる要因　**127**

ダヴィンチに代表される手術ロボット，介護ロボット，車椅子ロボットなどの医療系ロボット，災害向けレスキューロボット，警備ロボットといったものがある。

　そしてまだ用途は限定されているが，工場，オフィスといった代表的な"現場"にAIロボットはゆっくりと入ってきている。

　まずは工場の世界であるが，ここでの最大のネックは省人化というAIロボットの目指すテーマそのものである。16ページで述べた産業革命から起きた機械化の時と同じように見えるのだが，あの時はマーケットが拡大しており，かつ「機械をオペレーションする」という新しいマンパワーが大量に求められた。つまり失業を生まず新しい働き口を作ってくれた。

　今の工場にはAIロボットができる仕事は数多くある。単純作業ではあるが，認識・理解＆学習機能が必要なためにヒトが行っているものである。たとえば「機械がアウトプットした製品を検査する」といったものである。まさにAIロボットの最も得意とする分野である。しかしこれをAIロボットに置き換えると，大きな問題が起きる。これをやっている人が仕事を奪われてしまうことである。

　一方で，年間売上高50兆円という最大規模の自動車産業のカネがこれを後押ししている。彼らが目指す「自動運転」である。これはドライバーをAIロボット化するものである。ここで研究されたセンシング技術は「人間の仕事のロボット化」を大きく進めていくものとなる。

　誤解，批判を恐れずはっきり言えば，マネジメント4.0では，今，外国人労働者，外部パワー（請負，派遣）に頼っている「認識・理解を必要とする単純作業」はAIロボットに置き換えていく（という戦略ベクトルを持つ）。この作業をやることでその仕事を正確に速くできるようになっても（これを技能と表現する），次の新しい仕事ができるようになるとは思えない。つまりこの単純作業を効率よく正確にやることが次のキャリア（マネジャー，スペシャリスト）へのステップとはならない。

　私は，この熟練作業型の技能者となった人のキャリアプラン・レポート（次の仕事として何をやりたいか）を読むと少し切なくなる。そこには「若者たちに今の自分の仕事を引き継ぎたい。自分の最後の仕事として後輩を育てたい。ただ若者たちはこの仕事を覚える意欲がない」と書かれている。そして私はこ

うコメントする。「若者たちは引き継ぎたくないのだと思う。直感的にその仕事が自分の一生の仕事になるはずはないと思っている。かつて人間にしかできなかった仕事も，AI/ロボットがその多くを吸収していく。あなたの最後のミッションは自分がやってきた仕事を引き継ぐことではない。若者たちと一緒になって今やっている仕事を変え，若者たちには違う仕事をやってもらうことである」。

　機械化の時にこれをオペレーションする人が必要になったように（その時ほど多くはないが），AIロボットをマネジメントする人が必要となる。そしてこれはITスキルがそのベースである。このAIロボットは，今「人手不足」（人財不足ではなく本当に猫の手も借りたい）といわれている業種ではほとんど適用できる。たとえば建設業，運輸業（この2つは働き方改革の残業規制の"当面"の対象外である）でも，工場よりも少しスピードは遅いが導入は進んでいくはずである。ITは「人の仕事を助ける」から「そんな仕事はロボットに任せろ」という形へとシフトしていく。この単純作業のマネジメントの世界で，昔から言われていた"モチベーション"といったものも大きく変革していく。

AIがオフィスへ

　もう1つの世界は，今や工場を抜いて「働く場の主役」となっているオフィスである。オフィスには今RPA（Robotic Process Automation）というものが導入されている。これは，これまで述べてきたロボットとは異なり，「パソコンなどに対して人間がやっているオペレーションを自動化しようとするもの」である。特にパソコンのWindows系のレガシーツールの操作性の悪さ（何回もキーを打たなくてならない）を解消しようとするものである。

　これ以外のオフィス業務にも当然のことながらAIロボットの「認識・理解」，「学習」は生かされる。その最大のものは「話す」ということであり，先ほどの異言語対応である。

　グローバル型のダイバーシティの問題は，異言語を持つ人たちがスムーズに働ける環境を作れないことである。日本のオフィスで外国人が仕事ができない最大の理由は「英語が通じない」ことである。この壁は，前述のようにAIによるクリアがもう目前である。

　この異言語対応はもう1つ大きなことをもたらす。それはITが人間の言葉

第❷章　マネジメント4.0が求められる要因　**129**

を理解することである。これは単にベテランのITへの入力難をクリアするだけでなく，話したことの記録性が増していくことである。今は"音"を"データ"としてそのまま記録することはできるが，これを加工して"情報"としてさまざまな用途に使うのは難しい。しかしAIにより，その「言葉の意味」までもデジタル化できると，マネジメントの世界は大きく変わる。

前述のように，私が新入社員の時に教わったのは文書化であった。「部下は報告を文書にし，上司は口頭で指示していく」というコミュニケーションモデルである。ここに双方がメールで記録しながらコミュニケーションをとるという形で変革が起きた。

ITが言葉を理解するというAIは，このコミュニケーションを再度大きく変える。文書，メールといった記録，情報整理といったことをAIが代行していくことである。そうなると人間がやるべき仕事はロボットが持っていないアイデアという創造性，直感，さらには「好き，嫌い」「美しい」「おいしい」「心地よい」「楽しい」といった"感情"をベースとした仕事を主に担当することになる。これまでやってきたコミュニケーションのためのわずらわしい雑用（相手に伝えるための仕事）はAIに任せていく。そしてこれはメール，スマホのように，ある時を境に（このコミュニケーションモデルが開発された時に）一気に世の中に浸透していくはずである。

マネジメント4.0では，すぐに来るこの時代をも考慮して，コミュニケーションモデルを考えていく必要がある。

私は企業のリーダークラスの人たちが書いたレポートなどの文書を，年に何千と読んでいるが（考えてみると自分でも本当によく読んでいると思う），「この人は何を言いたいんだろう」と悩むものが多い。そして，直接話してみると考えていることはよくわかる。

私の長女は裁判官というお役所仕事をやっているが，彼女がプライベートで書いているメールやSNSの文は本当にわかりやすい。考えていることがストレートに伝わってくる。何か頭の中の情報を文書を通さず，そして音声も通さずに表現しているようにさえ感じる。

オフィスにはこのAIの「言語理解」が，例によってゆっくりとではあるが適用され，コミュニケーションのとり方自体を変革していくと思う。

マネジメント4.0では，この文書育ち，メール育ち，スマホ育ち，そしてこれから生まれるAI育ちという，全く違う人種が働く場となっていく。ここに新しいダイバーシティを生み，「上下関係というものをどう考えるか」が最大の難問となる。将棋の世界でAI育ちの若者がかつてのチャンピオンを倒し，リーダーとなっていく姿が重なって見える。

② 内部環境の変化

多くの企業はマネジメント3.0へと進んでいく中で（むろん1.0，2.0で止まった企業もあるが），働く内部環境が大きく変化していった。これを次の2つの面から見てみよう。

(1) ヒトの面

① 団塊の世代のリタイア

バリューチェーンを目指す

多くの企業でマネジメント3.0への旗振りを行ったのは団塊の世代である。彼らは「変革」と称し，期せずして自らがいつの間にか作ってしまったマネジメント2.0を捨て，経営家族型のマネジメント1.0への回帰を図った。そのために企業のミッションを見直し（創業時代に戻ったり，新しいものを創ったり），CSR経営を標榜し，インテグリティを組織へ意識させ，それに基づいて戦略ベクトルを作り，長計（長期経営計画），中計（中期経営計画）を作り‥‥と進めていった。この時，彼らのトラウマであった"競争"を捨て"和"へと舵を切る。従業員は家族であり仲間であり，同じベクトルを目指す同志である。

そしてマネジメント2.0時代に自分たちが目指していたシェア，競争優位性といったものの虚しさを知り，ライバルと「戦う」のではなく「手を握ること」を考える。それがバリューチェーンという言葉を生む。チェーンとは企業と企業が手を組むことを意味する。

第❷章　マネジメント4.0が求められる要因　**131**

マネジメント1.0の時代にアメリカが「日本的VMS[注]」とよんだものがあった。松下電器のパナショップ（松下の家電を売る店），トヨタのカンバン（部品メーカーと組立メーカーが手を組む），資生堂の花椿会（資生堂の商品をカウンセリングして売る店）‥‥といったものである。

アメリカにはこれをまねてサプライチェーンというものが生まれた。パソコンメーカーのデルが有名である。デルを中核として，パソコンの部品メーカー，保守サービス会社などがインターネット上でゆるく手を握り，あたかも1つの企業としてパソコンを販売，保守していくものである。

しかしこのサプライチェーンは，日本的VMSとはコンセプトが異なる。日本的VMSは「顧客のためのフルサービス」ということが狙いであるが，サプライチェーンは「コストダウンでライバルに勝つ」ことが目的である。

団塊の世代のトップたちは，まずこのマネジメント1.0の経営家族主義とともに日本的VMSの復活を目指す。そして戦略ベクトルとして顧客を中心に考えるバリューチェーンという旗を掲げる。ハウス食品でいえば，エスビー食品に勝つためではなく，顧客においしいカレーを提供するために，スーパーと共同でメニューを提案し，カレーショップと手を握り，原材料メーカーと手を握り，という形でチェーンを作る。カレーを売っているのではなく，顧客に「おいしさ」というバリューを提供するチェーンを目指す。

建設業界でいえばゼネコンが工事の下請業者を数社抱え，競争させ，価格を落とし利益を出していく「親・下請モデル」を変革していく。「顧客の価値を最大にすることをチェーン内のメンバーが皆で目指し，この価値の対価としてカネを得て，そのカネをフェアにチェーン内の各企業で分配していく」というバリューチェーンを創っていく。

注）Vertical Marketing System。流通経路において垂直に企業が手を組むこと。

M&Aでバリューチェーンを

しかしこのチェーンメンバー間に「取引」（売った，買った）というゼロサムゲーム[注]があると，いろいろな問題が出てくる。つまりどちらかが儲かるとどちらかが損するという状態である。ここでは顧客のフロントエンド（直接取引する）にいる企業（消費財ならコンビニ，建設業界ならゼネコン）がパワ

ーを持つようになり，「チェーン」ではなく「支配」という形となってしまう。

そのため取引というスタイルをやめ，このバリューチェーン内を1つの企業にして同一のアカウンティング（業績計算）にしようとする。ここに取引関係にある企業のM&Aが行われ，グループ企業（M&A型バリューチェーン）が生まれる。ハウス食品は，壱番屋（カレーショップのココイチを展開）をM&Aした。もちろん友好的買収である。そしてこのチェーンは水平に広がっていく。つまり同業界内でのM&A，経営統合である。これも友好的スタイルであり，片方が経営不振になって片方が救済するケースも多い。

水平，垂直ともに「合併」というのはなかなか難しい。それは「働くヒト」の面からである。昨日まで別の会社にいた人が同一会社になると，どうやって秩序（上下関係）を作るかが最大の問題である。そしてこの秩序は「ポスト」，そして「給与」という目に見えるものとなってしまう。

そこでそのショックを和らげるために，親会社―子会社という形で別会社とする。しかしこの時，親会社，子会社の双方の人間が「子会社が親会社の支配下に入った」という誤解をしてしまう。ただ単に「親会社が子会社の株を持っている」だけなのに，親会社のほうが「秩序が上」と勘違いしてしまう。上場企業では，親会社は株主を社会と考え，従業員ガバナンスをとっているのに，子会社の株を親会社が持っているだけで（親会社の人間が持っているのではなく，親会社の株主が子会社の株を一緒に持っているだけなのに），自分たちがガバナンスしていると勘違いをする。これが株主ガバナンスでマネジメント2.0のアメリカ型企業であればまだわかるが，従業員ガバナンスのマネジメント3.0の企業が，その権限もないのにこう思えば「言われなき差別」である。

この差別によって親会社，子会社に壁が生まれ，子会社の人間は力を発揮せず，親会社から子会社へマネジメントをしに行った人は，あまりのまわりの冷たさで（役人の天下りのように見られて）何もできずストレスが溜まっていく。子会社側のマネジメント力が弱く危機を迎え，マネジメントのシナジーを求めて一緒になったケースであっても，親会社から行ったマネジャー，子会社のメンバーたちもそれを忘れている。そしてマネジメント3.0のマネジメントサービス論をマネジャーがとろうとしても，子会社側のメンバーはこのサービスを拒否してしまう。

本来は，ここで力を発揮するのがカリスマ的リーダーシップを持ったトップ

第❷章　マネジメント4.0が求められる要因　**133**

である。しかし，その力を持っている団塊の世代のトップはすでに企業を去っている。そして団塊の世代の下で，能力とインテグリティの高さを評価された次のリーダーがトップとなっている。この人たちの中にはM&Aにより巨大化した自社の戦略ベクトルの立案に必死で，親子間の関係には目がいかない人も多い。

しかし時が経つにつれポスト団塊の世代の戦略ベクトルの立案が済み，彼らもやっと組織・マネジメントへと目が向く。ここに企業，会社の概念を一新したマネジメント4.0が生まれる。以降は第3章で述べる。

注）前述のとおり，片方の利益が上がれば片方の利益が下がるという状態のこと。ここでは「下請業者が100万円値引けば，ゼネコンの利益が100万円上がる」ということを意味している。

② 年齢階層の歪み

秩序が崩れていく

マネジメント3.0時代に端を発した企業の年齢階層の歪みは，ますます顕著になっていく。

バブル崩壊によって採用がぐんと絞り込まれ，ピラミッド型からモスク型[注]という不安定なスタイルとなる。さらには60歳以上の継続雇用で今度は上側も厚くなっていく。あわせて労働市場の流動化で中堅層が中途退職していき，逆ピラミッド化への道を辿っていく。

この中で，年功序列はとりようがないので，能力主義へとシフトしていくが，これまでの年功序列の爪痕が残ってしまう。かつて能力が高いのに若いという理由で上がらなかった人，能力が低いのに年功で上がってしまった人，役職定年・継続雇用で降格した人，「女性活躍」の光の中で上がった人・上げられなかった人・上がりたくない人……といった形で組織内は大混乱となっていく。

ここでは，ゆっくりと変えていくのではなく，能力主義を理念（人には説明できない考え方）とした「思い切った人事制度の変革」が求められる。これをマネジメント4.0では能力主義をさらに強くした「能力至上主義」と表現する。

ここでの最大の悩みは年齢，年功をどうするかである。これを全く無視して

能力だけでよいかと悩む。しかも，ここには「定年」という日本独特のルールがある。

注）上から下へ向かって広がっていくピラミッド型ではなく，途中まではつぶれたようなピラミッドでその下の層から萎んでいく。

団塊ジュニアが生む歪み

マネジメント4.0が抱える年齢階層の歪みはこれだけではない。

1つは団塊ジュニア（団塊の世代の子供たち）である。彼らがいよいよ管理職適齢期の40歳代を迎え，50歳に届こうとしていく。

この世代は人口としてはたくさんいるのに，大企業が採用を絞った世代である。そのため今，大企業にいる団塊ジュニアたちは就職戦線を勝ち抜き，かつ仕事の面でも親の血を引いて闘争心が強い。しかし親の団塊の世代は企業を去り，トップはインテグリティの高い「和」を大切にする人であり，今ひとつ御眼鏡にかなわない。

しかも彼らの上にはバブル世代という大量入社組がいて，先に出世しており，団塊ジュニアの上司になっている。この2つの層は全くといってよいほどタイプが異なっており，肌が合わない。そしてどちらかといえば上司のほうが和を大切にし，部下のほうが競争心が強いという極めて難しい関係である（逆なら上がコントロールできるが）。

この中で能力が高い団塊ジュニアたちは「上に上がれない。上司の出来が悪い」とストレスを溜めていく。ここで競争心の強いこの人を上げてしまうと，今度は経営と異なるベクトル（ライバルに勝つ）を持ってしまい，そのチームを社内で浮いた状態にしてしまう。このタイプの人を好きにやらせたほうが力を発揮すると思って地方の営業所長にしたりすると（このパターンは結構多い），ここを支配して別会社のようになってしまい，そこのメンバーたちは陸の孤島となってしまう。そしてこの好き勝手パターンはグローバル事業に適用されることも多く，グローバルチームは本国から離れた「異国の地で働く人」となり，日本で働く人の中にはそういう人がいることさえも忘れてしまう人が多くなってくる。

彼らはプレイヤーとしてはトップレベルにいることが多く，結果は出してく

るが，能力ということに関しては無頓着の現場第一主義が多い。マネジメント2.0にはフィットしているが，マネジメント3.0ではうまくその力を発揮できない。そこで彼らにトッププレイヤーというポスト，すなわちスペシャリストとしてマネジメントの枠の中で力を発揮するように考える。しかし，マネジャーのベクトルに沿わないで独走してしまう。この状態でマネジャーに上げてしまうと，今度はすぐ下の「能力の高いスペシャリスト」に成果だけを求めてしまう。

そして，この団塊ジュニアより下でマネジメント力の高い人は団塊ジュニア，バブル世代が壁になって上がれない。

マネジメント3.0を支えるポストはロワーマネジャーなのに，さまざまな人が混在してしまいメンバーから不満が出てくる。私も若者向けのセミナーをやっていてよく感じることがある。それは上司についての意見を聞くと「これが同じ企業なのか」と思うほど異なっている。ある人は「上司を尊敬している」と言い，ある人は「会社は何を考えているかわからない」と言っている。後者は長く上司が固定していて「会社＝上司」となっており，上司への不満が会社への不満となっている。そして彼らに戦略などの「経営者の考えが書かれているものを見なさい」と言うと，彼らはこれを見てこう言う。「本当に会社はこう思っているのか。これなら合意できる」

マネジメント4.0では，マネジメント3.0で設計したマネジャー，スペシャリストという複線人事をどう変革していくかが大きなテーマとなる。

就職氷河期がもたらしたもの

もう1つの歪みは上と重なるところはあるが，就職氷河期以降に入ってきた人とそれ以外の人とのギャップである。

バブル崩壊による就職氷河期の到来は「採用」のパワーバランスに大きな変化をもたらした。企業が学生に「採用内定を出す」という形で大学入試のようになっていく。「殺到する入社希望者の中から選ぶ」という形なのだが，その採用基準がうまく作れない。アメリカのようにジョブ型採用なら作るのはやさしい（仕事ができるかを見ればよい）が，日本はメンバーシップ型採用であり，かつ入ってくれば定年まではクビにならない。つまり「一緒に働く仲間を

採用する」というものであり，入ってくるヒトには40年以上の仕事を用意し，給与を分配し続けなければならない。そして，入社した人たちが企業の中核となる頃，採用の意思決定をした経営層は誰もいない。

さらに「資源（ヒト）の調達」という経営にとっては最も大切な仕事なのに，なぜか人事部門に丸投げしている企業も多い。そして経営者は「最近優秀な人間が採れなくなっているし，採れてもすぐに辞める。人事部はちゃんと面接しているのか」と他人事のように嘆いている。

人事部門のほうも採用をどうやってよいかわからず，採用サポート会社の言いなりとなってしまう。日本人らしく右にならえであり，他社でやっているスタイルをそのまま用いる。

そのため，経営としての人材調達戦略もなく，各社ともインターネット募集，書類審査，不思議なWebテスト，グループディスカッションや面接を行う。

書類審査の第一条件はおのずと学歴であり，その学校の偏差値である。「18歳の時に受けた試験の結果なんて，大学でやった勉強なんて，仕事には関係ない」と皆が思っているのに，殺到する応募者のふるいの掛け方がわからない。そしてマスコミの出した怪しげな就職ランキングで偏差値の高い企業に，偏差値の高い大学の卒業生が入っていく。偏差値の高い人は波に乗るのはうまいが（仕事はこなすが），波を創ることができない（仕事は創れない）。そして偏差値の高い人は"今"業績の良い会社を選ぶ。今業績の良い会社は次は悪くなる可能性が高いので，守りに入っている。彼らが大企業に入社することで組織はおとなしくなり，大人の会社からさらに老化していく。かつて就職ランキングで上位にいた銀行，商社，電機メーカーはその頃の業績とは比べものにならないものとなっており，見る影もない。そこで彼らの目は絶対業績の落ちない役所へと向かうが，ここでも天下りが止められて，ごく少数の人しか採用できない。

第2段階のWebテストがこれに拍車をかける。私もどんなものかとやってみたが「うそ！」という問題ばかりで，知能テストよりひどい。数学とか算数の「式」を知っていれば解ける組み合わせの問題（そういえば次女が就職する時，数学の問題の解き方を私に聞いてきたので驚いた記憶がある）や，意味がよくわからない文章の意図を短時間で読み取るもの（これは書いている文章自

第❷章　マネジメント4.0が求められる要因　**137**

体が難解であり，わからないのは書いているほうが悪いと思う）であり，かつスピード感を問うものである。まさに大学の入学試験の延長線であり，傾向さえつかめば高得点が取れる。そしてそれは大学偏差値と全く同じ現象を生む。つまりこのテストをこなした同質の人間だけが集まってくることである。

最終決定の面接も何を見ているかはっきりせず，というよりも「人を見るプロ」ではない人が面接をして，最後は経営側がエイヤと決めてしまう（合格基準がはっきりしないので，ろくでもない会社は面接者が学生にセクハラなどをやっていることがニュースとなっている）。これが学生を苦しめ，大学に入っても「勉強よりも就職」となってしまい，諸外国に比べ大学の学問レベルを大きく落としてしまう。喜んでいるのは企業にこの採用のやり方を教えて，学生に合格のテクニックを教えている採用サポート会社だけである。

こうして入ってきた人が企業を構成していくとどうなってしまうのだろうか。

就職時期（学校の卒業時期）の違いによって人の"色"がはっきりと出てしまう。採用人数を絞った時に入ってきた人は比較的偏差値が高い。この人たちは論理性が高く，かつ「自分が仕事として何をやりたいか」よりも「会社のランキング」で選んでいる。創造性が高く"やんちゃな人"はベンチャー企業か企業のアウトサイドへと向かう。

多くの企業が採用を増やす「学生天下」では，学生は選ぶことができるので，比較的やりたい仕事で企業を選ぶ。学生が企業を選んでくれるのでマッチングがよいはずである。しかし，このケースでは企業側は学生が欲しくて"化粧"をする。つまり「うちは良い会社，楽しい仕事だ」とアピールする。そして「楽しい仕事」だと思って入ってきた学生はびっくりする。企業側は「今は修業中で，能力さえあれば将来は楽しい仕事ができる」というが，能力の高い人は他社に「楽しい仕事」を求めて去っていってしまう。人手不足の時代なので引く手あまたである。

こうしていくうちにまじめで偏差値の高い人が残り，事業を創っていくような腕力の強い人は辞めていき，団塊の世代のリタイアで生まれた色がさらに濃くなる。組織全体として論理性が高く，まじめではあるが，元気のない会社である。そしてそれを感じた元気でバイタリティのある人が退職する‥‥。

138

この状態の中で新しいマネジメントが強く求められる。これがマネジメント4.0である。

(2) 仕事の面

① 事業の選択と集中

事業が一本足になっていく

日本の企業を全体として見た時の特徴は，リードしている大企業が皆同じライフサイクルを持っていることである。

太平洋戦争は日本を焼け野原にしてしまった。見方を変えれば，ゼロベースで起業するチャンスを与えてくれた。戦前に誕生していた企業も，会社は残っても環境が全く変わってしまった。

そこにアントレプレナーが生まれ，全く新しいタイプの企業，業界を創っていく。その形が見えてきた頃に腕力の強い団塊の世代が兵士として入社し，会社を倍々ゲームで大きくしていった。これが高度成長であり，マネジメント1.0の誕生である。

そしてバブル崩壊とともに一気に成熟していく。つまり伸びを止める。こうなるとまわりを見ても良い業界はないし，皆調子が悪い。だから自らの業界のパイが縮小してもそこに留まるしかない。

この業界内はライバルと戦争している場合ではなく，手を握ってパイの縮小を止めるように考える。最初の手の握り方は，当時は"悪"とされていたM&Aではなく，「事業の選択と集中」である。事業（商品）を小さく切れば，どこかに自社が"強い事業"がある。ここに集中していくことである。そして弱い事業は他社へ売却する。

これが当時流行したキーワード「事業の選択と集中」であり，10年間続いていく。しかし皆がこれをやるとどうなるだろうか。

多くの企業は1事業（その後「一本足」とよばれた），多くて2事業くらいに絞り込んでしまう。そして他社が撤退していく中でその業界ではトップとなる。つまり日本中がトップ企業だらけとなってしまう。私もこの当時付き合った企業はすべてトップシェア企業であった。

こうなるとおのずと業績は安定してくる。マーケットのパイが落ちているのに利益は安定している。ここで24ページで述べたように外国人投資家がさらなる利益アップを求め（他に求めるものがないので），ROEを約束するために企業は「利益至上主義」となる。マネジメント2.0である。

　企業内では利益を求めてコストダウンを図る。そして利益が上がるほど，コストダウンが進むほど，ムードは落ちていく。売上は顧客からもらう金額なので，これが上がるということは顧客の評価が高まっているということであり，入ってくるカネも増えて企業のムードは上がる。一方，利益を絞り出すためにコストダウン，つまり出銭をケチればムードはダウンしていく。そしてリストラ，昇格の抑え込みといった形で，コストダウンは禁断の果実といえる給与にまで忍び寄ってくる。さらには事業の中でも，儲かる商品だけに絞り込み，儲からない商品はやめ，このカネでM&Aという「利益を傷つけない手」^{注)}を選ぶ。

　こうしたなか，事業セグメント別，チーム別の細かい利益管理が厳しくなる。利益を落とせばその事業セグメント，商品は撤退となり，そのセグメントチームの責任者であるマネジャーはクビ，もしくは左遷である。彼らはおのずと命をかけて自チームの利益を出そうとしてチームメンバーを圧迫していく。経営が，明日の夢であるビジョン，そのための戦略ベクトルを打ち出しても，このマネジャーはこれを無視し，ただ"今"だけを見つめ「利益を出せ」とメンバーを叱責する。これは51ページで述べた権限委譲の範囲を完全に逸脱している。つまりパワハラである。

　このムードのなか，若者たちの元気はなくなり，元気のある人は退職していく。

注) 本来固定資産を取得すると減価償却費という形で毎期費用が計上され，その分利益が下がる。ただしM&A（株の取得）の場合は減価償却がなされない。つまり他社株を買っても費用は発生せず利益も下がらない。

職種の壁と事業の壁

　事業が一本足の時は，組織としてはすっきりまとまるはずなのだが，目標達成の厳しさからそこに壁が生まれてしまう。営業はひたすら受注，売上を目指

す。ひどい企業は営業の予算目標が受注・売上であり，安かろうが，条件が悪かろうが，何が何でも注文を取る。営業の予算目標を利益としても，価格を落としてでも売上を増やし，量の増大で利益を増やそうとする。これでは注文をこなす生産・オペレーション側はコストダウンを求められるだけでなく，仕事が増えて，人手不足となり，仕事がオーバーフローしてしまう。そしてこれを派遣，契約社員，偽装請負などの安価な労働力によってカバーするようになり，サービス残業という禁じ手さえもとってしまう。

　業界全体としても，利益を守るためにフロービジネス化していき，納期の短縮化は厳しくなり，「こんな仕事どうやったって納期には無理」「こんな条件で無理して取れば，赤字になってしまう」とわかっている仕事を取ってくる。「どんなにがんばったって赤字」という注文を取ってくる営業へ，生産・オペレーションの不満が鬱積していく。

　こうして「仕事を取ってくる営業」と「仕事をこなす生産・オペレーション」はまるで別会社のように対立していく。そして，そのパワーバランスは顧客の目の前にいて業績を生み出しているように見える営業へと傾いていく。一方，生産・オペレーション側ではあまりの労働環境の悪化で退職者が続出してくる。

　この2つの部門を調整するはずの経営スタッフも，経営者からの圧迫で業績管理に必死でそれどころではなく，部門別にサポートしているマネジメントスタッフはかえってこの壁を高くしてしまう。

　さらに複数事業があると，ここに「事業の壁」が加わってくる。多くの場合，複数事業にはライフサイクル，業績に違いがある。「儲かっていて，伸びている事業」と「今はなんとか利益を出しているが終わりに向かっている事業」である。当然後者から前者への「ヒト」の異動が始まる。前者は後者よりも後で生まれた若い事業であり，若い人を吸収してきた部門である。そのためここから経営層にまで昇格したヒトはまだあまりいない。だから社内では「俺たちが稼いでこの会社を支えている」と声高に叫び，自分たちに経営者の座を求める。

　後者から前者へ移ってきたヒトは，コストダウンから考えて高給のベテランであり，急な仕事の変更でやる気が出ない。ここでこの人をマネジメントするマネジャーは決して言ってはいけないことを口にする。「こんなやる気のない

第②章　マネジメント4.0が求められる要因　**141**

年寄りはいらない」。一方，残された後者の人たちはそれを見て，マネジャーだけではなく，クビが危ないベテランたちも必死になって，苦しくても，無理してでも（無理やり），利益を出そうとする。場合によっては「そんなことまでやるのか」という不正にまで手を染めてしまう（マスコミで騒がれている不正を見て，まわりの人はなんでこんなことまでやるのかと思う。そして見つかった企業だけではなく，本当に多くの企業が似たようなことをやっている）。

事業を開発する

職種の壁に事業の壁が重なっていく。まさに官僚組織であり，ここに若者たちの不満は頂点に達する。

経営者はこの若者のために「新事業をやらなくては」と危機感を募らせる。そしてこれまでの利益を出すための「選択と集中」と正反対のベクトルをとる。「利益が出なくても新しい事業を開発する」というものである。この中で経営者たちは事業開発に3つの矢を見つける。グローバル，ソーシャルビジネス，IT／IoTである。そして多くの企業がここに一斉に向かっていく。

しかし，企業全体としては「利益を守る」必要がある。こうなると既存事業にはさらなる利益アップが求められる。

一方，ヒトの面からも難問が残る。事業を開発するからといってヒトを増やすわけにはいかない。既存事業を効率的にやるだけでは難しく，どこかの仕事を減らさないと無理である。これを敏感に察知した既存事業のマネジャーたちは，より利益志向を強くして，自チームのメンバーの流出だけは防ごうとする。

経営が明日を担う若者たちにマネジメント3.0化のベクトルをとろうとしても，ロワーマネジャーがマネジメント2.0へと向かってしまう。マネジメント4.0はこの利益管理，すなわち「目標」について再構築を迫られることになる。

② グローバル

近年になって身近な中国，東南アジアが共産主義，社会主義から自由主義（つまり門戸を開ける）をとることで，そのマーケットが急拡大し，かつインターネットの普及も相まって，多くの日本企業にとってグローバルが戦略テーマとなる。

輸出からFDIへ

　バブル崩壊までの海外ビジネスモデルは，アメリカという巨大マーケットを中心とする「輸出」であった。ここで日本は日米戦争に圧勝してしまい，アメリカとの間に貿易摩擦が生まれる（今の米中のように）。

　アメリカは同盟国（属国？）である日本に対し，アメリカへの輸出を減らすようにお願い（命令）する。これを受け日本は，輸出自主規制（日本が自主的に輸出を制限すること）をやっていく。日米戦争の勝利の証のように，鉄鋼（1969年），化学繊維（1972年），カラーテレビ（1973年），自動車（1981年）と当時の貿易の花形品目を次々とその対象としていく。さらには日米半導体協定^{注)}という民間企業の価格統制にまで及ぶ。

　アメリカは日本の輸入額の増加も求めてくる。日本は農家の抵抗にあっても牛肉，オレンジなどの輸入自由化を断行する。

　アメリカはさらに踏み込んでくる。1990年代になって外国製品のシェアが伸びない日本市場に対し，半導体や自動車，自動車部品といった品目に対し，日本市場で「外国企業に一定のシェアをあらかじめ割りあてること」（！）を要求してくる。

　この頃，日本と同タイプの加工貿易（原材料を輸入し，製品を輸出）を得意としていた韓国の財閥系企業グループが10ページのように為替のアンバランスを武器に，「日本の輸出マーケット」を侵食してくる。

　この環境の中で日本ではバブルが崩壊し，国内マーケットは縮小する。それでも輸出は制限され，輸入を強く求められていく。貿易大国日本は大ピンチとなってしまう。

　ここで日本に起きた新しい海外ビジネスモデルはFDI（Foreign Direct Investment：海外直接投資）である。これは「カネを現地に投資する＝現地に会社を作る」というものである。

　これまでの輸出モデルは「国境を越えてモノが外国へ」というもので「国際」という表現をとっていた。つまり国と国をつなぐ（際）という意味である（インターネットのインター，インターナショナル）。そこにはどうしても国と国の戦いが生まれてしまう。

　一方，FDIはカネを受ける相手国にとってはハッピーであり，そこに戦争を生まない。つまり国境をなくすものともいえ，ここに「グローバル」というキ

ーワードが生まれる。つまり地球（globe）を1つのマーケットと考えるものである。

注）1986年に日米間で結ばれたもので，日本製半導体のダンピングを防止するもの。

FDIが生む現地法人

日本のFDIは1970年代から徐々に行われていった。1971年のニクソンショック後の変動相場制[注]移行時には急激な円高となり，国際価格競争力が低下する。この時日本メーカーは「発展途上国へ日本の分工場を作る」という労働集約的FDIでゆっくりとグローバル展開していく。ここに「現地法人」（現地国に作る企業という意味）という言葉が生まれ，マネジメントもグローバル化される。

1980年代に入って日本は円高にもかかわらず輸出で圧勝し，前述のとおり貿易摩擦が生まれる。ここで家電，自動車などの耐久消費財メーカーは，アメリカ，ヨーロッパではその摩擦を減らすべく「現地生産，現地販売」を目指して，FDIを進めていく。つまり現地国に「労働需要」というハッピーを提供することである。日本企業のグローバル化で常に先頭を走るトヨタは1982年GEと合弁会社を作り，現地生産に入る。

1990年代のバブル崩壊後，日本メーカーは安価な労働力を求めて東アジア，特に中国へ生産拠点を広げていく。すなわちグローバル・バリューチェーンである。

2000年代に入ると，中国をはじめとするアジアでも，生産拠点だけではなく販売会社も現地国へ設立するFDIが主流となる。つまり「現地生産・現地販売」のグローバル展開である。

こうして日本企業は本当にカネを出すだけとなり，子会社の現地法人をグローバル展開していくこととなる。

注）為替レート（各国の通貨同士の交換比率）を為替市場に任せていくもの。日本では1971年まで「1ドル360円」という固定相場制をとっていた。

現地法人での新しいマネジメント

　このFDI，現地法人によるグローバル展開に飛びついたのが，139ページで述べた一本足型（単一事業）の企業である。すなわちグローバル化を事業開発の1つとして進めていくものである。その対象はいわゆる「発展途上国」である。この日本マーケットでシェアNo.1というタイプのグローバル化では，現地法人にカネを出すだけでなく，No.1シェアを取ったノウハウを提供し，かつその仕事のマネジメントサービスも提供しようとする。

　ノウハウ提供は「メイド・イン・ジャパンの品質技術」を伝えればよいが，マネジメントは現地国の法に従う必要がある。そして発展途上国のアジア各国はすでに自由主義，資本主義の本家本元であるアメリカから取り入れたものがベースとなっている。つまりアメリカン・ガバナンスである。

　ここではマネジメントは解雇権という絶対的権限を持ち，マネジャーは「ボス」とよばれる。

　このノウハウ提供とマネジメントという仕事に，日本でトッププレイヤーとなってしまい，成熟した仕事に飽きてしまった"優秀な若者"をあてる。その条件はたった1つ，英語である（相手国はアジアなので不思議ではあるが）。そして現地法人のプレイヤーのリーダーにも英語を話せる人をあてる。

　しかしよく考えると日本人は「日本語⇔英語」を頭の中で翻訳し，現地リーダーは現地プレイヤーの気持ちを伝えるために「英語⇔現地国語」で話す。これなら現地国語と日本語を話せる人をリーダーにしたほうが意思疎通ができる。しかも英語を介することで，日本人マネジャーは現地国を理解する必要がなくなり（現地国語を覚えなくなってしまい），チームの中でより孤立してしまう。

　こんな環境でも腕力のある若者は"若さ"というバイタリティで，開拓者のように現地法人を創り上げ，なんとかボスとしてマネジメントをオペレーションしていく。

グローバル事業が孤立していく

　ところが，マネジメントはうまくいっても経営上は問題が多発する。

　まずは国内事業とのシナジーが生まれないことである。「現地で作って現地で売る」ことがベースであり，各国でクローズしている。そして「現地で作っ

て日本で売る」（現地国には利益が生まれる）は許されても，「日本で作って現地で売ること」は認めてくれない。

　しかもこの現地法人がその国で業績を上げてくると，その現地国に現地資本の企業がノウハウをコピーして生まれてくる。そうなると純粋な現地国企業（コピー型）を守るために日本企業の現地法人に規制が入ってくる。つまり日本が作った現地法人の業績を，その国自身が求めてくる。昔の日本でも外資メーカーが日本マーケットでシェアを取ると，国が抵抗したのと同じである。コンピュータのIBMが日本IBMという「日本人が作って日本人が売る現地法人」を作り，ここがシェアを取ると国策（税金）で日立と富士通がクローン（IBMと全く同じコンピュータ）を作り，低価格で売ってIBMのシェアを落とした。この「規制」が立場を変えて現地国で起こってくる。

　現地法人はうまくいくとリスクを抱えることになる。つまり現地法人は失敗すれば撤退し，成功すれば規制されるので，グローバル展開では次々と発展途上国を渡り歩くようになる。今やインドを越えてアフリカまで到達している。

　一方，国内で働く人たちは何のシナジーも得られないだけではなく，グローバルで何が起きているのかさえわからない。ただ優秀な若者，マネジャーをグローバル事業に取られていくだけである。そしてそのチームに増員はない。つまり10人でやっていた仕事を9人でやり，なんとか利益を上げていくことを目指さなければならない。それなのに，そこで得たカネはグローバルという「楽しそうにやっているところ」へ向かっていく（ように見える）。そのため，現地法人が少しでも失敗すると「グローバルなんてやめるべき。足下を固めるべき」と声高に叫ぶ。

　こうしたなか，グローバル事業の若者たちは現地法人を渡り歩く。そして日本へ帰ってくると，いる場所がない。現地法人では日本での「資格」より1ランク上のマネジャー，バイスプレジデント，場合によってはトップまでやってきたのに，帰ってくれば日本では管理職のポストはないし，リードする部下もいない。管理職にやっとなったとしても，アメリカン・マネジメントと日本型マネジメントは全く異なっており，どのように部下をマネジメントしてよいかがわからない。そして「グローバル事業へ戻りたい」と訴え，それが実現できないとグローバル企業へ転職してしまう。

　こうしてグローバルはマネジメント4.0が解決しなければならない大きな課

題となる。

③ ソーシャルビジネス

事業開発の2大テーマは環境，健康であり，社会ニーズが極めて高いものである。これは「社会のために働くビジネス」という意味で，ソーシャルビジネスとよばれる。ソーシャルビジネスは本来「官」（国，自治体など）が行うべきものを民間が行うものと定義される。

ここでこのソーシャルビジネスについて整理してみよう。

官から生まれたソーシャルビジネス

もともと官は「公平化」（社会メンバー間の不公平をなくす），「社会利益の最大化」がそのミッションである。

ここで官が自由主義をとると，社会利益が仮に全体として増えても，どうしても「公平」が崩れていき，少数の儲かった強者と多数の儲からない弱者に分かれてしまう。この時，国は民主主義をとっており，マジョリティの弱者の声が通る。そして強者から税金を取り，弱者へ流し，社会利益の再分配を行う。

官は，もう1つのミッションである社会利益の最大化のために巨大なストックビジネスを行う。社会として必要なストックではあるが，儲からないので誰も手を出さないものを官が税金で作っていく。道路，橋，ダムといったものであり，いわゆる社会インフラ（社会基盤）である。ここにはストックビジネスの最大の特徴である「回収」という概念がない。

しだいに官は，社会利益を考えるとあったほうがよいが，一企業としては投資額が巨大すぎて手を出したがらない「巨大な社会インフラ」も作っていくようになる。しかしこれは作るのに巨大なカネを必要とするので，税金という枠の中で作ることは難しい。そこでこの社会インフラを利用するヒトから使用料を取って，これによって回収すればよいと考える。受益者負担である。これはビジネスとしていずれは回収されるのだから，全額を税金でやる必要がなく，官が借金をして（郵便局の預金を借りる財政投融資，国債，地方債‥‥），使用料で返済していけばよい。

この官が行う巨大なストックビジネスがソーシャルビジネスの走りである。日本の高度成長期にはこうしてバス，鉄道といった交通インフラ，電話など

の通信インフラ，さらには高速道路も有料で，という形でストックビジネスへと向かう。また電力，ガスといった民間からスタートしたエネルギーインフラも，法という枠組の中で官のコントロール下に入り半官半民となっていく。

しかしストック整備も先が見え，バブル崩壊で経済が停滞し，税収が落ち込んでいく中で大きな問題を抱えることになる。「作ったインフラが，巨大な投資（カネ）を回収できているのか」ということである。役人は「利益」を目指しているわけではなく，「自分のチームでできるだけ多くのもの作りたい」という気持ちがある。予算と称してカネ（税金＋借金）を使うことばかりに目が行っており，回収など全く考えず，かつ多くの社会インフラが思った以上にメンテナンスにカネがかかってしまう。こうなると回収どころか，使用料が予定どおり入っても赤字となり，利子の付いた国の借金が雪ダルマのように膨らんでいく。

一方で，私鉄などの民が官の社会インフラを補う形で作っているものは，採算が合って回収が進む。さらには駅の近くに商業施設を作り，そのまわりに住宅を作ることによって都市開発を進め，巨大コングロマリットへと成長していく。

そこで国は，ストックビジネスの「官から民へ」を進めていく。まずは巨大赤字を抱えた国鉄をJRという民間企業にした。そしてこれが驚くほどの回復を見せ，Suicaのような純粋な民間にも負けないヒット商品を生んだ。この成功を見て電話（電電公社からNTTへ），郵政が民営化されていく。そして次は水道がターゲットである。

しかし2011年3月，東日本大震災によって起きた東京電力の原発事故が新たな課題を社会に突きつける。「株主がいて，利益だけを追求していく"株式会社"に社会インフラを任せて大丈夫か」というものである。

しかし，これから進めなくてはならない「環境・省エネといった循環型社会」，「老いていく日本人の健康を維持する社会」のためのインフラをどうしてよいかがわからない。今さら「民から官へ」は，巨大赤字国家としてしまった日本国にストックビジネスをやっていく力もカネもない。

このようななか，全く別の世界から「ソーシャルビジネス」という考え方が生まれ，これに民間企業が興味を持つようになる。

CSRが生むソーシャルビジネス

　一方，民の側も変身していく。マネジメント1.0，2.0から3.0へと向かう中で多くの上場企業は「自分たちは何のために働くのか」に悩む。そしてCSRを考えていく中で1つの答えを見つけた。「社会のために働く」であり，これを企業理念などのミッション（社会的使命）に盛り込んで宣言する。これが働く従業員，特に利益，利益と苦しめられてきた「末端で働く現場の若者」の共感を得る。

　しかしマネジメント3.0では，その理念と経営計画の間で「株式会社として利益を目指さなくてよいのか」という問いに今ひとつ答えを出せない。経営が「社会のために働く」と社内外に訴えも，業績を上げて成り上がったマネジメント層がいつの間にか「利益のために働く」とすり替えてしまう。こうしてマネジメントが現場と経営から浮いてしまう。これがマネジメント3.0で起きた現象である。

　このようななか，ノーベル平和賞受賞者であるムハマド・ユヌスという人が著書の中で「ソーシャルビジネス」というキーワードを使い注目を集める。この著書は抽象的な表現で難解なものであるが，要するに次のようなことを論旨としている。

　「人間はカネを稼ぐことだけではなく，他人の幸福を願う側面も持っている。だから他人の幸福を願っている人が，その旗の下に集まって社会ニーズを解決するビジネスを行うべきである」

　つまり「社会利益の向上」を堂々と目的として掲げて，ソーシャルビジネスというスタイルで民間企業が仕事を行うことを提案している。ただそれを実現するためにはそこで働く人の生活を支えなくてはならない。そのためのカネを社会からビジネスの対価として受け取るという考え方である。

　ここには1つの問題がある。ソーシャルビジネスの多くはストックビジネスであり，事業スタート時点に多くのカネを必要とする。ここにカネを出す投資家がいるかである。これについてはSRI（Socially Responsible Investment：社会責任投資）というものが考えられている。ただその定義は必ずしもはっきりしていない。CSRとの関係をどう考えるかによって異なるが，最も強いものは社会利益を向上するための投資，すなわちソーシャルビジネスへの投資であり，最も弱いものはCSR（主に公共責任＝コンプライアンス）を考慮した

投資である。定義がはっきりしていないので，その投資規模は幅があるがアメリカ，ヨーロッパ全体で200～700兆円，日本では5,000億円～2兆円程度といわれている。

実はこのソーシャルビジネスの投資家として注目されているのが，日本の巨大ファンドといえる年金，社会のカネを支える日本銀行，そしてその配下にある一般銀行である。

さらにはSRIをもう少し絞り，ESG投資という言葉で表現されるものがある。これは投資の3条件として環境（Environment），社会（Social），ガバナンス（Governance）を挙げ，この頭文字をとったものである。すなわち環境を守る，環境を意識した投資，社会利益を上げる投資であり，この目的をきちんとガバナンスできる企業へ投資しようというものである。

ソーシャルビジネスを遂行する民間企業のターゲットははっきりしてきた。「省エネを含めた環境」と「健康」である。環境という将来の社会を守る仕事に"カネ儲け"を持ち込むのは問題が多いし，そんな企業に社会を含め誰もカネは出さない。健康も病院などと同様で，そこで儲けている印象を持ってしまうと，顧客は「いくらなんでも」と感じてしまう。

つまり両者には高いインテグリティ（品格）が求められる。

多くのマネジメント3.0の企業が目指す環境，健康ビジネスはソーシャルビジネスとしてやる必要がある。ここにソーシャルビジネスという新しいスタイルのマネジメントが求められてくる。

④ IoT

もう1つの事業開発は，IoTという新しい「考え方」が生んでいくものである。122ページで述べたようにIoTとはインターネットを用いて「つなぐ」ということであり，「ネットワーク化」がそのベースである。これにはその「つなぎ方」で2つの事業開発パターンがある。

IoTが新しい企業間組織を生む

1つは同一事業内でネットワーク化するもので，その走りは機械メーカーが作ったリモート保守という事業である。つまり顧客に納入した機械の保守サービスを，ネットワークを使ってその状況を監視しながら行い，そこで発生した

データをさまざまな仕事へ活用していくものである。コンピュータ，エレベーター，事務機器などから始まり，今では工場全体，建物全体をリモート保守するというところまで広がりを見せている。

さらには最大規模の消費財である自動車にまで広がり，自動運転へと進んでいく。

ここではITベンダーとのアライアンスが絶対条件であり，異業種間のバリューチェーンが誕生する。トヨタとグーグル，自動車部品のデンソーとNEC，ゼネコンの竹中工務店とNTTグループ，日立と三菱グループの代表としての三菱商事，孤高の存在と言われたロボットメーカーのファナックとNTTグループ，エンジニアリング業界最大手の日揮とNECといったアライアンスが毎日のようにマスコミを賑わしている。さらにはこれによってM&A，共同出資会社が次々と誕生する。

ITベンダーをコアとして，自動車などの耐久消費材メーカー，さらには建物，工場などのハードウェアメーカーが，IoTという新しいマーケットへ突入することで新しい企業間組織を生もうとしている。

IoTとソーシャルビジネスのつながり

もう1つのパターンが垂直バリューチェーンの広がりである。その典型は食品業界に見られるトレーサビリティとよばれるものである。食品にICタグを付けて，生産（どこで作ったのか）から消費（どうやって食べるのか）までの経路を追跡していこうとするものである。これは従来のメーカー—卸—小売といった垂直バリューチェーンに，農業，漁業，畜産業といった第1次産業，さらには家庭という生活の場までをネットワーク化していくものである。

こうしてこれまで分かれていた企業向けネットワークと家庭向けネットワークがインターネットワーキングされる。ここに異業種バリューチェーンが生まれ，ついには社会全体のネットワーク化が考えられるようになる。そのためスマート××（スマートグリッド，スマートコミュニティ‥‥）という名で国，自治体がこのネットワーク社会をサポートしていく。こうしてIoTとソーシャルビジネスは交わるようになる。

この中核であるIT業界もハードウェアメーカー，ソフトウェアハウス，ネットワークキャリアといった壁が崩れ，ボーダレスとなっていく。AIスピー

カーなどは，グーグルが発売してからアマゾン，ソニー，アップル，マイクロソフト，パナソニック，NTTドコモという異業種のリーダーたちが次々と発売していく。

さらには，従来は完全に独立していたゲームソフトというITベンダーも加わってくる。ここにはITに特化した超スペシャリスト（「ITおたく」と表現されることもある）が集まっており，彼らの能力がIoTに強く求められてくる。その典型は彼らが「ポケモンGO」などで実装したAR（Augmented Reality：現実の光景や現象にデジタルデータを重ねて現実の知覚体験として実現する）である。これまでIoTをリードしてきた建設機械のトップメーカーであるコマツは，スマホゲーム開発のカヤックと提携し，「コムアイARを開発する」と発表した。これは建設機械の運転席に付けたカメラで撮った画像に3次元の設計画面を重ね，タブレットで仮想体験型の教育を行ったり，マニュアルとして活用するものである。

IoTという「何もかもつなぐ」という考え方は，これまでの業界，競合，取引関係，企業間のパワーバランスをすべて消し去り，皆が手を握ることが強く求められてくる。

こうして，「生まれも育ちも異なる組織が，同一目的を持ち働く」ということに，マネジメント3.0にある日本企業はチャレンジしていく。アメリカンモデルのように株主という指令塔がいない従業員ガバナンスで，上下関係がない従業員同士が新しい組織を創るというのは至難の業である。

マネジメント4.0はかつてない，そして教科書のない組織でのマネジメントが求められることになる。

新しいプロジェクトマネジメントが求められる

今度はこれを組織内から見てみよう。

IoTによる事業開発は全く新しい発想で事業開発を創っていくものである。そしてその原点はネットワークというテクノロジー，すなわちITである。これにはこれまで述べてきたように組織内に大きな溝がある。インターネットで育った若き世代とインターネットなしでビジネスをやってきたベテラン世代である。当然のことながらIoTは前者の若き世代を中心としていく，というより

も若き世代だけでやっていく事業である。

ここには2つの課題がある。

1つは秩序である。ここにはさらに2つの問題がある。

1つは若者たちの中でどういう上下関係を作ってマネジメントを進めていくかである。これまで主にやってきた「事業をオペレーションしていく」という仕事ではなく，「開発する」という仕事のマネジメントである。どう考えても従来のマネジメントスタイルとは異なるものが求められるはずである。

組織マネジメントは「人材育成→ポジショニング→人事評価→人材育成というマネジメントフロー」と「PDCA」という2つのサイクルをベースとしている。しかし，事業開発という仕事はこのマネジメント・サイクルにはなじまず，これまでのスタイルでいえば特定テーマを持って仕事をしていくプロジェクト的な要素が求められる。マネジメント3.0ではこの「プロジェクトマネジメント」を考慮していない。受注した仕事のオペレーションの中でこの要素はあったが，「業績」という形で結果が表れるため，組織マネジメントとの親和性を持っていた。しかし，事業開発はその仕事をやっても「業績」というものがなかなか表れてこない。

マネジメント4.0にはこの事業開発のための「新しいプロジェクト・マネジメントスタイル」も取り込んでいくことが求められる。

さらに「開発する事業の選択」，「開発された事業を企業としてどうやって進めていくか」を，誰が審査，決定するかである。IoTによる事業開発・遂行の意思決定をITスキルが欠落した（失礼！）経営者たちで決められるかどうかである。IoTによる事業開発には「事業の意思決定」という新しい秩序が求められる。

IoTが生むカニバリ

秩序とともに，もう1つの課題はカニバリである。「IoTは新しいものを生む」というよりも「事業同士をつなぎ，そこにシナジーを生むもの」である。そして，つながる対象の多くは既存事業であり，組織内では稼ぎ頭の事業が多い。そして，この稼ぎ頭の仕事のスタイルを捨て，IoTによる新しい形で，しかもこれまで競ってきた他社ともアライアンスして進めていかなくてはならない。

今までこの事業の世界で熟練した人たち（しかも定年というもう先が見えている人たち）には許しがたい変革である。つまり既存事業のリーダーたちが事業開発の最大の抵抗勢力となる。そして彼らは事業開発というプロジェクトに入った若者たちの「元上司」であり，「育ての親」である。

　そのため，経営からはっきりしたベクトルが出ないと，若者たちは既存事業のまわりを避けて，飛び石のようなIoT事業を考える。

　1つはかつて手を出したことのない分野である。たとえば農業，漁業を代表とする現在効率化が進まずピンチに陥っている業界である。そしてそれはすべてソーシャルビジネス的側面を持っている。こうしてIoTとソーシャルビジネスが別の意味で重なってくる。

　もう1つは，何もやったことのない新天地，つまりグローバルである。こうしてIoTとグローバルは結びつく。

　IoTは組織内の変革をもつなぐ動きを持つことになる。ここにも統合型で守備範囲の広いマネジメント4.0が求められることになる。

154

第3章

マネジメント4.0を設計する

① マネジメント4.0のフレームワーク

まずはマネジメント4.0のフレームワークから設計しよう。

(1) マネジメントの定義

ミドルマネジャーとロワーマネジャーに分ける

　マネジメント4.0の組織階層は，マネジメント3.0を引き継ぎ，経営，マネジメント，現場の3階層とする。

　職務分担としては「マネジメント総務部論」を引き継ぐ。すなわち「組織全体の仕事―経営の仕事―現場の仕事＝マネジメントの仕事」⇒「経営と現場以外の仕事はすべてマネジメントが担う」である。

　このマネジメントという仕事を設計するのは経営で，マネジメントという仕事のサービスを受ける主体（マネジメントサービス論＝マネジャーの仕事はプレイヤーへのサービス提供）は現場にいるプレイヤーである。

　「経営の仕事」は次のようなフローで示される3つの仕事とする。

図表3-1　経営のフロー

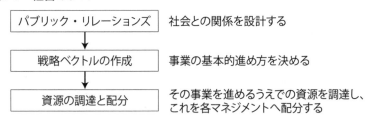

一方，マネジメントという仕事は「マネジメントシステム×マネジメントオペレーション」として因数分解できる。しかし，マネジメントシステムを担うのは経営かマネジメントかがファジーである。

　マネジメント4.0では上記定義により，マネジメントシステムは「ヒトとい

う資源の配分」ではなく，「配分されたヒトが働く仕組」であるので，経営ではなくマネジメントの仕事と考える。

したがって，マネジメントの仕事は2つに分かれる。ここでマネジメントシステムを主に担当する人をミドルマネジャー，マネジメントオペレーションを主に担当する人をロワーマネジャーと定義する。

執行役員と経営とマネジメントに分ける

一方，経営を担う人は「経営者」と表現する。

現在，多くの会社で採用されている執行役員制については，これを経営とマネジメントに分離することが求められる。経営とマネジメントの兼務は例外的に残るとしても，基本的にははっきりとした識別が求められる。たとえば「常務執行役員以上を経営者（ボードメンバーと表現する）」とはっきり定義したり，執行役員をなんらかの条件で経営とマネジメントに分けるといったものである。コカ・コーラボトラーズジャパンでは「上席執行役員―執行役員」というスタイルをやめ，執行役員だけを経営者として，人数を大幅に削減し，マネジメント側の最上位にこれまではなかった理事というキャリアを作った。

マネジメント4.0では，従業員ガバナンスの企業を前提としている。そのためオーナーガバナンス（大株主がオーナー）とは異なり，取締役会の位置づけをはっきりさせる必要がある。ここでは取締役会の主な役割を経営者の「監査」とする。その理由は15ページで述べた従業員組織の暴走をチェックするためである。そして，これこそが社会が従業員ガバナンスを許容する条件といえる。

ガバナンスという権利は3点セットなので，残りの経営者の指名，報酬決定という権利も取締役会が持つ。こうなると監査役設置会社においては監査役の職務と重なってしまう。ここでの監査役はこの取締役各人の主にコンプライアンスをチェックし，そのガバナンス遂行の正当性を担保するものとする。そう考えると，15ページの監査等委員会設置会社への移行が妥当と考えられる（こうして見るとこのスタイルはよく考えられたものだと思う）。

取締役は，社会に代わって従業員が行う経営という仕事を監査（チェック）するのが主な仕事である。したがって，監査を受ける側の従業員（経営者）が取締役になるのは適切ではない。しかし現実問題として，取締役会に経営者が

第**3**章　マネジメント4.0を設計する　**157**

いないのでは監査ができない。そこで取締役会をアメリカン・ガバナンスモデルのように社外取締役を原則とし，従業員側はトップ（CEO）およびトップを補佐するCFO（Chief Financial Officer：カネの責任者），COO（Chief Operations Officer：各事業の責任者）など限られた人とする。

親会社と子会社は同一企業

親会社─子会社あるいは持株会社といった「グループ企業」についてもはっきりと定義する。

企業の範囲はガバナンスの範囲とする。従業員ガバナンスの下でA社がB社の株を保有し，ガバナンス（これによって人事権も持つ）をとっている場合はA社，B社は同一企業とする。すなわち親会社，子会社，持株会社といったものはすべて同一企業である。これらの区分は，会社法という制度の下で特定部門に「会社」というスタイルをとっているだけと考える。

したがって，このグループ企業では経営（ボード）は1つである。そのため子会社，事業会社の役員については経営とマネジメントに分ける必要がある。そう考えるとグループ企業内で事業ごとの会社スタイルをとるのであれば，持株会社制というよりもグループ本社制をとるのが望ましい。すなわち，1つのグループ本社と複数の事業会社というスタイルである。

グループ本社側は経営者とそれをサポートする経営スタッフとし，事業会社側はマネジメントのみとする。そうなると事業会社のトップは，戦略ベクトルの策定，資源の調達と配分という仕事を担う必要があるので，グループ本社において経営者を兼任することになる。ハウス食品では，ハウス食品グループ本社，ハウス食品（食品事業），ハウスウェルネスフーズ（健康事業＝ソーシャルビジネス）‥‥‥という形をとっている。

ここで経営の定義ができたので，次にこの経営がマネジメント4.0のフレームワークをどう設計していくかを考えていこう。むろん図表3-1の「経営フロー」に従って設計していく。

158

（2）パブリック・リレーションズ

　マネジメント3.0において，CSR，IR（Investor Relations：投資家との関係）といった形で個別に外部ステークホルダーとの関係を考えていた。しかしマネジメント4.0においては，従業員ガバナンスにおける投資家，株主はすべて「社会」と考え，外部ステークホルダーは「社会」という1つのものと考える。

　この「社会との関係」を企業側が主体となって設計するのがパブリック・リレーションズという経営者の仕事である。

　多くの企業はマネジメント3.0導入を機に，これをCSR経営として進め，企業理念の見直しや従業員の行動基準などを作っていった。このマネジメント4.0の導入を機に，再びこのパブリック・リレーションズの設計を行う。これがマネジメント4.0の第一歩である。

　パブリック・リレーションズはミッション設計→ビュー設計という2つに分けて進めていく。

① ミッション設計

　ヒトは1人で生きられず，集団化していく。これが社会である。社会の中の集団は，生活（ライフ）のための「家族」と仕事（ワーク）をやるための「企業」に分けられる。企業はヒトの生活をサポートするためのものであり，おのずとサポート機能ごとにグループが作られる。衣のための企業，食のための企業，住のための企業‥‥。

　社会には家族と企業という2つの要素があり，これらを調整していくために生まれるのが「官」である。そしてこの官をサポートする企業も作られる。

　企業はカネを出した人の所有物としての会社から進化し，従業員が自分たちでガバナンスを持って働く場となる。ここにマネジメント1.0が誕生する。

　一方で法はこの進化についてこられず，会社は「株主のために利益を目指していくもの」のままであり，利益という株主の取り分が落ちると株主の声が大きくなり従業員を圧迫する。そして従業員も何のために働いているかを見失ってしまう。これがマネジメント2.0である。

　ここでマネジメント3.0では「何のために働くのか」をもう一度考え，これを明文化していく。企業理念，社是といったものであり，これらはミッション

（社会的使命）とよばれる。

ミッションは社会での機能分担であり，働く目的であるが，これによって何を社会に生んでいくかというアウトプットも表現する。

すなわち，ミッションは仕事の機能とアウトプットを表したものである。日立は創業約100年を経て，その創業理念に立ち返り，ミッションを「技術を通じて社会に貢献する」とした。「技術」という機能を使って「社会に貢献」というアウトプットを生む。

そして多くの企業は機能は違っても，アウトプットの評価基準を「社会貢献」とし，CSR経営へと向かっていく，というよりもすでに向かっている。

② ビュー設計

マネジメント4.0では，ここにもう1つのパブリック・リレーションズの設計を加える。

「企業が社会からどう見られたいか」というビュー（「見方」というよりも「見られ方」）を設計するものである。CSRのような社会における「責任」ではなく，「どう見られたいか」という「ビュー」としてとらえるものである。

そしてビュー設計の出発点を56ページのインテグリティに置き，CSRをビュー設計として見直す。ここではCSRと同様に，公共ビュー→公益ビュー→存在ビューと段階的に進める。

（i）公共ビュー
透明性を前面に出す

CSRの公共責任にあたるもので，これを一歩進めて考える。

公共ビューではインテグリティの要素に，フェア（公正）とともに「透明性」を加える。透明性は「やっていることを隠さない」というものである。社会のために働いているのだから，社会へ隠すことなどあり得ないと考える。「ライバルとの戦い」，「顧客の囲い込み」（顧客が商品選択できないようにして自社商品を購入させる）といったことをすべて放棄していれば，隠すものはなくなる。もっといえば透明にしていれば，「社会のために働いている」ということを社会に示し，品格の高さをまわりに感じさせることができる。

マネジメント3.0が主流となっても，不正事件は相次いだ。オリンパスの粉

飾決算，三菱自動車の燃費不正に端を発し，東芝の不正会計，各社で見つかった検査不正，電通の違法残業‥‥，さらにはセクハラ，パワハラ事件は後を絶たない。

　ここにさらなる大企業悪人説を生み，社会が企業を見る目は厳しくなる。「何か悪いことをやっているのでは」というものである。これを透明性で否定したい。「われわれは悪いことは何もやっていない」である。

　上の犯罪者たちがマスコミを賑わせたが，彼らには共通の像がある。それは競争心が強く利益などの結果を強く求める人であり，部下をぐいぐい引っ張る（部下が「そんなことやるのはおかしい」と思っても自分の思いどおりに動かしてしまう）強烈なリーダーシップを持つ人である。

　そして利益を求めているだけに，結果を出し，その結果に酔い，結果を出すためならなんでもやる。先ほどのようなコンプライアンス違反だけではなく，外にはわからない組織の決めたルール違反という「禁断の果実」を食べ，食べていない人，まわりの人，ライバルに勝ち，その快感を覚え，意識が麻痺していく。トップのやっているコンプライアンス違反は見つかるが，そのまわりにいる人がやっているルール違反（見つける人がトップなので）は外には見つからない。つまり1つのコンプライアンス違反がある企業は，そのまわりに無数のルール違反が存在していることが多い。自社にこのようなルール違反が存在していないことを透明性で示したい。透明性を社会へ誓うことで，企業内にこのルール違反を誰もが口に出して言えるようにしたい。

　今，この原稿を書いている時に話題となっているのが日産のゴーンである。「違法かそうでないか」の前に「そこまでやるのか」「そんなことをやって恥ずかしくないのか」「そこまでカネが欲しいのか」が一般人の感覚である。彼には「日産を立て直したのは私だ」という傲慢さ（反インテグリティ）を感じる。そして世界最強といわれている日本の検察でも，このルール違反の解明に苦戦しているところに，日産の"不透明な闇"を感じさせる。

コントロールを透明にする

　マネジメント4.0としてはこれらのルール違反を早く見つけ，ペナルティを与えていくことである。外から見ていると，なんでこんな腕っぷしが強いだけの人をリーダーにしてしまったのかと思う。このリーダーの下で能力が高い若

者たちはシュリンクし，ストレスで退職していく。それでもそのリーダーは「今時の若者は根性がない。俺たちの若い頃はもっと厳しかった」とうそぶく。

このルール違反に対して人間は1つの手しか思いついていない。コントロールである。精神論でいくら「ルールを守れ」，「インテグリティを持て」などと言ったり，教育をやっても意味がない。ルール違反が横行しても，それが経営者に見つからないことをまわりが知り，ルール違反者が益を得て，その益で昇格していけば，組織として悪い意味で学習してしまう。「ルールより結果」が浸透してしまう。

これを妨げるものをコントロールという。このコントロールという仕組には3つの要素がある。

1つはルールの厳正化である。ファジーなルール（違反したかどうかがよくわからない），例外付きルール（こういう場合は守らなくてよい）を極力減らしていくことである。ワーク・ライフ・バランスで「勤務時間外のメールは禁止」と決めたのなら，「勤務時間とはどこまでを指すのか（定時か，残業中もか）をはっきりと決め，例外事項も「緊急時」といったものではなく，「顧客でのトラブル発生時において決められた担当者のみ」といった形で厳格にする。

2つ目はルール違反の発見である。これは経営者が「ルール違反はなんとしても発見する」という強い意思を見せることである。この発見をするためにあらゆる手段をとり，かつ発見したらこれを公開することである（組織内違反なら組織内のすべての人に，社会ルール違反なら社会へ）。ルール違反を見つけるには，その人のまわりで「きっとそれを言わないだろう」と思われる人から情報を得るのがよい。上司のルール違反なら部下や上司をサポートしている人（事務スタッフ，派遣社員など）といった人から情報を得る仕組を作ることである。監査はむろんのこと，目安箱，内部通報部署の設置‥‥など，やれることはすべてやる。ルール違反者に「やっても見つからない」という気持ちを絶対に持たせない。

3つ目はペナルティである。ルール違反に対するペナルティを厳罰にすることを組織内に伝え，発見したらそのとおり厳罰に処することである。そしてこの「処する部署」を作る。

「会社のためにやったのだから，業務としてやったルール違反だから許して」

162

という甘えを断ち切り，ルールに則って，どんな人でも（社長でも）厳罰に処する。このペナルティも同様に，組織内のルール違反は組織内に，社会のルール違反は社会にす・べ・て・公表する。

　これら組織内で設計した「コントロールルール」もすべて社会へ公表にして透明にする。こうすれば経営者がルール違反者を許そうとしても，ルールは社会へ公表されているので，経営者がルール違反として糾弾され，クビを取られる。

　そして，このルールの適用範囲を一緒に働く人すべて（派遣，下請，取引先，場合によっては顧客）とする。

　このルールを守らせる仕事を担う人をリーダーと表現する。そしてルール違反をしたのがリーダー自身であれば，リーダーから排除し，「ルール違反を犯しそうな人を人事評価で見つけて絶対にリーダーにしない」という強い姿勢を経営者が見せ，これを透明にして公開する。これがマネジメント4.0の公共ビューである。

(ii) 公益ビュー
仕事観を評価する

　公益ビューとは，「社会利益に貢献している企業と社会から認められたい」というものである。多くの場合，これについてはそもそもミッションで訴えている。経営者は「従業員の"多く"がこのミッションに合意し，社会のために働きたいと思っている」という仮説を持つ。

　そのうえで従業員の中には「社会のために働きたい」「社会利益に貢献したい」と思ってはおらず，「自分のために」「おカネのために」働く人がいることを認める。組織としてインテグリティを求めるからといって，この人を「悪」とはしない。先ほどのルール違反者とは違い，どう考えても「自分のために」「カネのために」働くことは悪ではない。そもそも労働契約で「社会のために働く」ことを条件とすることなどできない。この人は「ルールに基づいて仕事をやり，そのパフォーマンスに対して給与というカネを得る」という働き方であり，1つの仕事観である。そして「社会のために働きたい」というのも1つの仕事観である。

第❸章　マネジメント4.0を設計する　**163**

しかし，組織の仕事観としては「社会のために働くこと」をベクトルとしている。だからこの仕事観を持ち，そこに生きがい，達成感を見出し，美意識を感じ，この想いを強く持っている人を組織リーダーへとキャリアアップさせていく。これは日頃の人事評価と，キャリアの区切りである昇格のための面接などで上司や経営者が肌で感じるしかない（「社会のために働きたいですか?」と聞いて「ノー」を答える人はいない）。

社会利益と企業利益のバランス

そのうえで，経営者は公益ビューとして社会利益と企業利益のバランスについて設計しなくてはならない。

ここでまず行うのは，今やっている事業の戦略ベクトルにおいて，「企業利益の向上が社会利益の向上につながる」という道筋を作ることである。具体的には自企業が社会に価値を提供し，その価値が社会に貢献することを確認する。そのうえで自社から価値を受ける社会の実体を顧客と定義し，この顧客への提供価値が高いことを顧客満足度で確認し，自企業はこの満足度に応じてリターン（カネ）を得ると考える。つまり「提供価値の大きさ＝リターンの大きさ」と考え，価値を高くすれば，おのずと企業リターン（利益）が上がり，かつ社会全体へのリターン（税金）も増えると考える。すなわち，マネジメント3.0の時代に設計した付加価値論の採用である。ただし183ページで述べるように，マネジメント4.0ではこの付加価値論を少し変えるので，以降はこれを「バリュー」と表現する。

さらにはこのバリュー提供によって自社が社会利益の向上に寄与していることを社会へ訴えることである。この「訴え」にはマネジメント3.0でも考えたコーポレートブランドという手法を用いる。

そもそもbrandとは，牛などの家畜に自らの所有の証として付けた焼き印のことである（諸説はあるが）。産業革命により工業化社会となり，機械化された工場が生まれてくる。この工場におけるテーマはコストと品質という，ある意味ではトレードオフの関係にあるものである。コストを下げるためには品質をある程度に抑えたい。一方，品質を上げようとすればコストが上がる。前者では最低限の品質（粗悪品ではない）が求められる。国がこれに対応すべくJIS，ISO‥‥といた規格を作る。後者の企業はこれを越えてさらなる高品質

（高機能も含めて）を求めて，他社と差別化しようと考える。それが商品ブランドである。この商品は「安全，安心，高機能です」ということを顧客へアピールするものである。

　コーポレートブランドは，この商品ブランドとは異なる。商品ブランドの考え方（顧客へ訴える）を活用して，自らの企業が社会からどう見られたいかを設計するものである。すなわちわが社は「コンプライアンス，透明性を持ち，かつ社会利益へ貢献したいと心から思っている」という公益ビューである。そしてこのビューを社会が評価してくれると，これをコーポレートブランドという。コーポレートブランドは，「だからわが社の商品を買ってください」という商品ブランド，マーケティングではない。ただ「わが社が社会へ貢献したいと考えていることを知ってください」という"願い"であり，社会からそれを評価されているという"自己満足"である。

　このコーポレートブランドはもう1つのことをもたらす。それはそこで働く従業員のプライドである。社会から認められた企業で働いているという自覚である。これが公共ビューのリスク（コンプライアンス違反）を最小限にする。

　トヨタをはじめとする日本のエクセレントカンパニーは，商品CMのほかにこのコーポレートブランドのために多大なカネをかけている。私はたまにクライアント企業から「あの会社がやっている企業コマーシャルは何のためにやっているのですかね。費用対効果が悪すぎるし，何を言っているかわかりません。採用のためですかね」と聞かれる。私はこう答える。「ただ社会から良い企業だと思われたいだけでしょう。そこに理由なんかないのでは。ただ思われたいだけです。きっとそこの従業員はそのコマーシャルを見て喜んでいると思いますよ」

　マネジメント4.0におけるコーポレートブランドは，その第一目的を従業員のプライド（＝インテグリティ）とする。そのプライドの証がコーポレートブランドであり，場合によっては社名をその意思の下で変え（私たちは変わった），従業員は胸章（マネジメント1.0時代には多くの企業にあり，プライドを持って付けていた）を付け，商品には商品ブランドとともにこのコーポレートブランドも表示していく。そしてこのコーポレートブランドを付けたヒトの行動，モノの品質からブランディング（社会からコーポレートブランドを認められる）を受ける。

第❸章　マネジメント4.0を設計する　**165**

ソーシャルビジネスへのアプローチ

　ここまではよいのだが，問題は社会利益から考えるとやるべき事業ではあるが，企業利益を考えるとリターンが小さすぎる新事業をやるかどうかである。この典型がソーシャルビジネスである。また，ソーシャルビジネスは社会全体への価値提供であり，1社ではできないことが多い。ビジネスモデルとしてはほとんどがストックビジネスであり，投資をしてからリターンで回収していくというものである。そのため1社から見ると，社会利益の向上に見合ったリターンが企業利益として得られるかが不透明となってしまう。

　そのうえ社会全体の利益向上とはなっても，そのリターンを特定の人（企業を含めて）から得ることも多く，そのリターンのためのプライシングが難しい。社会全体がこれを税金などで払う場合でも，一般のビジネスより低目に設定されることが多く，リターンは小さくなりがちである。現在でも介護，育児といったソーシャルビジネスではこれが顕在化している。

　このような環境の中で，投資に見合ったリターンが得られず，かつリスク（ミスをした時のダメージは極めて大きい。東京電力のメルトダウンを考えればわかると思う）の大きいソーシャルビジネスをやるかどうかの判断を経営はしなくてはならない。

　マネジメント4.0ではコーポレートブランドから考えて，「やる」というベクトルを持つ。コーポレートブランドで「社会に貢献する」と訴えて，それを社会が評価したのだから，自らの意思で「リターンの多少にかかわらず自らでできるソーシャルビジネスをやる」と決める。ここに従業員のプライドを生み，かつそのプライドを社会が評価することでコーポレートブランドの価値は高まっていく。

　「なんていい会社なんだ」

　しかし，今の仕組のまま（株式会社）でやろうとすると（利益を株主に分配しなくてはならない），リスクを生んでしまう。社会に対しては「社会利益のためにやる」と言い，株主，投資家に対しては「企業利益のためにビジネスをやる」と異なることを言い，それが社会にわかってしまえば，何かあった時には社会からの退場を求められてしまう。

　そう考えると，従来のビジネススタイル（これをプライベートビジネスと表現する）とソーシャルビジネスをはっきり分けてやっていくしかない。

166

ここにマネジメント4.0には「ソーシャルビジネス・マネジメント」という新しいモデルが求められることになる。

(iii) 存在ビュー

マネジメント3.0のCSRの存在責任は，「企業が社会に存在し続ける責任がある」というものであった。マネジメント4.0ではもう一歩踏み込んで「社会での存在価値を高めること」をビュー設計する。

ここでは，存在価値を高める相手である社会を2つに分ける。

利益はディフェンス

1つは，社会の一部である株主（投資家）という法的にガバナンスを持った主体である。

上場企業の「投資家」は，「別の事業を行う企業」と見ることができる。投資家は株価をベースとしたマネーゲームという「事業」をやっている。株価の出発点は純資産という法的には各株主がシェアして持っている財産であり，これに利益が上乗せされて決まる。そのため，投資家は企業側にどれくらい株価を上げられるかを求めてくる。

しかし日常の株価は"投資家の思惑"で決まってしまうので，経営者は関与できない。そこでその大本である「純資産」の年増加率＝ROEの約束値を求める。企業側はこれに応じるが，株の長期的な保有を期待して，中計（3年くらい），長計（5～10年くらい）を作り，「その計画の終了時点でROEを10％以上」といった約束をする。

この約束が満たされない時はどうするかである。中計や長計の途中段階なら「次の期こそがんばる」で済むが，約束した計画のエンドでは言い訳できない。シビアに考えれば，経営の責任者であるトップのクビを差し出すしかない。ただそうだとしても，従業員ガバナンスのトップの任期と計画のスパンを一致させれば問題ない。つまり「計画期間が終わればどちらにしても辞める」というものである。一般にトップの任期は6～10年くらいが多いから，この期間の長計を作ればよい。場合によっては会長というポストを作って3年の中計を2本とし，前半3年は前任の社長が会長としてサポートし，後半はその社長が会長になって新社長を作るといった形である。いずれにしても「利益約束を満たさ

なければクビを出す」という形をとっていく。

　そのうえで，計画期間中は株主，投資家が“怒らない程度に”利益を確保していくことが求められる。

　利益の目標は経営者の投資家への約束であり，従業員がわが身を守る手段である。つまり，一般にいうBCP（Business Continuity Plan：事業継続計画）である。利益は決して従業員の目標ではなく，防衛手段である。企業（＝従業員）の目標は前述のバリューである。利益はバリューから分配されるが，従業員の給与分配とのバランスが大きな課題となる。これについては後述する。

ホワイトナイトを見つけておく

　ここまで投資家への存在ビュー（＝ガバナンスキープのための存在ビュー）を設計すれば，残る問題はたった1つである。それはなんらかのトラブルで利益が急激にダウンした時である。ここで企業がカネを借金（銀行，社会‥‥）に頼っていれば信用不安（「返さないかもしれない」とまわりが思う）となり，デフォルト[注]してしまう。

　カネを借金に頼っておらず，内部留保中心であればデフォルトはしないが，株価は急落する可能性がある。このピンチに，株主側の最後の手段はガバナンスの行使である。経営者のクビを取ることであり，この状態でクビを取った後は従業員ガバナンスを拒否する。つまり外部からプロの経営者（＝利益を出せる人）を入れ，無理やりにでも利益を上げさせる。その代表がファンドである。もし経営者として適当なヒトが外部にいない時は，株主の過半数の委任状を取り，経営側が出している取締役名簿を株主総会で否決し，代替案を示さない。そのため，今の取締役が臨時で継続する。そして「抜本的解決策」を要求する。つまり「今期内に利益を出せ」と迫る。経営側にできることは限られている。リストラしかない。長期的な企業体力を落とすことになっても，給与という人件費を大幅にカットして利益を絞り出すしかない。

　この最悪のシナリオを拒むには，持ち合い株で安定株主を50％以上にすることだが，証券市場側はコーポレートガバナンスコードでこれを許さない。ここで求めているのは持ち合い株（政策保有株式とよぶ）の売却要求である。株主のガバナンスという最大の権利をなくしてしまえば，証券市場で売買する「株」という商品に魅力がなくなってしまう。

仮にがんばって50％以上押さえたとしても，「個人のカネ」というわけにもいかず，他企業のカネに頼るしかない。しかし，その企業の多くはオーナータイプではなく（オーナータイプではこのオーナーにガバナンスを取られるリスクがある）従業員ガバナンスである。その企業にも株主がいて，ファンドが出す「利益絞り出し案」にノーという意思表示を示すのは難しい。

　そうなると，最悪の時に助けてくれる救世主（ホワイトナイトと表現される）をあらかじめ考えておく必要がある。このホワイトナイトには事業シナジーがないほうがよい（「ある」と買収されてしまう。こういった形で「買収される」と「買われた」という思いが子会社になった従業員に出てしまう）。

　これに最もフィットするのが，銀行というカネ余り現象を起こしている企業である。“いざ”という時に助けてくれる銀行を見つけておきたい。昔でいうメインバンクである。銀行は原則として企業を買収できない（5％以上の株を持てない）。だから銀行のカネをベースとして，いくつかの企業にここを通してホワイトナイトになってもらうことを期待する。その支援はカネだけとし，従業員ガバナンスは継続させてもらう。この銀行が先ほどのデフォルト状態をも救ってくれる。

　ホワイトナイトたちには，ピンチになった時に安い株価で買い，業績が上がって株価が上がった時に一般投資家へ売ってもらうようにする。実際に三菱グループなどはホワイトナイトとしていくつかの会社を立ち直らせている。

　従業員ガバナンスには銀行が必要である。そのため，手元にカネがあってもその銀行から借金（金利を払って銀行の利益にする）をしたり，手数料のかかる取引を一括して任せ，銀行のヒトを受け入れて‥‥という形でアライアンスを組んでいく。そして従業員ガバナンスにおいて苦手としているファイナンス，投資家向けアカウンティングなどを銀行というプロに一部アウトソーシングしていくことを考える。つまり財務部，経理部などのバックエンドにサポーターとしての銀行を置く。

注）債務不履行状態のこと。ここではカネを返すという債務が履行できなくなることを意味する。

能力至上主義という存在ビュー

　もう1つの存在ビュー，というよりも本来の存在ビューは社会全体に対するものである。ここではマネジメント4.0のベースである能力至上主義をリンクさせる。

　社会での存在価値の大きさは，その企業が生み出した社会利益の大きさと考える。つまりバリューである。この企業が生み出すバリューこそが存在価値であり，このバリューを支えるのはそこで働く人の能力である。言い方を変えれば，高い能力が高いバリューを生む。だから能力の高さはバリューの大きさで測ることができる。

　183ページで述べるようにこのバリューの大きさで給与の総額が決まるのだから，能力の大きさに応じて給与を各従業員に分配する。したがって，給与を分配するためには各人の能力の高さを測るしかなく，人事評価は能力評価が中心，というよりもほとんどとなる。

　これがマネジメント3.0の能力主義を一歩進めた，マネジメント4.0の能力至上主義である。

　企業を支えているのはカネでも利益でもなくヒトであり，ヒトの持つ能力である。この能力が企業の最悪シーンであっても救ってくれる。日立は2000年代に入って半導体事業の投資ミスでデフォルト状態に陥った。しかし，社会の声は「日立をつぶせ」ではなく，「日立を生かせ」であり，産業再生機構（国が従業員ガバナンスという法的には弱い立場の企業を守るために作ったファンド。要するに従業員を守るために作った組織）を作ってでも社会には必要だとした。

　それは「日立が社会に存在していてほしい」という「願い」である。日立の従業員が持つ「社会インフラを作るという技術＝能力」が社会には絶対に必要だからである。10年の時を経て永遠のライバルといわれた東芝も，不正会計というあってはならないトラブルで大ピンチとなった。しかし，このインチキをやった事業はなくしても，「社会インフラを作る」という従業員の能力はなんとしても守ろうと社会がヘルプしている。

　従業員ガバナンスの企業にとって，従業員の能力は社会への貢献力であり，命綱であり，企業自らが持つ財産のすべてである。そしてこの能力という財産は法的にも株主が所有できない。つまりカネに換えることができない。

マネジメント4.0では，法的には「企業は利益を出して資本家が稼ぐもの」であっても，「能力が生かせる働く場を作り，そこで人を育てる」というコーポレートブランドを社会に存在ビューとして堂々と示し，それに合意しない投資家にはexit（株を売ること）してもらうしかない。

　「人を育てること」は事業を進める手段ではなく，企業の目的である。そしてこういう企業を「社会が高い評価をする」と考える。これがビュー設計の最終目標である。

　この能力至上主義に社会は品格というインテグリティを感じ，企業はプライドというインテグリティを持つ。ここにコーポレートブランドが確立される。

　このコーポレートブランドについて，かつてマネジメント1.0を創り上げたカリスマ経営者たちが言った言葉が，最近になって注目されている。その代表は松下幸之助であり，今日本で最も注目されている経営の教師である。彼はよくこう話していたという。

　「松下電器は何をつくるところかと尋ねられたら，『松下電器は人をつくるところです。あわせて電気製品もつくっています』と答えなさい」

　これらビュー設計の結果も，行動理念，行動基準のような形で社会へディスクローズし，コーポレートブランドの証とする。

　ハウス食品は「ハウスの意（こころ）」として「世にあって有用な社員たるべし，又社たるべし」「謙虚な自信と誇りを持とう」「ハウスの発展は我々一人一人の進歩にある」「創意ある仕事こと尊い」‥‥といったことを掲げている。私はハウスの従業員に何百人と会ったが，この意がよく浸透し，インテグリティの高い会社と感じた。だから，ハウスのコーポレートブランドを社会の一員として高く評価している。そして，ハウスが作るカレーよりも（カレーも好きだが）ハウスという企業が好きである。

(3) マネジメント戦略ベクトルの策定

　経営者の2つ目の仕事は，パブリック・リレーションズに則って，「仕事の進め方」を決めることである。これが戦略ベクトルとよばれるものである。しかし多くの企業では事業戦略ベクトルしか持っていない。事業をやっていくこ

第**3**章　マネジメント4.0を設計する　**171**

とももちろん大切であるが，マネジメントをどう変えていくかという戦略ベクトルが強く求められる。

マネジメント4.0の「マネジメント戦略ベクトル」は次のような要素からなる。

① 労働契約の変革ベクトル

働き方改革により，国の労働契約に対する考え方がはっきりしたので，これに合わせマネジメントの出発点ともいえる労働契約を変革する。国が働き方改革を企業に要請し，法でコントロールするのだから，社会の一員である企業もそのベクトルに従い変革のベクトルを設計する。

労働契約の変革は次のような形で進める。そしてこれに基づいてすべての従業員と新しい労働契約を締結し，それを透明化すべく国が求めているように「契約の証」を書面で従業員各自と取り交わす。

（i）グローバル労働契約

グローバル化している企業の多くは，この労働契約について深く考えていない。

前述のとおり労働契約に関する法，ルールは国によって異なり，その違いはガバナンススタイルに依存している。しかも，日本は海外とは全く異なるガバナンススタイルであり，かつ労働契約に関する規制が諸外国とは全く異なる。

したがって，日本企業がグローバル展開する時，海外に支店を置くのは無理があり，「現地法人」というスタイルにするしかない（もうとっている企業が多いと思うが）。

この現地法人のガバナンスについては，現地の法（「外資100％を認めない」など），さらには労働文化（ジョブ型採用など）によって決定する。日本企業が現地法人のガバナンスを持たない場合はアライアンスとし，その関係を表したアライアンス契約を結ぶ。

現地法人は日本企業のガバナンスの有無にかかわらず，独立した法人として基本的には現地の国民と労働契約を結ぶ。労働契約スタイルも現地の法，労働文化に基づいて決定する。

日本企業がガバナンスを持つ場合でも基本的には現地国民に経営を委任し，

日本企業は株主として経営者の選任，報酬，監査という「ガバナンス権」を行使する。そして，パブリック・リレーションズのアウトプットであるミッション，ビューなどの理念を共有する。逆にいえばこれを共有できない環境にある国においては，現地法人とせず，現地企業とのアライアンス契約とする。

現地法人の設立当初は経営，マネジメント，現場の各層の人材育成を必要とすることが多い。ここではそのために必要な人材を日本企業，場合によっては他の現地法人から異動という形とするが，いずれは現地法人は現地国人で構成することを原則とする。

つまり，6ページで述べたヨーロッパのマザー・ドーター制を手本とする。

日本企業で唯一といってよいグローバル化に成功しているトヨタもその方式をとっている。トヨタは当初，アメリカ，ヨーロッパのメーカーと合弁会社を作ったり，直轄の生産会社，販売会社のような形をとっていたが，2001年に作った「トヨタウェイ2001」でこのグローバル戦略をまとめた。この戦略は事業戦略というよりも働き方，マネジメントの戦略である。

その戦略ベクトルは，日本のトヨタがグローバル理念およびグローバルミッションを作成し，これに基づいて現地法人が地域ミッション，戦略立案，地域目標，経営計画を作り，日本のトヨタがこれを「確認」するものである。

トヨタが現地法人に提示しているのはContinuous Improvement（知恵と改善），Respect for People（人間性尊重）というマネジメント理念であり，そのうえで事業理念として「開発・設計から生産，販売，サービスまで一貫したグローバル化，現地化」「コアコンピタンスは品質確保」「ものづくりは人づくり」といったものを挙げている。マネジメント4.0のパブリック・リレーションズそのものである。

以降は日本企業について述べることとし，現地法人についてはこれらのことをベースとして別途現地法人内で設計する。

(ii) 労働契約の範囲

労働契約は定年をもって終了する。定年後も従業員が企業で仕事を続ける時は契約更新ではなく，別途に労働契約（再労働契約。今の継続雇用）を結ぶ。定年，再労働契約については次項で述べる。

労働契約は3層ではなく現場，マネジメントの2層を対象とし，経営者は委任契約（66ページ参照）とする。法的には現在の取締役に準ずるスタイルである。常務執行役員以上を経営者とした会社では，常務執行役員に昇格した際に，会社との労働契約を終了し（すなわち退職して退職金を受領する），会社と任期を決めて委任契約を結ぶ。何らかの理由で常務執行役員（経営者）を退任して，マネジメント，現場に戻る時は，再度労働契約を結ぶ。

(iii) 労働契約のスタイル

(a) 非正規について

・派遣労働

派遣労働は国が求めているように基本的にこれをやめる。法において派遣労働の本来の姿は，派遣労働者が派遣期間を終えても別の働き方がすぐに見つかるプロフェッショナルである。しかし，多くの企業でこのプロフェッショナルを一定期間だけ必要とする理由が見当たらない。しかも派遣は法的には職種限定である。この対象職種は一旦は広がったが，働き方改革のベクトルに従えば絞り込まれることも考えられる。また，国は派遣労働者がそのまま仕事を続けたいと思っている時は直接契約を求めている（といったことを義務づけつつある）。

実際に指揮命令をしていないのに，低コストを理由として派遣スタイルをとっているものについては請負契約に切り替え，自社の指揮命令下で働いている派遣労働者については，自社と労働契約を結ぶことを原則とすることで「派遣」というスタイルをなくす。

・契約社員

現在の有期雇用の従業員（いわゆる契約社員）については，本人の意思を確認のうえ，以降に述べる一般の労働契約のスタイルへと転換する。有期雇用を望む場合は（少ないと思う。有期雇用でも現実的には働く側はいつでも退職できるので），その契約を続行し，期間満了をもって終了とする。以降は原則として契約社員というスタイルはとらない。

現在中途採用などで，一定期間を契約社員として働き，そのうえで正社員としている場合はこれをやめ，新入社員などに対して通常行っている試用期間（3ヵ月が多い）とする。試用期間は判例で「解約権留保付き労働契約」（つま

174

り試用期間が終わり，採用しないこともあるという契約。ただし不採用の条件は厳密に規定しておく）として認められている。

• **請負社員**

請負契約であるのに，他社の従業員を指揮命令（つまり同一チームで自社従業員と一緒に働いている）している場合は，即刻このスタイルをやめる。本来の請負契約（成果物を契約）スタイルで仕事ができない時は，契約先と話し，自社社員として労働契約を結ぶ。グループ会社などの場合は請負契約をやめ，出向，転籍といった形ではっきりとした指揮命令関係とする。

• **単純労働者**

いわゆる単純作業だけを続ける（それによって能力が上がり，次の仕事をできるようになるわけではない）労働者がいるケースである。アルバイト（本人も限定期間だけ働くつもりでいる），外国人単純労働者のパターンが多い。

まずこの仕事は，「清掃」のようにプロフェッショナルへアウトソーシングできないかを考える。自社の指揮命令下に置かないことであり，労働契約を結ばないことである。どうしても指揮命令下に置いて単純作業が必要な場合（状況判断が必要な場合など）は，なんとかこれをAIロボットなどにより機械化していく。

このベクトル下で，移行までの限定期間としてアルバイト，外国人技能実習制度などを用いる。むろん本人にもその旨伝え，合意のうえでやる。

機械化できない，つまり単純労働ではあるが人がやらざるを得ない仕事についてはキャリアアップ上の1つの仕事とし，その仕事ができるようになったら，次は何をやるか（より難しい仕事，やり方を変えることを考える‥‥）を組織としてキャリア設計をする。

（b）労働契約のパターン

上記のように，非正規というスタイルをやめ（国も言っているように），従業員の労働契約は次の2つのスタイルとする。

ここにはワーク・ライフ・バランスから考えて，「ホームタウン」（本拠地）という概念が求められる。これがないと働く人の基本的な生活場所が定まらず，ライフ設計ができない。ライフ設計とは，国が求めている「家族を持ち，子を育てる」ということである。そして今のライフスタイルから考えて「共働き」を基本と考える。そのため，配偶者の働き方も考えてホームタウンという

第**3**章　マネジメント4.0を設計する　**175**

形で働くエリアを決め，その中で家族，住居といったライフ設計ができるようにする。

基本契約は次の2つである。

• **エリア限定型**

ホームタウンから通勤できる圏内での人事異動のみを行うタイプ。働く側から見れば地域限定企業に勤めたのと同じであり，そのエリア内の仕事，ポストに限定されるというデメリットがある。つまり新たな仕事をやるチャンスが減り，そのため能力を上げるチャンスも減少し，おのずと給与の上がり方も小さくなるリスクがある。

• **転勤型**

住居があるホームタウンから，通勤できない場所への転勤もあるタイプ。172ページで述べた現地法人への出向を含めればグローバル転勤もある。

ただ，このタイプにはワーク・ライフ・バランスの視点から，ホームタウンを離れる制約条件を企業側が設計する必要がある。たとえば「ホームタウンを離れる期間は××年以内とし，本人が望む場合を除き連続してホームタウンを離れる人事異動は原則として行なわない」といったものである。そのため組織としては，定期的なジョブローテーションを前提とし，これを従業員の各ホームタウンをベースとして考える。

また，ホームタウンというライフをベースとしても，ホームタウン以外での勤務については単身赴任なども考えられるので，そのライフハンデに関しては手当といった形でこれを支援する。

ただし，法に則り上の2つのタイプに「昇進の違い」などはとらず，後で述べるように「能力評価によるキャリアアップ」とする。

また両タイプの転換（地域型⇔転勤型）は再契約という形となる。すなわち，企業と従業員の両者の合意（契約の大原則）によってなされる。そのため，通常の契約同様に自動更新とし，「解約するにはいついつまでに相手に通知」（基本的には継続が前提）といった規定を設ける。

(c) 期間限定特別契約

上記契約を締結後でも，その期間中に別途特別な労働契約を結べるようにしておく。それは育児，介護，さらには療養といったものである。これらについ

ては法のルールを守るだけではなく，その法を越えてハンディキャッパーへの支援を行う。

これを就業規則のように一律固定ではなく，法のルールを最低条件とし，企業がそのサポートを自由に，フレキシブルにできるようにしておく（つまりこの特別契約時にその時の状況で働く条件を変えられる）。

この契約は「弱き労働者を守ること」が主旨の法とはそのスタンスがやや異なる。従業員ガバナンスの企業において，働く人が互いに互いを助け合うというインテグリティをベースとして，皆でライフを充実させ，それぞれの能力が発揮できる場を創るために，フェア（公正，公平）な働くルールを求めるものである。そして当然のことだがこのルールは社会へディスクローズして透明化する。それは採用のためではなく（それもあるが），パブリック・リレーションズの一環である。これによって社会からコーポレートブランドを評価され，従業員がプライドを持ち，まわりの企業がこれをまねてくれることを望むものである。

(ⅳ) 労働契約に求められるもの

このホームタウン，期間限定特別契約といったことを担保するには，3つのことが必要となる。

第1の条件は「その地域にいなくても，その地域の仕事ができる」という働き方のベクトルを持つことである。つまり仕事のユビキタス[注]化であり，どこにいても，離れていても仕事ができるようにすることを目指す。これを支えるのが何度も述べてきたITである。

なぜ場所が離れていると仕事をできないのだろうか。それは協働している人の間に密なコミュニケーションが求められるからである。

マネジメント4.0ではここに次のような戦略ベクトルを持つ。

まずは仕事をできるだけインディペンデント（相互依存性をなくすこと＝1人でできる）にしていくことである。つまり仕事の分担をはっきりさせることであり，これによってコミュニケーションを減らしていくことである。

ただこうするとどうしてもエアポケットになる仕事が生まれてくるが，これをマネジメントで引き取る。

小さいながら弊社も会社であり，メンバーはそれぞれ時間を共有せずに仕事

をしている。だからマネジメントを兼務する私は，それぞれの仕事の分担を明確にする努力をしている。

インディペンデントな環境では，マネジャーがITを用いて各人の仕事の状況がリアルタイムに把握できるようにしなくてはならない。ここに109ページのような情報システムが生きる。そのうえで各人の仕事の過不足は当然のことながらマネジャーが調整していく。

「誰かが困っている時は助けなさい。そうすれば自分が困っている時は助けてもらえることになる」といった教訓などに頼らない。

マネジャーはプレイヤーが能力を発揮できる場（早く終わった人にはもっと仕事を回し，その能力を人事評価する）を作ることが職務であり，能力と仕事量のマッチングがテーマである。

しかし，それでもチームメンバー間にはイレギュラーなコミュニケーションが求められる。これについては113ページで述べた非同期でのコミュニケーションをとるしかない。詳細はコミュニケーションのところで述べる。

この仕事のインディペンデント化，リアルタイムマネジメント，非同期コミュニケーションによって，2つ目の条件であるテレワークを実現できることになる。弊社のメンバーでも1人テレワークを関西の自宅でやっているが，ほぼ問題なくスムーズに仕事をしている。それを支えているのは当然ITである。サーバーへのリモートアクセスも驚くほどの低コストで行える（ほんの10年前なら年間数百万かかったセキュリティ付きのリモートアクセスが月1,000円の支払いで済んでいる）。このテレワークが先ほどの期間限定特別契約をより実行性のあるものとする。

3つ目の条件は，労働契約で国が求める副業，兼業をはっきりと認めることである。場合によっては本業の所定労働時間もフレキシブルにしていく。これによって地域限定契約の仕事の偏りを緩和することもできる。あわせて他社の従業員の副業，兼業による仕事の委託も考える。さらには，バリューチェーンよりもアライアンス力が弱い企業間相互協力的な（協同組合的な）働き方も仕組として考える。ここにもIT，テレワークが力を発揮する。

注）「いつでも，どこでも」という意味。

② 従業員セグメントの戦略ベクトル

（i）メンバー職とリーダー職
メンバー職とリーダー職に分ける

　労働契約を結んだ従業員をセグメント（区分）する。このベースは組織階層で設計した現場，マネジメントという区分である。しかし，従業員は同一労働契約の中で現場の仕事，マネジメントをフレキシブルに担当していく必要がある。

　そこで，従業員を「働き方」によって2区分する。メンバー職とリーダー職である。「メンバー」はリーダーに対応する言葉である。ただしっくりこないかもしれないので，その名称は各企業で決めてよい。

　法的にはメンバー職，リーダー職とも労働契約を結んでいるので労働法の保護対象であるが，法的に最も異なっているのは，労働時間規制の適用除外かどうかである。法律上の「管理監督者」としてリーダー職をあてることにする。つまり，このリーダー職を時間で働く労働者ではなく，組織としての成果を上げるために働くヒトと定義する。メンバー職は労働法に則って時間による給与を得るが，リーダー職はその成果から得られるカネによって分配を受ける（後述するが両職とも給与のベースは能力である）。

　そして，従業員ガバナンスから考えて，リーダー職を現状の管理職よりもその範囲を拡大させていくというベクトルを持つ。むろんリーダー職へのキャリアアップは本人の希望（希望が通るとは限らない）がその出発点である。つまり，時間で労働をしてカネを得たいヒトはメンバー職に留まることできる（企業の業績によっては，同じ仕事をしてもメンバー職のほうが高いこともあり得る）。

メンバー職とリーダー職の給与

　メンバー職は労働時間が給与に影響を与えるので，この測定を機械的（ICカード，センサーなど）に行う。しかし，それでは自分の給与を自分で決めることになるので，リーダー職がこの管理（出勤・退勤の指揮命令）を行うものとする。

　一方，リーダー職は76ページにある法の3条件を満たすように以下のとお

り設計する。

• 職務権限（指揮命令権を有する）

　後で述べるようにリーダー職にはマネジャーのほかにスペシャリストもいる。したがって，スペシャリストにも指揮命令権の保有が求められる。そのためスペシャリストはある特定の仕事について指揮命令権を持つものとする。マネジャーが「ヒト」（そのチームのメンバー）へのリードを行うのに対し，スペシャリストは「仕事」に関するリードを担当する。そしてこの指揮命令権は51ページの権限委譲をベースとする。つまり上司の計画承認をもって，上司の一部の権限の委譲を受けることである。むろんリーダー職も組織の一員なので，上司が存在しており，権限委譲を受けた仕事以外については指揮命令を受ける立場でもある。

• 勤務スタイル（自らの出退勤への裁量権）

　最もクリアが難しいところであるが（しかし違法状態ではアウトなので），これを権限委譲と合わせ，この裁量権を計画によって得るものとする。つまり自らの勤務時間に関し，自ら計画を作り，これを上司に承認してもらうものである。

　この計画は月，半期，年といったレンジで作成する。計画の変更も可能であるが，権限委譲のルールからして上司の承認が必要となる。

• 賃金

　これはその法どおり「一般の従業員と比してその地位と権限にふさわしい賃金処遇」を考える。これには2つのことがある。

　1つは「一般の従業員と比して」の部分である。要するにメンバー職（一般従業員）よりもベースは高いということであり，給与のベースは能力至上主義からして能力となる。したがって，能力の高い人がリーダー職へキャリアアップする。つまりメンバー職からリーダー職へのキャリアアップ条件は「能力」となる（これはMUST条件であり，このほかインテグリティなどの条件もある）。

　2つ目は「地位と権限にふさわしい」の部分である。「地位」は能力によって得られ，「権限」は計画によって得る。

　この3条件をクリアすることでリーダー職は「労働法上の管理監督者」とし

180

て，労働時間規制の適用除外となり，残業時間による給与は得られない。だからといって，長時間労働によってその成果を出そうとするのは働き方改革の主旨からいって，アンフェアである。したがって，リーダー職に対する労働時間の規制を組織としてルール化する必要がある（月の総労働時間の制限くらいがノーマルであろう）。そのため，リーダー職もメンバー職同様に出退勤時間のチェックが必要である。そしてこのチェックを行うのは上司ではなく，組織の責任者としての経営者（そのサポーターとしての経営スタッフ）である。

リーダー職は複線コース

リーダー職にはマネジャーとスペシャリストを設ける。マネジメントコースとスペシャリストコースというもので，従来のコース別キャリアルートであり，いわゆる複線人事である。

このコース選定はトッププレイヤー時に行う。そうなるとメンバー職においてトッププレイヤー認定を行う必要がある。トッププレイヤー認定を受けた人はリーダー職へのチャレンジが可能となる。むろんチャレンジせずメンバー職に留まることもできる。そしてチャレンジする時に，マネジメントコースかスペシャリストコースかの選定を本人の意思で決定する（だからといってなれるわけではないが）。

リーダー職へのキャリアアップはなんらかのテスト（面接，論文‥‥）が必要であるが，おのずとマネジメントコースとスペシャリストコースでは異なるものとなる。マネジメントコース，スペシャリストコース間のキャリアチェンジはできるが，ここではリーダー職のコース別のテストを再受験する。

リーダー職はマネジメントコース，スペシャリストコースとも当然のことながらその仕事に関する能力のランクがあり，なんらかの評価（人事評価，テスト‥‥）を受けてランクアップ（＝給与アップ）していく。

マネジメントコースには少し問題が残る。それは，マネジメントコースのリーダー職になったからといって，マネジャーのポストがあるわけではないことである。マネジャーの数に応じてチームを作るわけではなく，組織の状況，管理範囲などによってチーム（ここでは末端をチーム，その上をグループ→部門と表現する）があり，そこにマネジャーが求められる。

つまり，チームマネジャーへの任命はキャリアアップではなく，人事配置で

ある。そうなると「マネジメントコースの人数＞チームマネジャーの人数」とするのが普通となる。マネジメントコースのリーダー職は「マネジャーになる資格を持った」ということであり，従来の「資格」と同様の位置づけとなる。したがって，マネジメントコースにはマネジャーの仕事，現場の仕事を担っている人が混在している。一方，スペシャリストコースは現場の仕事のみとなる。

マネジメントコースとスペシャリストコースは同格である（76ページの労働法のスタッフ管理職の定義から，そうしなくてはならない）。そうなると現場，マネジメントの間に上下関係はなく（どちらが偉いということではなく），単なる職種の違いである。そして同格であるから，両コースともここから経営へのキャリアアップが可能となる。

このメンバー職，リーダー職は能力のみで決まるものであり，前述のエリア限定型，転勤型，さらには期間限定特別契約という労働契約のパターンには依存しない。

ただし仕事をやるうえでは「秩序」は必要となる。ここではマネジメント3.0の意見秩序が適用される。以降は後述する。

(ii) 女性活躍

国が求める「女性活躍」については，当然のことながらマネジメント戦略ベクトルとして対応する。

まずは国が求めるポジティブアクションを取り入れる。つまりリーダー層へのキャリアアップに女性が増えることを期待する。ただし女性をいわゆる「ゲタをはかせて」キャリアアップさせてしまうのではなく，キャリアアップの条件は能力認定としたままで，ポジティブアクションを行う。つまり女性が能力を上げてキャリアアップしていくことを期待する。具体的には2つのことがある。

能力評価は能力ランクによって行われ，この能力ランクの中にトッププレイヤー，リーダー職がある。この能力ランクは，仕事の経験などによって1つずつ上がっていくのが原則である。しかし，この能力アップの度合は「担当する仕事」によって異なる。そして国が言っている「女性は男性に比べて能力が上

がる仕事を担当させてもらわなかった」という仮説に合意する。

　これを受け，女性には過去の仕事経験をあまり必要としない「新しいタイプの仕事」を優先的にあてる（同じ仕事を担う男性とも経験については同条件）。しかもこの新しい仕事は，多くの場合その能力を短期間で大きく上げることができる。たとえばITの進歩によって大きく変わる（変わっていく）仕事，新規事業といったものに女性に優先的にトライするチャンスを与える。

　もう1つは能力アップである。つまり女性に学習サポートのチャンスを優先的に与える。はっきりいえば女性だけを対象として人材育成を行う。

　このポジティブアクションを"期間限定"で計画し，組織内はむろんのこと，国が求めるように組織外にも公表し，その主旨をまわりの人に理解してもらう。そしてリーダー職を目指している男性には，このポジティブアクションによってその男性のリーダー職の枠が減るわけではないことをよく理解してもらう。リーダー職は必ずしもマネジャーという限定されたポストに就くわけではないので，その枠の拡大は経営の意思決定でできる。

　この女性活躍計画に基づいて，そのチャンスを求める女性を組織内で募集する。具体的には「女性活躍セミナー」などと称して対象者を集め，ポジティブアクションの意味，ねらい，具体策を十分理解してもらってから，自らのキャリアプランレポートを書いてもらう。企業側はこれに基づいてポジティブアクションを実行する。これを基本線として，中途採用によるリーダー職の水増しは原則として行わない（これをやっては，国が考える日本全体としての指導的立場の女性が増えることにはならない）。社会の主旨は女性に活躍するチャンスを与えることであって，決して隣の企業で働くリーダーを高給，高条件で横取りすることではない。

③ 給与戦略の変革

（i）マネジメント3.0のバリュー分配

　マネジメント4.0の給与戦略ベクトルは，マネジメント3.0を基本的には引き継ぐ。すなわち給与総額はバリュー分配（164ページで述べたようにマネジメント3.0の付加価値を「バリュー」と表現する），従業員への分配は人事評価をベースとするものである。

　バリュー分配とは次のようなものである。

第❸章　マネジメント4.0を設計する　**183**

図表3-2 マネジメント3.0のバリュー分配

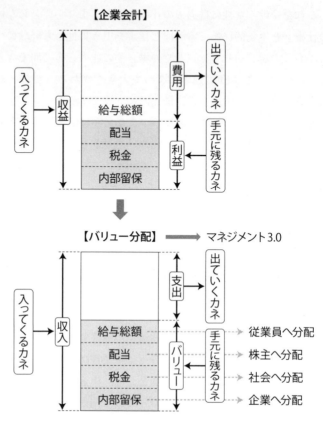

　企業会計では「収益−費用=利益」と計算する。ここで給与は費用という「出ていくカネ」にあたる。そしてこの利益から配当，税金を払い，残りを内部留保する。

　マネジメント3.0では，費用の中の給与以外のものを「支出」（出ていくカネ）として，「収入−支出」を「バリュー」とし，これを従業員（給与），株主（配当），社会（税金），企業（内部留保）が分配する。この4者をステークホルダー（利害関係者）とよぶ。

　そのうえで「給与をバリューの一定比率（s：給与分配率）とする」と決める。

これを給与について解くと下のようになり，給与は利益の一定比率 $\left(\frac{s}{1-s}\right)$，つまり比例することになる。

$$\frac{給与}{バリュー} = \frac{給与}{給与+利益} = s \quad \Rightarrow \quad 給与 = 利益 \times \frac{s}{1-s}$$

これによって，利益が上がれば給与も上がることになる。これが従業員が利益を目指す理論的バックボーンである。また，配当を利益の一定比率（すなわち配当性向を一定）にすれば，税金は利益のほぼ一定比率なので，ステークホルダー4者の分け前はバリュー，利益の一定比率となる。

あわせて，顧客の受ける満足度（CS）をバリューの大きさと考えると，顧客も5番目のステークホルダーとなる。すなわち，バリュー（利益）を上げれば従業員，株主，社会，企業，顧客というすべてがハッピーとなる。これでCSRの公益責任も果たし，大企業悪人説も払拭できるというものであった。

(ii) マネジメント3.0のバリュー分配の問題点

しかし，これを目指してみると難しい問題にぶつかる。それは配当を企業が意思決定できても，肝心の給与が2つの要因で意思決定できないことである。

1つは，労働法である。ここでは前述のとおり，給与は「企業が労働者に払う賃金」であり，厳しい規制がある。

もう1つは，給与が「従業員の生活を支えるカネ」という点である。そして生活設計は毎年変えられるものではなく，長期にわたって設計している。最大の支出である住居（住宅ローン）をはじめ，パートナーとの収入バランス，出産，育児，子供の進学，老後というライフサイクルの中で長期的に意思決定する。

そして，多くの従業員は今の給与ルールが続くと考えて生活設計をしている。そのため，突然の変更，バリュー，利益による変動は大きなショックとなる。この中でマネジメント3.0では「一気にやるのではなく，変更するのは業績の良い時とする」「最終像を示し，そこへ向かってゆっくりと進めていく」という戦略をとった。

しかし，実際にやってみるといくつかの問題が出てくる。

第**3**章　マネジメント4.0を設計する　**185**

まずはこのスタイルでは，今期の給与は今期の業績が固まらないと決められないことである。そこで前期の業績で今期の給与総額を決めるようにする。そうなると「前期が業績好調で，何らかのアクシデントで今期は絶不調」だと，企業の収入が落ちている中で，好調時の給与が払われていくことになり，業績ダウンがさらに増幅してしまう。そして来期はこの低い業績の中で低給与が決まる。こうなると逆に従業員に自分たちの給与が業績に連動しているという感覚がなくなってくる。ここでアクシデントが回復し，収入が戻ると極めて大きな利益となってしまう。つまり給与を前期業績に連動させると，当期では連動されるはずの給与が固定となってしまい，逆に利益が大きく動いてしまうことになる。

　これを株主，投資家から見てみよう。前期に比べ大きく今期の業績が落ちて，利益が大きくダウン（場合によっては赤字）していく時は，今期の配当（当然，今期の業績に連動している）は大きく下がる。一方で，業績ダウンで株価も下がっており，株主から見るとダブルパンチである。そしてその原因の1つに今期の高給与があることを感じると，株主の怒りは極めて強く，従業員ガバナンスへのリスクが生まれてくる。そこで業績が落ちているのに（利益は下がっているのに）配当を増やすという禁じ手を使ってしまう。

　自社でこうならなくても，業績連動で逆にピンチとなった企業（シャープなど）を見て「バリュー分配へのためらい」が経営者に生まれてくる。

　業績連動を目指すマネジメント3.0の経営者は，業績が落ちていくことがわかった時点で給与総額を抑えようと考える。まずは，今期の業績にできる限り給与を連動させることである。業績連動部分を賞与とし，決算賞与（今期の業績に応じて支払う）のウエイトを高くしておくことである。しかし業績が決まるのが期末（3月決算の企業が多い）に近く，一方で賞与を払う時期は夏と冬（12月）という慣例になっている。そのうえ，賞与額は労働組合との協議事項である。こうなるとどうしても今期の業績部分は決算を越えて，つまり来期へと持っていかざるを得なくなる。

　労働組合との調整がうまくできないので，経営，管理職ゾーンへとその目は向かう。すなわち経営者，リーダー職の給与カットである。しかしリーダー職の多くは「高給与」を期待しており，中高年が多く，高支出時代のライフ（住

宅ローン，学費‥‥）となっている。また，パートナーが育児などで収入はダウンしている人もおり，この給与カットは生活を直撃してしまう。

一方で，これからリーダー職になっていくトッププレイヤーたちは業績悪化の中で，かえって残業が増えることも多く，給与は増えてしまう。リーダー職に上がったばかりの人は，「部下のほうが給与が高い」と不満を持つ。

さらに，前期の業績連動によって賞与が落ちたプレイヤー層が生活残業をして生活を守ろうとしても，残業削減の波があり，モチベーションが下がっていく。これが給与が下がってしまったマネジャーのマネジメントを直撃する。そしてやる気のない部下に打つ手がなく，パワハラに走ってしまう。

このようななか，翌期になって中間決算などで業績が上がっているのがわかってくると，それに連動して給与が上がらないことを感じて「われわれががんばって仕事をやって，会社は収入が増えているのに，給与が上がらないのはおかしい」という不満が企業内にうずまく。

経営者はこの声に応えようとするが，今期の給与はもう決まってしまっている。そこで来期で応えようとするが，業績の波の中でこれをやってしまうともっと大きなリスクとなる。

経営者は，これらのことがトラウマとなってバリュー連動へと思い切った手を打てなくなってしまう。これがマネジメント3.0でバリュー連動，バリュー分配が今ひとつ進まなかった理由である。マネジメント4.0ではこれに対する新たな戦略ベクトルが必要となる。

(ⅲ) マネジメント4.0の給与戦略ベクトル

マネジメント4.0では，マネジメント3.0の「企業が作ったバリューをステークホルダーが一定比率で分配する」という原則は崩さず，次のような新たな戦略ベクトルを持つ。

(a) 残業

残業という高額な給与（時間あたり最低25％アップ）がバリュー分配の最大の問題である。これについては次のような手を打つ。

まずは勤務時間管理である。これを国が決めた法に則ってルール化する。つまり「残業はいかなるケースでも自己申告ではなく，上司の指揮命令により行う」こととし，「残業を上司の責任」とする。そしてこの残業代（残業時間で

はなく）を上司の人事評価の対象とする。あらゆるチームにおいて，チームマネジャー（ロワーマネジャー＝自分には残業代がなく，残業代のあるプレイヤーの直属の上司）は「チームメンバーの残業代」を考慮した成績とする。すなわち，チームプロフィット（チームの利益をなんらかの形で計算する）をチームの成績として，これをチームマネジャーの給与に反映させる。

　このチームプロフィットは，自らを含めチームメンバーの給与を仕事の「原価」としてとらえる。部下が残業すればチームの成績が落ち，チームマネジャーの給与は落ちるというものである。もちろん，プレイヤー側は指示を受けた残業時間分の給与を受け取ることができる。残業，残業代をロワーマネジャーの責任（人事評価，給与に反映する）とするものであり，当然のこととして残業代を削減することがロワーマネジャーのベクトルとなる。

　一方，プレイヤー側には残業削減のインセンティブを与える。それは残業しないで同一の成果を上げた場合に，なんらかのリターンがあるというものである。このリターンの基本は，業務処理能力（17ページの能率）を人事評価することである。上司から指示された時間よりも早く終われば，人事評価がアップする（＝給与がアップする）というリターンである。そしてこのリターンは「その期で終わり」ではなく，長期的な給与に影響する。

　あわせて，この残業という概念を持つ人はできるだけ減らしたい。だからロワーマネジャーはもちろんのこと，前述のようにスペシャリストも増やすというベクトルを持ち，自分たちの成果に自分たちで責任をとるというバリュー分配の本来の姿を求める。

(b) バリュー連動

　マネジメント4.0では，すべての従業員の給与はその幅は違っても，バリューに連動する。比例ではなく連動である。つまり「バリューが上がれば給与が上がり，バリューが下がれば給与も下がる」ということである。

　ここで大切なことは「利益」ではなく，「バリュー」に連動することである。バリューは，給与総額と利益（税金，配当，内部留保）からなる。もしこれらがすべて比例していれば，バリューと利益は比例するが，実際には給与総額を完全連動（＝バリューに比例）することはできない。前述のように，配当も現実問題として完全連動にはなっていない（することが難しい）。だから，利益とバリューは比例しない。

まず，経営は「給与を利益ではなくバリューに連動させる」と組織内に宣言し，合意を得る。つまり利益を上げることではなく，顧客のためにバリューを上げることを働く目的とする。そのうえで，その企業全体のバリューがリアルタイムでわかる仕組をITで実現する。

　ここで大切なことは，このバリューに，働く個々人の給与も連動させることである。個々のバリュー連動のやり方は後述する人事評価ベクトルのところで述べる。

　そのうえでマネジメント3.0で設計したように，経営，マネジメント，現場の順にその連動度を大きくしていく。そうなると，圧倒的に人数の多い現場の連動度は小さく，ライフ上で支出の大きいマネジメント層もそれほど大きくできないことを考えると，経営層の連動は極めて大きいものとなっていく。そのため，「経営層を増やしていく」というベクトルをマネジメント3.0では持つこととした。

　しかし，マネジメント4.0では157ページの経営者の数を減らすベクトルを持つ。そのうえでマネジメント層を2つに分けて考えた。ミドルマネジメントとロワーマネジメントである。ここではミドルマネジャーはロワーマネジャーよりも連動度を高くしていくしかない。

　そのため，ミドルマネジメントには従来の執行役員や理事などの名称を使い，ロワーマネジメントとミドルマネジメントの境をはっきりさせる。ミドルマネジャーはアメリカン・ガバナンスでいうofficer（役員）であり，経営者はexecutive officer（EO：上級役員）である。

　ロワーマネジャーは，バリュー連動が高まることを合意のうえでミドルマネジャーにキャリアアップする。

　ただ前述のように，経営，ミドルマネジメントの連動が大きいと，業績が悪い時よりも良い時の組織内外（その他の従業員，株主）の目が厳しい。また従業員側からすれば「随分もらってるなあ」であり，株主から見ると「自分の取り分が減る」である。

　そこで，株主の代理人である取締役会に報酬委員会を作り，そこで「経営者の給与ルール」をはっきりさせ，そのルールに基づいて支払う形とする。ミドルマネジャーも賞与（連動させる部分）についてはこのルールに準ずる形とする。そして，このルールを組織内外にディスクローズし（透明度を増し），一

第❸章　マネジメント4.0を設計する　**189**

般従業員にも給与の金額ではなく，この「ルール」に合意してもらう。

あわせて，もう1つの手を打つ。自社株の付与である。つまり給与を株で支払うものである。

従業員ガバナンスの経営者は，業績悪化に対してクビを出さなくてはならないというリスクがある。従業員として働いていればもらえるはずの給与を，長期間にわたってカットされてしまう。しかも退職金はもらえない（仮に退職金を積立てていても，経営者の報酬決定権は株主にあるので，業績悪化時にはまずもらえない）。

これでは若いうちに経営者になると（従業員としての退職金は低い），大きなリスクを背負うことになる。そこで，経営者には業績に応じて一定の自社株を付与する。業績によって株価は変わるので，業績連動（≒バリュー連動）となる。ただしこの株を付与されてすぐに売るのではなく，退職してから売却できることとする。つまり退職金に代わるものである。

このシステムは多くの企業ですでに導入されている。1円ストックオプション[注]（行使価格が1円で，退職後に行使できる）を導入する企業もあったが，わかりづらいので自社株の付与という形にしている企業が多い。

これを実施する理由を株主はむろんのこと，従業員にもきちんと説明して透明にする。そして，能力を上げれば誰にでも経営者になるチャンスはあることを伝える。そう考えるとこれはミドルマネジメント層に対しても応用していくこともできる。

この自社株の付与を計画したら，そのために自社株を買い付けていく必要がある。

注）自社株を一定の価格（行使価格）で購入できる権利。

(c) 調整

ただどのような手を打っても，給与とバリューを完全に比例させることはできない。上のような手でその差が小さくなってもなくなるわけではない。

そこで調整枠を作っておく。ここで浮かび上がるのが内部留保である。これをどう考えるかである。法的にはすべて株主のものである。だからB/S[注]上では純資産（≒株主資本≒株主が出したカネ。解散時に株主が受け取るカネ）に内部留保（税引後利益－配当）は上積みされる。ただ，このカネを株主が使

図表3-3　マネジメント4.0のバリュー分配

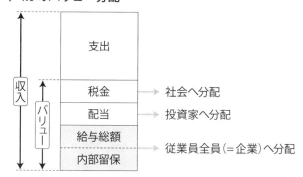

えるのは解散時だけである。そして従業員ガバナンスであり，ゴーイング・コンサーン（解散はさせない，しない）である。あわせて株主は証券市場で株を売買しており，いつまでも株主でいるわけではない。つまり株主の多くはこの内部留保を受け取れない。

　こう考えると従業員ガバナンスの下では，内部留保は企業の取り分であり，企業の主体たる従業員のものである。

　そこでマネジメント4.0では，この内部留保を調整枠として次のように考える。

　そのうえでこのバリューを，社会，投資家（株主），従業員へ一定比率で分配していくベクトルを持つ。

　給与はできる限りバリューとの連動を目指すが，ルールに基づいて各従業員に支払われる。この一定比率と給与総額との差額分を内部留保で調整する。こうすれば従業員の全体取り分（給与＋内部留保）は（赤字にならない限り）バリュー比例にできる。そう考えると，投資家に対しては赤字にならないことが絶対的な約束であり，最悪の時は経営者，マネジメントの給与を減らしてでも赤字を阻止する。

　これによって，マネジメント3.0の目指したバリューの一定比率での分配が可能となる。そのため，配当もバリューの一定比率として約束できる。

　ここには2つのことが求められる。

　1つは，投資家，すなわち証券市場の合意である。このルール（バリュー連

動）で配当することを株主総会で承認を得たうえで（その前に取締役会で社外取締役の承認が必要），その結果を証券市場側へディスクローズし，これに合意した人に株を買ってもらう（合意してくれない人はexitする）ようにする。

もう1つは，税金である。経営者がパブリック・リレーションズで設計した公益ビューから考えて，「税金を減らす」という気持ちを持たないことである。税金は「バリュー－給与総額」という所得（≒利益）により計算される。そして配当を払った残りは企業（従業員）が使うことができる。ここで給与決定権を従業員自身が持っていると，税金を調整することができる。パブリック・リレーションズから考えて，この節税を考慮せず，社会も納得できる透明なルールで給与を決定していくことが強く求められる。

注）Balance Sheet：貸借対照表。企業の持っている財産とその資金源を書いたレポート。

④ 人事評価＆人材育成の戦略ベクトル

マネジメント4.0における人事評価の目的は，マネジメント3.0を引き継ぎ，給与分配と人材育成の2つとする。

（i）人事評価の戦略ベクトル

バリュー分配をベースに生まれた給与総額を従業員に分配する。バリュー分配はマネジメント2.0の成果主義に近く，その理念と合わないと考えるかもしれない。しかしこれを2つの理由で否定する。

1つは，従業員主義である。

マネジメント2.0時代では，企業の「成果」はすべて株主のものとしている。つまり株主ガバナンスをベースとして，今の株主の取り分である配当，最後の取り分である純資産の増加分となる「利益」を上げることを企業活動目的としている。そして，従業員はこの「成果＝株主への貢献」に応じて給与を受け取るというものである。株主から見れば，給与は人件費であり，利益を上げるためなら人件費カットも辞さない。これが成果主義であり，マネジメント2.0である。

マネジメント4.0ではこの成果を「バリュー」として考え，このうちの一定

192

比率を税金，配当として払い，残りの成果は従業員のものとした。従業員主義であり，従業員ガバナンスである。この成果は従業員の今の生活に使うもの（＝給与）と，財産として残しておいて将来の給与を増やすもの（＝内部留保）に，投資家と従業員が合意した一定のルールで分けていく。

2つ目は，能力至上主義である。

株主成果主義では，おのずと利益への貢献度に応じて給与は各従業員へ支払われる。その典型はコミッション給与であり，個人の業績と完全に連動させるものである。

マネジメント4.0ではこれを否定し，まず個人の業績など考えない。企業は従業員のチームであり，皆で1つの目標（バリュー。プロ野球でいえば優勝）を目指すべきであり，バリュー分配のためバリューと連動する必要がある（バッファとして内部留保を持つが）。そして給与戦略ベクトルでは，企業全体のバリューに経営，マネジメント，現場の順に連動させていくと決めている。あわせてロワーマネジャーの給与分配はチームプロフィットという成果を用いることにした。

これは見方を変えれば，給与にバリュー連動しない部分があることを認めている。では，給与分配にどんな戦略ベクトルを持つべきかである。134ページで述べた能力至上主義から考えて，「能力」である。つまり能力が高い人に，より多くの給与を分配する。バリュー分配との関係で考えれば，従業員の能力向上が将来のバリュー向上をもたらすという仮説を持つ。これによって皆の給与，投資家貢献，社会貢献（税金）の向上になると考える。

したがって，経営層以外のマネジメント，現場の従業員には人事評価を必要とする。その評価基準は，能力とチームプロフィットだけである。

(ii) 人材育成の戦略ベクトル

人材育成は従業員の能力を上げることであり，それによって将来のバリューを高めることである。もっといえば将来のバリューを上げる最大の手段が人材育成である。

マネジメント3.0では，「人材育成をマネジャーの仕事としてとらえ，これを教育と自己啓発支援に分ける。教育は『education＝個人の能力を引き出す』と定義し，OJTとOff-JTで考える」というものをその原点とした。

第❸章　マネジメント4.0を設計する　**193**

ここでマネジメント4.0の人材育成は，その戦略ベクトルの基本を「学習」とする。「教育」とは「教えて育てる」もので，「教える側」から見ている。「学習」は「教わる側」から見ており，自らの意思で学ぶことである。学習する目的は上記のように企業の未来のバリューを上げるために，自らの能力を向上させることにある。

　この学習には2つのステージがある。今の仕事（今のキャリア）をするために能力を向上させることであり，もう1つは将来の仕事（未来のキャリア）のために能力を向上させることである。ここでは前者をレベルアップ学習，後者をキャリアアップ学習とよぶ。

　マネジメント3.0では人材育成はマネジャーの仕事と定義したが，マネジメント4.0では人材育成を「企業が行う各人への学習サポート」と定義する。

　レベルアップ学習においては，今のキャリアにおける上司が「従業員が今の仕事をうまくできていない点」を見つけ，「何をどのように学習すればうまくいくか」をアドバイスする。

　キャリアアップ学習では，経営および経営スタッフ（人材育成担当）が各キャリアに求められる能力を定義し，各従業員に次のキャリアのための学習機会を設計し（セミナーなど），ここでどのように学習していくかを伝え，あわせてそのための学習ツールを用意する。そのうえで，キャリアアップのためのテストを行う。今の上司は，部下が次のキャリアへ行くためのサービスを提供し，その部下がキャリアアップしていくと，マネジャーもそれに対する人事評価（「部下の能力向上」を上司の評価項目に入れる）を受ける。

⑤ 秩序戦略ベクトル

　秩序（組織の上下関係）については，マネジメント3.0の「意見優先度」を採用する。しかし労働法の規制強化，ダイバーシティ，ワーク・ライフ・バランスといったことから，上下関係はますます難しいものとなる。そのため，マネジメント4.0では次の戦略ベクトルを追加する。

(i) 部下の抗弁権

　意見優先度の原点が権限委譲にあることを再確認する。すなわち上司が部下に対して持つ意見優先権は，その上司の上司によって承認された計画（文書）

の範囲内とする。したがって，権限委譲を受けた期初に，部下にはこの計画を見せ，それに基づいて指揮命令という優先意見を出すこととする。

　実際に上司が指揮命令を出すオペレーションでは，マネジメント3.0に従う。まず意見を部下に求め，ここで自らの意見と異なる時は事実確認（先ほどの計画や経営者の指示など）をして，情報を共有してから指揮命令（優先意見）を出す。そしてマネジメント4.0では，このように部下の意見と異なる指揮命令を出す時は緊急時以外は口頭（この時も後で文書作成）を避け，必ずメールなどの文書で行い，記録が残るものとする。ただし部下側は，これに対する2つの抗弁権を持つ（すぐに行動をしなければならない時は行動後に抗弁する）。

　1つはその指揮命令が期初に上司から提示された「計画」の範囲外であったり，経営が提示している戦略ベクトル，経営計画からはずれていると感じた時である。この時は上司の上司，さらには経営者（その代理人の経営スタッフを含め）への確認を求めることができる。これを上司，上司の上司，経営者などは拒むことはできないし，これによって当事者に不利益をもたらしてはならない。この部下の確認はメールとし，相談を受けた側もメールで返信する（関係者にも同報で）。むろん，ここで上司側の意見が採用されれば部下はこれに従う義務がある。

　もう1つの抗弁権は，上司と部下のさまざまな取り決め（コミュニケーションルールなど）や「ワーク・ライフ・バランスの約束」に反している時である。これも同様にメールにて関係者が判断する。

(ii) 長幼の序

　意見秩序はおのずと勤務時間中（上司の指揮命令下にある時だけ）の限定的な秩序である。したがって，オフタイムにはこれがはずされる。

　マネジメント4.0では，ここにもう1つ絶対的な秩序を持つ。それはマネジメント1.0の年功序列である。つまり先輩―同期―後輩の関係を維持する（復活させる）ことである。

　意見秩序（意見が異なる場合）以外のオンタイム，オフタイムには年功がその秩序となる。私がサラリーマンをやっていた時（マネジメント1.0）は，高校卒，大学卒，大学院卒がいて，年齢が異なっていても入社年次が序列のすべてであった。ここには同期の結束（退職した今でも同期会がある），先輩への

リスペクトが自然と生まれていた。私の退職後，随分経ってから，私の同期が執行役員になり，先輩が部長であったが，一緒に会った時は部長は役員をよび捨てにし，役員は部長を"さん付け"でよんでいた。これは先輩側が主張すべき権利ではなく，後輩側が「先輩へのリスペクト」からとるべき行動である。

　今の企業は先輩たちが作ってきたものを礎とし，その中で自分たち後輩が働いているという気持ちと，前述の内部留保は昔先輩たちが稼いだカネであり，そのカネを元手として今の事業活動が成り立っているということからも正当化できる。

　そしてこれが，シルバー（昨日までの上司）という若き上司が悩むマネジメントを救ってくれる。若き上司は長幼の序がシルバーを守るのではなく，自らのマネジメントを守っていることに気づくことである。そうすれば自然にこの行動がとれる。

　問題は中途採用であるが，これも「年齢」を長幼の序のもう1つのファクターとして採用することで解消される。

　長幼の序はどちらが偉いかではなく，人間として年少者が年長者に対してとるべき道徳であり，インテグリティそのものである。

⑥ コミュニケーション戦略のベクトル

　マネジメント4.0ではコミュニケーションを「オフィシャル」（ルールが設計されている）と「日常」の2つに分けて考える。

（i）オフィシャル・コミュニケーション

　オフィシャル・コミュニケーションのツールを「情報システム」と表現する。システムであるので企業で設計し，企業のコントロール下でなされる。この情報システムには業務処理システム（経理，販売，在庫‥‥）も含まれるが，すべて情報システムと表現し，コミュニケーションツール（企業内外の人が情報をやりとりするもの）と考える。

　情報システムは会社のオフィシャルな投資であり，B/S上に資産計上し他の資産同様に耐用年数（法的には5年であるが，経営者が投資時点で意思決定する）という概念を持ち，減価償却をもって費用計上する。耐用年数を持つのであるから，その期間中は（メンテナンスはするにしても）使用し，期間後に資

産を捨て，新たな情報システムを導入することを原則とする。むろん，イレギュラーなケースとして途中廃棄，耐用年数後の使用継続もありうる。

これは投資（カネを資産に投げる）であるので，経営のオフィシャルな意思決定として行われる。

情報システムという資産は，上場企業では有価証券報告書^{注)}に記載してディスクローズする事項である。そのうえで新たに購入する情報システムは投資額について制約を設ける。その指標は「年あたりのコスト」（減価償却費＋保守費）である。この金額を経営が意思決定し，その中で情報システム担当の経営スタッフがITベンダーに提案を求め，自社にフィットしたものを購入する。つまり通常の資産投資と全く同じである。

注）上場企業が社会へディスクローズするレポート。決算書などさまざまなレポートが入っている。

(ii) 日常コミュニケーション

このコミュニケーションツールは，投資ではなく費用としてアカウンティングを行う。すなわち「年あたりの使用料」のような形で計上する。

日常コミュニケーションツールにあたるものとしては，パソコン（情報システムの端末として用いても日常コミュニケーションとして考える），スマホ，タブレットなど，個人がコミュニケーションに使うものはすべてここに含まれる。契約上の制約があってもすべて「年あたり使用料」で考える。つまり状況に応じていつでも取替え可能とする。

日常コミュニケーションツールを選ぶ基準は「使う人」が経営の決めた予算枠内で選ぶことを原則とする。全社で一律とするのではなく，基本的には個人の選択とする。チームで統一しておく必要も多いが，その決定は上司が行うのではなく下位層の意見を尊重する。ITツールのトレンドを知る若者の意見である。ここでは上司・部下の意見秩序は適用せず，「若者の意見を尊重する」という理念の下で経営スタッフ（情報システム担当）が決定する。

日常コミュニケーションは非同期性，同報性，記録性をMUST条件とする。つまり現状で考えればツールとしてはスマホであり，手段としてはメール，Webサイトがその中心となる。チームにおいて同期性が必要な時は，勤務時

間内（これは仕事とプライベートを分けることよりも，勤務時間外の指揮命令を禁止するという意味）という制約の下に，LINEなどのSNSツールの使用を認める。むろん記録性，つまりコミュニケーション結果が残るものとする。

⑦ パーソナルマネジメントの戦略ベクトル

組織内の各個人について2つの面を考える。

(i) メンタルマネジメント

マネジメントを考える時，このメンタル面が必ずテーマとして挙がる。やる気，モチベーション，リーダーシップといったものである。20ページで述べたとおり，アメリカン・マネジメントにおいても結局は否定されるが人間関係論，行動科学といった形で一度は通った道である。

日本では，マネジメント1.0の時代に生まれた「団塊の世代のトラウマである"がんばり"」をそのベースとしてきた。「がんばり」を美とし，給与，ポストでも「がんばった人にはがんばったなりに」がルール化されてはいないのに「あうんの呼吸」で，自然な形で人事評価に根づいていた。能力評価と決めても，最後の最後は「あいつはあいつなりにがんばったんだから，評価してあげよう」「能力が高いのはわかるが，自分の力を出し切ってがんばっていないので高評価はできない」といったものである。

マネジメント2.0ではこの「がんばり美意識」が少しずつ消え（経営の意思で消し），クールに業績を見つめるようになる。しかし，かえってそのメンタル面が表面化してくる。「最近の若いやつは"やる気"がない」，「なんで部下がやる気を出さないのだろう」といったマネジャーの悩みであり「もっと強いリーダーシップをとって」という経営者からマネジャーへの願いとなる。その根底には「やる気を出してがんばれば業績は上がる」というメンタル成果主義がある。

そしてマネジメント3.0では，悩みながらも「コンディション」という概念を取り入れ，メンバーのモチベーションを上げるのではなく，チームのコンディション（ムード）を上げるのが，マネジャーの仕事と定義した。

しかし，このマネジメント3.0を実施していくと，マネジャーたちの意見は

2つに分かれる。「やはり部下のモチベーション（＝やる気）を上げたい」という否定派と，「チームのコンディション，ムードはなんとなくわかるけど，具体的にどうすれば上がるかわからない」という疑問派である。すなわちマネジメント3.0では，メンタル面の解消は何もできずに，ダッチロール状態となっていく。

　これをマネジメント4.0では次のように結論づける。

　「企業がマネジメントという手段によって従業員のモチベーションを上げることはできない」

　まさにアメリカン・マネジメントの結論と同じである。冷静に考えればそう考えざるを得ない。各個人のモチベーションを測定することはできないし，測定できないものを上げることなどできない。仮に上げられたとしても，どれくらい上がったか，それが何によって上がったのかがわからない。

　マネジメント4.0では個々人のモチベーションの存在自体を否定するのではなく，「マネジメントによってどうやって上げればよいか」ということを考えない。

　では，マネジメント4.0ではメンタル面を一切考えないのか。そうではない。ここでは「マイナスのモチベーション」を考える。つまりストレスである。働く個々人のストレスをチェックすることであり，このストレスチェックをマネジメントではなく経営の仕事としてやる。

　マネジメント4.0のキーワードは「モチベーション」「やる気」よりもストレスの排除という「健康」である。

　国からも2014年の労働安全衛生法の改定で，ストレスチェック制度（「使用者は労働者に対し，医師，保険師などによるストレスの検査を実施しなければならない」）を要請されている。

　このストレスチェック（健康度チェック）を医師，保険師という外部の医療プロだけではなく，組織内でも実施する。これがメンタル・カウンセリングである。本人に「ストレスの自覚があるか」と聞き，その原因を本人に考えさせ，対策を経営として考えるというものである。むろん，これを上司がやるわけにはいかない。それは上司がストレスを生んでいることもあるからである。つまり経営スタッフなどの第三者によるメンタル・カウンセリングが，マネジ

メント4.0の唯一のメンタル面での対策である。

(ii) ワーク・ライフ・バランス

ワーク・ライフ・バランスは企業全体で一律に考えるものではなく，従業員個々人におけるワークとライフのバランスを考えるものである。

マネジメント4.0としてやるべきことは2つある。

1つは，マネジメントによるものである。ワークとライフの境目をはっきりさせることである。それが「勤務時間と勤務時間外」であり，これを決めるのは経営者および経営者から権限委譲を受けたマネジャーである。したがって，マネジャーがまず行うのは「勤務時間の終わり」を決めることである。

187ページで述べたように残業はマネジャーが決める。つまり勤務時間を決定する。そしてそのワークの終了がライフの始まりであり，指揮命令という秩序が切れる瞬間である。

このルールをロワーマネジャーがしっかりと確認し，コンプライアンスする。そして経営者がこれを定期的な監査，目安箱によってコントロールする。

もう1つは，個々人によるものである。従業員はワーク・ライフ・バランスの次の3つのタイプから選択し，上司の承認を得，上司はこれに基づいてこの人のマネジメントサービスを行う。むろん，タイプ異動は従業員側の申し出により可能である。

・ワーク優先型

基本的なスタイルであり，勤務時間が完全には固定していないタイプである。ここでは期初に自分が「今期どれくらい所定労働時間を超えて働く意思があるか」を考えて上司へ伝える。つまり残業をどこまでならできるかである。給与決済のタイミングからいって「月あたり」で考えるのが普通である。そして，自らのライフも考慮し，上司と時間，時季（法的用語である。つまり夏は少なくといった感じ）について合意する（むろん三六協定の範囲内で）。これをWLBコミットメント（ワーク・ライフ・バランスの約束）という。このタイプのWLBコミットメントは「残業時間の上限」という形となる。この範囲で，ロワーマネジャーは残業をマネジメントしていく（できるだけ減らす方向で）。

- **ライフ優先型**

　なんらかの理由で所定労働時間を短くするタイプである。いわゆる「時短」であり，育児，介護がその代表的な要因である。この場合も法規制に基づいた「ギリギリ」ではなく，働く側の意思でこれを希望し，上司と合意をする。

　ここでのWLBコミットメントは「勤務時間の削減」となる。むろん，その時間を超える勤務を従業員側が望めば仕事を行うこともできるし，月ごとにWLBコミットメントを変えることも可能である。このほかにも，前述のストレスチェックや，場合によっては兼業・副業などの事情も考慮すべきことである。

- **ワーク・ライフ・インテグレーション型**

　従業員本人が望む場合は，勤務時間という概念を取り払うことも可能である。法的バックボーンとしては，メンバーでは（管理監督者ではない）高プロ，みなし，テレワーク（法的にははっきりしないが，国は求めている）といったものがある。この場合，前述のとおりその仕事がインディペンデントなもの（1人でクローズして行えるもの）という条件が付き，リーダーでもスペシャリストは可能である。

　しかしこのインディペンデント条件から，マネジャーはこのタイプをとることはできない。そうなるとマネジャーはワーク優先型が原則であり，マネジャーの上司とWLBコミットメントをする必要がある。残業代が支払われるかどうかはWLBコミットメントとは関係ない。

(iii) 労働組合

　労働組合をパーソナルマネジメントとしてとらえる。つまり「従業員個々人を守る」というものである。

　日本ではそもそも労働組合の組織率は低い。大企業（従業員1,000人以上）で50％弱，100～99人で10％弱，99人以下は1％程度といわれている。そして企業別組合がほとんどであり，これらがナショナルセンター（連合がその代表）を頂点として組織化されている。組合員はほとんどが非管理職である。

　労働組合は，マネジメント3.0同様に「弱き現場のプレイヤー層を守るコントロール組織」と考える。プレイヤーは意見秩序が低く，経営から見えない場所でパワハラ，セクハラなどのハラスメントを受ける可能性がある。この従業

員に対するハラスメントなどのマネジメントの不正，さらにはマネジメントオ
ペレーションによる人事評価の不公平といった"アンフェア"を監査する組織
体として考える。労働組合の特徴はマネジメントを通さず，経営と直接対話す
るということである。だから経営に代わってマネジメントを監査するものとし
てとらえる。

　ただし，労働組合は外部では他の労働組合との連合組織となっているため，
そのマネジメント不正は経営が知る前に外部へ漏れてしまう危険がある（しか
も労働者側からの一方的な見方で）。だから経営は労働組合との対話を，賃金
闘争（ここではバリュー分配をベースとしたルールにすれば，話すことはあま
りない）の場ではなく，リアルタイム監査情報を得る場として密に行う必要が
ある。特にストレス，ワーク・ライフ・バランスというパーソナル情報につい
ては有効である。

　そういう意味でも経営は労働組合を「敵」と思ったり，さらには作らせない
のではなく，積極的に求め，これがない場合は三六協定などのために必要な
「労働者の代表組織」を労働組合同様に監査部門として位置づけるようにした
い。マネジャーサイドは自らのマネジメントを監査してもらい，その公正さ，
公平さ，そしてインテグリティを認めてもらう組織と考えるようにする。

(4)　資源の調達と配分

　最後の経営の仕事が「資源の調達と配分」である。これをヒトの面から考え
ると，採用（調達）→組織化（配分）→退職（マイナスの調達）となる。マネ
ジメント3.0ではこれを経営の仕事として，マネジメントのことはあまり考慮
に入れず従来どおりのやり方で進めてしまった。そのため134ページのような
組織の歪みが生まれ，マネジメントに大きなダメージを与えてしまった。

　マネジメント4.0ではこのヒトという資源の調達・配分をその範囲として考
える。

① 採用

　ヒトの組織への入口であり，先ほど述べたように放っておいたら「組織の歪
み」を生んでしまう要因となってしまった。

202

しかし，一度採用してしまうとその人が辞めない限り，そのまま組織にいることになり，歪みを解消するには極めて長い時間がかかる。

しかも自らの打った採用という"手"の評価は，すぐには現れず10年先（トッププレイヤーになる），20年先（マネジャーになる）にはっきりしてくる。そしてその頃にはもう自分はこの組織にはいない。そうなると「これまでと同じようにやっていく」（人数は前年並み，採用スタイルも同じ）という手をとりがちで，これまで採用をやってきた経験者（人事部門）に丸投げしてしまう。

マネジメント4.0ではこの導入を機に，採用を思い切って変革していく。そして「どうやって変革したか」，「なぜそうしたのか」という変革ベクトルを組織内にディスクローズして記録として残し，その評価を未来の経営者（今の自分の部下）に委ねる。

マネジメント4.0でとるべき変革ベクトルは次のようなものである。

（i）採用ポリシー

採用に，次のようなポリシーを持つ。

・採用は欧米型のジョブ型採用ではなく，従来同様に日本型のメンバーシップ型採用とする。つまり「職に就く」ではなく「企業に入る」である。したがって，採用基準は「仕事ができるか」ではなく「能力が高いか」という能力至上主義とする。

・メンバーシップ型採用かつ解雇はしない（できない）ため，採用時に基本的には「やる仕事」を決めず，かつ流動的にジョブローテーションを行う。つまり職種別採用は行わず，すべて純粋なメンバーシップ型採用とする。

・採用はヒトに関するパブリック・リレーションズであり，ミッションに合った能力を社会から獲得し，長期にわたって企業のバリューを高めることを目的とする。

・バリューを184ページの「収入－支出」というフローではなく，「バリュー＝Σ従業員の能力×組織×ビジネスモデル」というストックで考える。そのうえで組織，ビジネスモデルに合った能力を獲得するのではなく，ミッションを実現するために不足している能力を獲得し，その能力に合ったそれが生きる組織，ビジネスモデルを構築する。

第❸章　マネジメント4.0を設計する　**203**

・採用の可否は「合ミッション性」（そのヒトがミッションにどれだけフィットしているか）と上記の「ミッションを実現するための能力」を"ものさし"として決定する。

・ミッションに合った能力を獲得するのであるから，従業員は「定年（ここでは継続雇用の終了時期と考える）まで働く」ということを前提とし，新卒採用をそのベースとする。

・中途採用は定年以外のイレギュラーな中途退職のリカバリーであり，新卒採用での能力獲得不足を補うものとする。

(ii) 採用人数モデル

採用人数については，上記ポリシーから考えると，「合格条件をクリアした人は基本的には採用する」という形をとるべきである。しかも多くの企業は全従業員数の1〜数％程度しかとっておらず，人数が増加しても（最も給与が低いゾーン）翌年の給与総額へのダメージは小さい（この部分は固定なので190ページの内部留保で調整することになる）。

しかし経営，さらには株主から見るとアメリカとは異なり解雇がないため，極めて長期的な投資であり，長期的な業績をベースとしている（はずの）株価に与えるダメージは必ずしも小さくない。そして，リストラなどをする企業も多いなか，この採用人数のミスを指摘する声は株主をはじめとする外部ステークホルダーからあがる。

では，どのように決めるのか。それは採用予定人数を一定の考え方で計画し，この人数の範囲内で相対評価（採用評価の高い人から順に）で採用していくというスタイルをとるのが妥当である。

では，どうやって採用予定人数を計画するか。それはマネジメント3.0で使ったものをここでも用いる。

採用ポリシーで述べたとおり新卒，定年（ここでは再労働契約の終わり）をベースとすると，企業における「1人あたりバリュー」は年によらず一定と考える（それが最低条件ともいえる。つまり「下がらない」）。そして新卒がインプット，定年がアウトプットされ，そのうえで企業全体としては，毎年一定率のバリュー向上を目指すと考える。つまり人数の増加によりバリューを伸ばしていくと考える。

204

これを前提に，簡素化した採用モデルは図表3-4の式のようになる。

図表3-4　採用人数モデル

S_0‥‥現在の企業のメンバー人数　　　S_1‥‥来年度の企業のメンバー人数

n‥‥新卒採用人数　　　　　　　　　m‥‥今年度定年退職人数

V_0‥‥今年度のバリュー　　　　　　　V_1‥‥来年度のバリュー

r‥‥期待する年平均のバリューの伸び率

$$\Rightarrow \frac{V_0}{S_0} = \frac{V_1}{S_1} = \frac{V_0(1+r)}{S_0+n-m}$$

$\Rightarrow n = S_0 r + m$

$\Rightarrow$　今年度採用人数＝現在の総人数×期待バリュー伸び率＋定年退職者数

ここで現在の総人数，今年度の定年退職数は既知である。したがって「採用人数を決める」ということは「バリューの伸び率を計画する」ことと同じことである。そしてバリューの伸び率は，長計，中計という経営者の任期中に作られる計画で設計されている。つまりこのモデルを使えば，長計，中計を作ることでおのずと採用人数は決定される。

(iii) 募集

以下のようなことを募集条件とする。

● ミッションへの共感

ミッションを「採用の旗」として募集し，これに共感する人を求める。日立のミッション「技術で社会へ貢献する」であれば「技術で社会へ貢献したい人よ集まれ」が募集の旗である。

● ポテンシャル能力

採用ポリシーから応募者には「ポテンシャル能力」を求める。ポテンシャル能力とは，仕事をやるうえでの基礎的な能力である。新卒を前提とすれば，仕事への能力はまだ顕在化していないので，ポテンシャルという表現をとる。プロ野球選手でいえば野球をやったことがない新人を採用するのであるから，野球にフィットした運動能力，運動神経を募集条件とする。

ここでは能力マップというものを用いる。

たとえば図表3-5のようなものである。

図表3-5 能力マップの例

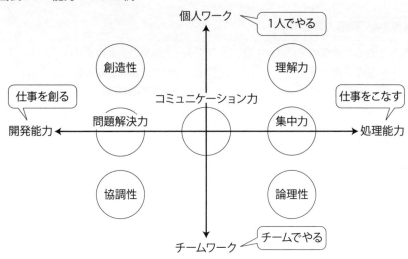

そのうえでこのマップを用いて自社がどのような形か，将来どのようにしたいのかをまず考えてみる（図表3-6）。

図表3-6 能力マップで採用を考える

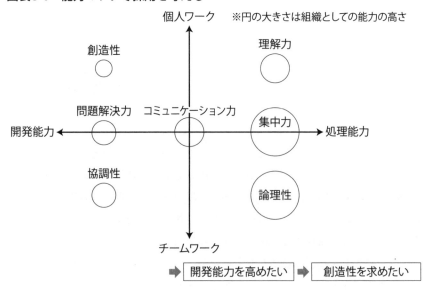

こう考えればどのようなポテンシャル能力を持った人を外部から募集するか
が見えてくる。むろん，これは応募者に隠す必要はないのですべてディスクロ
ーズする。

これについては，採用された人の当面の上司となるリーダーキャリアの意見
も聞きたい。「どんな人を募集するか」ではなく，「どんな能力を募集するか」
は話し合うことができる。

そのうえでマネジメント4.0の理念どおり，これまで設計した結果も応募者
だけではなく，社会へすべてディスクローズする。つまり労働契約，給与，人
材育成，キャリアシステム，退職という「働く条件」である。

マネジメント4.0の募集において大切なのは，求める「能力条件」，「働く条
件」をすべて透明にすることである。

(iv) 採用評価

採用の評価は合ミッション性と上に挙げたポテンシャル能力を項目とし，図
表3-7のような評価表を作っておく。1人の応募者に対し，何人かの評価者が
これを作成し，その評価点を平均するのが普通である。

図表3-7　採用評価表のイメージ

項目	重み(G)	評価点(S)	GXS	コメント
合ミッション性	10	8	80	IT社会を担う当社にとって適切な人材・・・・・・・・・・・・・・・・・・・・・・・・・・・・・・・・・・・・・・
創造性	8	9	72	ディスカッションでのアイデアは豊富であり、ヒラメキは・・・・・・・・
理解力	6	8	48	人の話をよく聞く。問題を適確にとらえることができるが・・・・・・・・
⋮	⋮	⋮	⋮	⋮
合計			725	論理性にやや問題はあるが、当社の変革を考えると・・・・・・・・・・・・

採用評価は，単に採用を合理的に進めるだけのものではなく，実際に採用し

た従業員をその後定期的に能力評価していくことで，採用評価の妥当性を高めていくものである。すなわちPDCAのACTIONが最大のテーマである。

　この評価を進める手段としては，次のようなものがあり，各企業の求める能力に応じてケースバイケースで選択する。

・レポート

　合ミッション性についてはこれを用いるのがノーマルである。先ほどの日立なら「自分が入社してどのようにして社会に貢献していくか」をレポーティングしてもらうものである。今のエントリーシート的なものとして使うとよい。ポテンシャル能力としては論理性，創造性，問題解決力，理解力などがよくわかる。

・グループディスカッション

　特定のテーマについて応募者同士を話し合わせて，その発言，態度などを見るものである。一度に全員を見るのが難しいので，ビデオに録画して評価するのが普通である。動画を編集するのはYouTubeなどでわかるとおり，今では驚くほどスムーズにできる。

　この2つでほとんどのポテンシャル能力を見ることができる。これは採用評価に限らず，ポテンシャル能力評価の基本的手段である。私もリーダー養成，経営者養成のコンサルティングなどでポテンシャル能力評価をよくやるが「レポート＋グループディスカッション（動画）」でかなりのものを見ることができる。

　場合によってはこの部分の採用評価はプロの力を借りてもよいと思う。

・インタビュー

　特定の人（企業内の人がGood）に仕事の内容などをインタビューさせ，報告書を作らせることである。論理性，理解力，コミュニケーション力を見ることができる。あわせて応募者にとっては実際の仕事の状況がわかることになる。

・プレゼンテーション

　特定のテーマについて個人の意見を複数の人の前で発表させるものである。創造性とともに論理性がよくわかる。そのほか，表現力，問題解決力なども見ることができる。

- ロールプレイング

　実際に特定の仕事をやらせることである。理解力，集中力，柔軟性などを見ることができる。一定期間これを行うとインターンシップとなる。インターンシップは応募者に企業をわかってもらって誤解を持たないようにする（早期退職防止）というメリットもあるが，採用評価にも用いたい。

- 学歴，資格

　出身学校・学部や成績，資格（TOEIC，情報処理技術者‥‥）によってある程度は問題解決力，理解力，集中力，論理性などを見ることができる。ただこの学校の偏差値や学生時代の成績で自企業の仕事へのフィット度を見るのはそれほど有効ではない。たかが4〜6年の大学で勉強したことなど，長いビジネスマン人生（40年〜50年）からすれば大したことではない。

- その他

　現在の主流といえるWebテスト，面接などは採用手段にはあまり有効ではない。前述のようにWebテストは実際にやってみたが，私はどう考えてもおかしなテストだと思う（これを使っている企業の経営者はこの中身を知っているのだろうか？）。

　面接は何を見ているのか（人物か能力か）が不明なことが最大の問題であり，誰が面接者をやるのかを決めるのも難しすぎる。使うとすれば「この人はうちの会社に入っても肌が合わずすぐに辞めてしまうのでは」という経営者の直感で行う「最終ネガティブチェック」のようなものだと思う。

② 退職

　退職はマイナスの採用であり，採用と表裏一体のものである。マネジメント4.0では，マネジメント3.0を設計した時代とは環境が大きく変化しているので再考の必要がある。それは前述の「労働法のトレンド」と「労働流動性の高まり」である。

　後者は，単に労働の需要と供給のバランスだけではなく（すなわち景気が良くて供給側が有利），そもそも若者が「企業を辞めること」に対し抵抗感がなくなっていることが大きな原因である。そしてこれが「半人前」「やっと一人前」の退職を生み，企業側が人手不足から中途採用を増やし，それが別の企業の従業員の退職を誘因し‥‥とスパイラルし，アベノミクスの景気拡大で一気

に膨れ上がった。私が「いい企業だなあ」と思うところでも，ここ数年は「最近，若者の退職が多い」という話が出てくる。

　ここでは退職を「中途退職」（従業員からの申し出によるもの。いわゆる自己都合退職）と「定年退職」に分けて考える。

（i）中途退職

　マネジメント4.0では「中途退職はなくすことはできない」という仮説を持つ。「企業と学生のアンマッチ」は企業側の努力だけでは減らせない。学生側に「その企業で働いて，合わなかったら辞めて，次の就職先を見つける」「本当にやりたいことは別にあって，それをやるための準備としてとりあえず就職する」といったものは必ずある。しかも，インターネットという社会インフラが，「企業に雇われて働く」というスタイル以外の「働き方」を増やしていくことが予想される。

　従業員ガバナンス，マネジメント4.0という働く側から見て魅力的な企業であっても，これから先も中途退職は増えることはあっても，減ることはない（という仮説を持つ）。

　この中途退職が社会として増えるということは中途採用のパイが増えるということであり，企業にとってアンマッチ状態の解消にはかえって好状態へと向かうとも考えられる。したがって，中途退職＝中途採用という形で「新卒採用のアンマッチ」を減らしていくことがそのベクトルとなる。

　そう考えると，「アンマッチではない中途退職」についてこれを減らしていけばよいことになる。これには次の2つのものがある。

・誤解

　中途退職は基本的には転職，すなわち他社へ再就職することを前提としている。

　ここでは次のような仮説を持つ。

　中途退職者は「転職先の魅力」と「自社の魅力」を比較し，かつ転職リスクを加味して決定する。今の勤務先は働いているのである程度わかるが，転職先に関しては未知だし，働いてみないと何が起きるかわからない。これが転職リスクである。言い方を変えれば，自社と転職先の魅力が同じなら転職はしない

はずである。

図表3-8　中途退職の構造

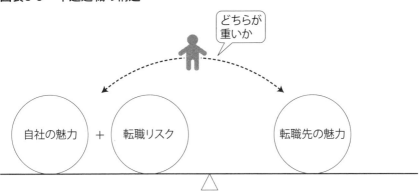

　ここで，企業側が本人に「転職リスク」（給与ロス，転職で失敗した人の話……）と「転職先の魅力のなさ」（要するに悪口）を訴えても聞く耳を持たない。

　しかし彼らが「自社の魅力」を正確に評価しているとは思えない。最も多い若者の退職であれば，自社に数年しか働いておらず，しかも「今の状態」がずっと続くと思っている。転職先は「未来」を見ているのに，自社は「過去・現在」ばかりを見ている。自社が変革を志向して，長計というビジョン（明日の姿）や戦略ベクトルを示していても彼らは見ていない。そしてそういう形で退職し，他社で採用される人は「能力が高い（他社はその能力を評価している）若者」である。

　そう考えれば，ここで打つ手は1つである。「中途退職を考えていて悩んでいる人」を早く見つけることである。ここでは199ページのメンタル・カウンセリングを使う。つまりこの状況の元凶となっている「ストレス」を見つけることである。はっきり「辞める」と決めないうちは，上司へは「辞めたい」という気持ちを言いづらい（私も中途退職した時はそうだった）。上司が"いい人"であればあるほど言いづらい。

　これに対して「上司には決して言わない」，場合によって「経営者にも言わ

ない」という形で，第三者がカウンセリングすることである。そうなるとメンタル・カウンセリングは組織からある程度独立していることが求められる。

　ただ完全に外部としてしまうと「自社の未来の魅力」を伝えることにやや難がある。完全な外部ではなく，なんらかの形でその企業と近い位置にあり，自社の未来を伝えられる人を見つけることである。それはそんなに高いハードルだとは思えない。私自身もセミナーのレポート（たとえば「自社の戦略についてどう思うか」というテーマ）に対するコメント（戦略についての誤解を解く）という形で，これを行うこともある。さらには，その人のキャリアプラン（これからどんな仕事をやっていきたいか）を書いてもらえば「辞めそうか」はだいたい発見できる。

　定期的なカウンセリング（場合によっては経営側で抽出したメンバーに対して）で，中途退職のストレスを発見し，自社の魅力を伝えて，その本人に自分の退職を冷静に判断してもらうしかない。それでも「辞める」というなら止めることはできない。良好な関係で退職してもらい，能力の高い人であれば復職の道や兼業，副業によるアライアンスも考える。

・マネジメントトラブル

　もう1つの中途退職のパターンは，上のような構造でポジティブに中途退職するのではなく，自社にいるのがどうしても嫌になって辞める場合である。このネガティブケースでは，転職先が決まっていなくても辞めることがある。そして多くはマネジメントトラブルが原因である。代表的なものは上司のパワハラ，コンプライアンス違反（過度な残業指示，サービス残業の強制），人事評価のルール違反による不当な評価，職場でのいじめ……といったものである。

　これは上の誤解にも増して早期発見が求められる。このケースでは退職者が賢くて（法を知っていて）裁判に訴えれば企業側に勝ち目はなく，ダメージはその上司だけではなく企業にもある。このダメージは中途退職による人材流出以上のものがある。

　この発見は161ページで述べたコントロール以外ない。すなわち「発見の仕組」（目安箱，監査……），そしてペナルティである。この主体は内部監査室のような企業組織の一部よりも，201ページの労働組合のような「上司のいない従業員だけの集団」が望ましい。この意味からも経営としては労働組合やそれにあたるものがパートナーとして欲しいところである。

(ii) 定年退職

　国の定年延長指示がマネジメント4.0に大きな問題をもたらしている。ここには次の2つのテーマがある，

(a) 定年をいつにするか

　今のハードローでは「60歳」が定年の下限であり，「65歳」が継続雇用の下限である。そして65歳定年，70歳継続雇用がソフトローであり，2020年を超えた時期にハードロー化される可能性が高い。年金のパンク状態を考えると，長い目で見ればこれがさらに延長されるであろう。そうなると次のような2つの点について意思決定しなくてはならない。

• 定年の年齢

　これは「定年は労働契約をした時に決める」とする。

　マネジメント4.0では，172ページのように「すべての従業員と再労働契約を結ぶ」とした。その契約時に決める。そして今（2019年），再契約するのであれば65歳定年とするのが普通だと思う。そのうえで70歳までの継続雇用は双方の合意で1年契約で結ぶという形とする。これが「70歳まで働くことができる」がハードロー化されれば当然のことながら，70歳までは従業員が望めば企業はこれを拒否できないものとなる。

• 退職金

　問題は退職金である。従業員の多くは“今”の退職金規定の中で働いている。そしてこれは多くの場合，年功給となっている。働く期間が長いほどたくさんもらえるもので，給与の後払い的性格となっている。というよりも企業としてはそのように処理している。そして“今”の定年（ここでは「60歳」と仮定する）をベースとしている。

　だから定年を変えて（60歳→65歳），そのままこの退職金ルールを続けたらとんでもないことになる。そう考えると退職金は60歳時点で精算してしまうしかない。そしてこれを労働契約に記述する。支給時期も今の定年が60歳となっているなら60歳が妥当だと思う。ただその場合，退職金という言葉がふさわしくないので（まだ企業で働いているので）「一時金」のような名前とする。

　60歳〜65歳，さらには65歳〜70歳までの給与は，給与システム全体の中で設計する。これについては後述する。

そしてこれから企業へ入ってくる人たちはルールを変える。これはどう考えても退職金をやめて，すべて当期に給与を分配する形が妥当である（いくつかの企業ではすでに新入社員から退職金を廃止している）。

(b) 役職定年

多くの企業で役職定年という内規がある。これは私の理解では2つの理由で行われている。法規定で定年が55歳→60歳になった時に，「年功序列のままでは若者のポストがなくなってしまう。そこでこれまでの定年である55歳あたりの年齢で，原則としてポストオフ（役職からはずれる）する」というものである。

もう1つの理由は，年功序列のままで「降格」ということをやると，辻褄が合わないし，まわりの目が厳しくつらい。そのうえ誰を降格するかは同年代の経営者が決めることになるし，昨日まではやっていないことである。こうなると一旦は一定年齢をもって全員を降格とし，降格しなくてもよい人だけを昇格させていくほうがスムーズである。

では，マネジメント4.0ではどう考えるか。

労働契約は企業と労働者の合意である。再労働契約を結ぶ時はこの役職定年についても合意をとらなければならない。そう考えていくと役職定年を設けることを説明するのは極めて難しい（昨日までやっていたとしても）。つまり役職定年はなくすしかない。そして「降格」をルール化するしかない。以降はキャリアモデルの項で述べる。

③ 組織化の戦略ベクトル

次は，組織化である。ヒトという資源を企業内に配分することであり，「組織」という仕事の分担を作るものである。多くの経営者にとって，ヒトという面では採用，退職，さらにはマネジメントといったものよりも，「組織」は最も気にし，かつその場その場の状況で変化させていく（きた）ものである。多くの企業では，年に1回は「大幅な組織改革」がある。そして従業員は戸惑う。

「また変わったのか。チームの名前を覚えるだけでも大変だ」

なかでも深刻なのはマネジメントである。組織改革によって新しいチーム（部門，部，課，グループ）でマネジメントを行う必要がある。しかもそれが

どんどん変わっていく。従業員のジョブローテーションのように別のチームに移るのではなく，そのチーム自身が変わって役割が変わって，その環境でマネジメントをしていく。そして，変わらないチームであっても他のチームが大きく変わっていくので，マネジメントのなすべき仕事であるチーム同士の連携がうまくいかない。

　組織化にとって必要なことは，組織構造という姿ではなく，そのベクトルである。経営は組織化の戦略ベクトルを持ち，外部環境，内部環境に応じて変化させていく必要がある。こうすればマネジメント側も，組織戦略ベクトルさえ理解していれば組織構造の変化やその意味も理解できるし，部下に説明できる。

　マネジメント4.0では組織化の戦略ベクトルを次のように設計していく。

（i）ライン＆スタッフ

　組織化の原点は，その機能によってライン＆スタッフという2つに分化することにある。

　ラインは，企業のミッションを遂行していく本業の部隊であり，管理範囲によって分化していく。そしてマネジメント4.0では，この管理範囲をできるだけ大きくすることによって組織をフラットにしていく。目指す姿は大企業であっても経営—ミドルマネジメント—ロワーマネジメント—現場という最大4層であり，マネジャー数を減らしていく。

　この管理範囲を広げるために2つの手を打つ。

　1つは，マネジャーとスペシャリストという複線人事であり，これによってマネジメントの管理範囲を小さくしている「例外処理」をマネジャーからできるだけ取っていく（スペシャリストに担ってもらう）。さらには，こうすることでマネジャーはチームの仕事によらず，いろいろなチームをマネジメントできることになる（スペシャリストのサポートを受けて）。それによって，組織変化（チーム変化）にもフレキシブルに対応できるマネジャーとなる。

　もう1つは，マネジメント力の強化によって管理範囲を大きくすることである。そのためにマネジメントにフィットした人を見つけ，その人の能力向上のための学習をサポートしていく。

　一方，スタッフは「ラインではなし得ない仕事」，あるいは「ラインから吸

い上げて1ヵ所でやったほうがよい仕事」を担当する。つまり，ラインのサポーターである。本来ならラインの「経営─マネジメント─現場」ごとに求められるのであるが，マネジメントは現場のサポート（例外処理）をその任務とし，かつスペシャリストがこれを補う。そこで，スタッフは経営スタッフ（経営のサポーター），マネジメントスタッフ（マネジメントのサポーター）の2つに分化する。両スタッフはそのサポートの特性からして，機能別（仕事別）に分化する。このスタッフメンバーにもマネジメントが必要となり，スタッフチームが生まれる。

(ii) ラインの組織化ベクトル

組織化とはチームを作ることである。つまり「誰と誰が一緒に仕事をするか」を設計することである。そしてこのチームにマネジメントが求められる。

組織化において従来から経営者が悩んでいるのが，このチーム化のキーである。職種（営業，生産‥‥），エリア（支店，営業所‥‥），事業（事業部），顧客，チャネル‥‥といったさまざまなものが考えられる。さらには事業開発，M&A，バリューチェーンなどにより，会社法上の「会社」がチームとして加わって，より複雑なものとなっていく。

ラインの組織化ベクトルは，このキーにはっきりとしたポリシーを持つことである。そして多少の例外を認めるとしても，そのポリシーに則って組織化およびそのメンテナンスをしていくことである。

どのような組織スタイルにもメリット，デメリットがある（だから悩む）。つまりベストな組織はない。そうなると，組織化のベクトルはどこにメリットを求めるかであり，そこで生まれるデメリットをどのように解決していくかである。

マネジメント4.0の組織に求められる最大のメリットは，ES原則から考えて「働きやすさ」である。しかし，末端の現場で働くプレイヤーの多くは，どのような組織になってもあまり変わらない。組織変更で個人の役割はあまり変わらず，誰と誰が一緒に仕事をやるかというチーム編成が変わることがほとんどである。そうなると一番影響を受けるのは，そのチームを対象として仕事をするマネジメントである。このマネジメントにとって「働きやすさ」のメリットは「自チームへのマネジメントのしやすさ」よりも「組織のわかりやすさ」

である。各チームの仕事の分担，その関係がわかりやすいことが第一条件である。

　これを受けマネジメント4.0では，組織化のキーに次のような「わかりやすさ」を持つ。

グループ本社と事業別会社に分ける

　グローバル展開している企業の組織化の第一キーは「国」である。つまりグローバル展開は現地法人が基本である。現地法人の組織化については270ページのグローバル・マネジメントのところで述べる。以降は，日本企業においての組織化を考える。

　日本において全国展開している企業はこの第一キーを悩む。支店，本部，事業部といったものである。マネジメント4.0ではこの第一キーを事業とする。

　その最大の理由は事業開発のためである。これ以外の組織にすると，事業開発が難しくなってくる。たとえばエリア別の組織で事業開発をしようと思っても，エリアごとにやるわけにはいかず，事業開発部門を作る。そうなるとエリア，事業という異なるキーが生まれ，事業開発部門がまわりから浮いてしまう。

　もう1つの理由は，M&A，バリューチェーンである。企業の外部と手を組む時は，おのずと事業単位となる。買収する時にはその会社の「事業」を買収する。バリューチェーンは，事業ドメインが複数ある時は事業ごとにアライアンスする。

　ただ，組織として分化していくのは現場（＝仕事⇒その集合体が事業）であり，それをまとめていくマネジメントである。経営は事業ごとに分化しない。経営はすべての事業をまとめてパブリック・リレーションズ（企業外との調整），戦略ベクトル策定（事業ポートフォリオを中心として），資源の調達・配分（資源をトータルで調達し，分化した事業ごとに配分する）を行う。

　つまり概念的には，1つの経営と複数の事業部門という形になる。ただ問題は企業が会社法上では親会社，子会社という形に分かれている時である。

　ここでは上のベクトルをとれば，持株会社―事業会社というスタイルがノーマルとなる。そして158ページのように持株会社は純粋持株会社ではなく，グループ本社とし，ここに経営機能を持たせる。したがって，事業会社にはマネ

ジメント機能，現場機能（おのずと事業会社のトップは，グループ本社の経営
と兼任となる）のみとなる。

出向か論理モデルを使う

　ここで問題となるのは，現状で親会社，子会社というスタイルをとり，グル
ープ内で事業が重複している時である。事業別に組織を作ろうとすると，親会
社，複数の子会社間で「切ったはった」をしなくてはならない。飛び地のよう
な子会社による多角化，M＆Aというスタイルはあまり見かけない。事業内に
シナジーがあるから他社と一緒にやるのが普通である。だから，親子会社スタ
イルの企業グループではむしろこのケースがノーマルである。

　ここで壁となるのは各会社の雇用条件（給与，キャリアシステム‥‥）であ
る。マネジメント4.0は再度の労働契約を結ぶのだが，細かい雇用条件をそこ
で決めるわけではない。そうしておかないと雇用条件が変わるたびに再契約を
結ばなければならないことになる。そして，給与とキャリアは一体化されてい
ることが多く，身分のようになっている。ここで事業を統一するために会社間
のヒトの入れ替えを行うと，当然のことながら降給，降格の人が出てきてしま
う。いつかは統一することになるのだが，そのショックを小さくするためにゆ
っくりやるしかない。仮に統一できたとしても，その後のM＆A，バリューチ
ェーンによって再びこの歪みが現れてくる。

　ここでは次の2つのいずれか，もしくは兼用で経過措置期間というものを設
ける。経営のやりやすさ，事業遂行よりも，従業員個人こそがマネジメント
4.0で考えるべき最大の要素である。

　1つはグループ内出向という形である。まずは親会社内を事業ごとに整理し
て，グループ本社（経営および経営スタッフ）と事業部門に分ける。

　子会社の事業から見れば親会社の事業部門にあるものと，ないものがある。
親会社にある事業については子会社から親会社へ「出向」という形にする。親
会社にない事業については新たな事業部門として，他の子会社の同一事業から
の出向を受け入れる。子会社の経営者，経営スタッフ部門はすべて親会社のグ
ループ本社へ出向とする。

　ただし雇用条件をすぐには変更しない。つまり当面は給与ルール，キャリア

（ポストではなく能力ランク）は現在の会社のままとする。あわせて経過措置なので勤務地もできるだけオフィスを変えず，最低でも転勤を伴う形はとらない。ここではおのずと非同期コミュニケーションが中心となる。

　そのうえで，従業員には「次の姿」を見せておく。つまりいずれは「グループ本社—事業子会社に変わる」というものである。子会社側のショックが大きいように思うが，逆である。これによって事業の親子関係はなくなり，フェアな関係となる。親会社の事業のために子会社がサポートするのではなく，平等である。つまり「親子」ではなく「兄弟」となる（といっても兄と弟のようなものが生まれることもあるが）。

　もう1つのパターンは，上記のやり方がとれないほどグループ企業内が複雑になっている時である。ここでは組織に物理モデルと論理モデルの二面性を持たせる。論理モデルとは変身後の将来の組織の姿であり，物理モデルはこれを今の会社法上の会社，労働契約でどう実現していくかというものである。

　論理モデルとしてはグループ本社，事業ごとのカンパニー（会社という意味だが，物理モデル上は「会社」，論理モデル上は「カンパニー」と表現する）とし，物理モデルは当面はそのままとし，ゆっくりと論理モデルに近づけていく。感覚的にはすべての人が今の「会社」から論理的な「カンパニー」へ出向するという形である。そしてこれを支えるのもIT，特にフレキシブルで柔らかい分散型情報システム（109ページ）である。

顧客が第二キー

　事業の次のキーを何とするかである。

　普通に考えれば事業の細分化である。しかしマネジメント4.0ではこれを採用しない。

　事業別組織とする最大の理由は事業開発であり，デメリットは事業を越えた機能，特に複数事業を担当したほうがよい営業などに問題を残していることである。これは後で述べるマネジメントスタッフとしての営業本部などで，コラボレートをサポートすることにする。しかし事業を細分化していくと，これが極めて大きなものになってしまう。

　マネジメント4.0では事業の次のキーを顧客とする。理由は，マネジメント

4.0における事業戦略の基本がカスタマー・マーケティングになるからである。すなわち,「顧客中心に事業を行う」ということである。事業はバリューを生むものであり,それが社会貢献であり,社会の中でこのバリューを得る人が顧客である。そう考えると同一顧客であっても異なるバリューを与えているもの,すなわち別事業では別のビジョン,戦略が必要となる。したがって事業→顧客と組織を作ることが妥当である。

顧客をキーとしてチームを考えることがどうしても難しいのであれば,顧客と相関の高い商品（バリュー）やチャネル（顧客へバリューを届けるルート）とする。つまり事業部門の中は原則として顧客別組織とする。

食品メーカーで加工食品と健康食品という明らかに異なる事業（顧客に与えるバリュー,マーケティングのやり方,利益率‥‥が違う）をやっているのであれば,グループ本社,加工食品会社（加工食品カンパニー）,健康食品会社（健康食品カンパニー）とする。そのうえで,加工食品会社内は家庭事業部（家庭で食べる顧客）,外食事業部（レストランなどで食べる顧客）とする。

家庭食品しか扱わず,その家庭を区分するのが難しい時は,たとえばチャネル別としてコンビニ・量販事業部（コンビニやスーパーで買う顧客）とダイレクト事業部（自らの系列店舗やネットで買う顧客）といった形で,チャネルそのものよりも顧客を意識したものにする。

事業部門を越えた同一の顧客がある時は,どこかの事業部が窓口となり,残りの事業部へ発注するという形とする。この際の取引条件はグループ本社で決定する。

機能別組織は作らない

以降のブレークダウン（主に管理範囲によるもの）は原則として,顧客（商品,チャネル）の細分化とする。すなわち機能別の組織は最後まで作らない（できるだけ作らない）。

たとえばエンジニアリング企業（単一事業）で,現状は支店別組織をとり,支店内に営業部,技術部,保守センターと分かれている時を考えてみよう。支店はエリアごとの顧客を担当していると考えると,次の分化をどうするかである。ここでは上の原則に従い,このエリアを細分化するか,顧客を細分化して営業所とする。そしてこれを末端のチームとする。この末端のチームには営業

220

員，技術員，保守員がいる。ここがプロフィットセンター（利益を計算する単位）となり，188ページのように，メンバーの給与を含めたチームプロフィットを計算する。こうなると個人の業績というものはなくなり（チーム内にいる営業員と技術員の業績計算を同じにはできない），チームが1つとなる。

こうして組織内の仕事の壁を取り払う。特に営業（仕事を売る人）が変わる。個人の業績を意識しなくなり，担当顧客よりもチーム，部門，事業全体を考えて動くようになり，セールスマンというよりもマーケター（マーケットのフロントエンドに立つ人）として機能することになる。オペレーター（仕事をやる人）も同様で，仕事よりもチームの顧客に目が行くようになり，オペレーターからマーケターとなる。

チーム内に職種という壁がなくなり，能力によって仕事を分担するという柔らかいものとなり，協働という企業本来の姿を取り戻す。そしてマネジメントスタッフは営業本部，生産本部からカスタマー・マーケティング本部という1つのものとなる。

ストックビジネスをどうするか

しかし，問題は特定の職種だけが多くなったり，どうしても顧客別に分けることができない時にどうするかである。

フロービジネスは顧客からの注文を原点としているので問題ないが，ストックビジネスに問題が残る。顧客からの注文ではなく，先にバリューを作っておいて，これを後で提供するというものである。このストックビジネスにおける難問は，工場という「顧客がつかないうちに作る人たち」である。

これについては事業別組織の段階で考えるしかない。つまり生産という事業とし，生産会社として別会社スタイル（あるいは生産カンパニー，生産事業部）をとるというものである。

生産会社は他事業会社へ商品を販売する。こうなると生産会社はグループ外の他社へも商品を販売できる。これによってストックビジネスの最大の難点である「ライバルのブランドが強く，自社商品が売れなくなっている時」でもOEM[注]供給などで対応できる。そしてM&A（他社の工場と合併），アライアンス（他社と共同生産）なども進めることができる。

同一企業ではあるので，ロボット／IoTなどにより，工場の生産性が上がっ

第❸章　マネジメント4.0を設計する　**221**

たケースでもグループ本社にて資源再配分（つまり生産会社から別の事業会社への人事異動）もスムーズに行える。

その中で生産会社内のブレークは顧客（つまり他事業会社，他社），商品といった切り口でブレークダウンしていけばよい。

注）Original Equipment Manufacturer：相手先のブランドで生産すること。

組織からエリアという機能をいずれは取る

最後に残るのは，エリアをどう考えるかである。

現在，支店，営業所といったエリア別組織をとっているところも多い。そしてここではいくつかの問題を抱えている。

1つは，エリア単位のパイ（≒仕事量）がブレることである。これによって忙しい支店と暇な支店を生んでしまう。しかし支店長は自らの業績ばかりを考え，他支店と協力したがらない（場合によってはライバル意識を持っている）。これを調整すべき本社は離れていて目が行き届かない。

2つ目は，事業を組織化の第一キーとしていることである。ここで複数事業を持っていると事業ごとに支店を作らなければならない。そして支店長の上司は事業部長，事業会社の社長であり，同一地域にあっても異事業の支店間のコミュニケーションがうまくとれない。特に営業などの協働がうまくできない。

3つ目は，支店を顧客別（同一エリアの顧客）と見ることもできるが，事業によってはエリアごとに分けるのが難しい（たとえば「特定食品で全国展開している企業で，顧客は限定的ニーズを求めるニッチなタイプ」）ことも多い。

4つ目は，管理範囲を小さくすることである。管理範囲が20人のロワーマネジャーでも，そのエリアに10人のチームメンバーしかいなければ10人となってしまう。

では，なぜエリアをベースとした組織をとっているのか。それは「協働する人たちは同一地域にいたほうがよい」という「働き方の問題」である。しかし，これによってもう1つの問題を生む。それが転勤である。

そう考えていくと，当面は支店，営業所といったものを顧客別の組織としてとらえていくとしても，「エリアという概念を取り払っていくベクトル」を持

つことである。ここで問題となるのは，働く人のコミュニケーションだけである。しかし，協働といっても1つの仕事を分け合ってやっていることは少ない。この面で一番苦しい工場でもIoTによって離れていても協働できることになる。だからコミュニケーションを非同期にすればこれが実現できる。時間を共有しないコミュニケーションによって仕事を協働していくものである。

　これによって，すでに述べたホームタウンの発想，テレワークといったことを実現することができる。

(iii) スタッフの組織化ベクトル

　ラインをサポートするスタッフは，経営スタッフとマネジメントスタッフに分けられるが，いずれもそのサポートする機能によってプレイヤーの担当レベルにまで落とし込む。そのうえで，この機能担当のプレイヤーをチームに分ける。つまり，ラインのようにトップダウンからの分化（事業→顧客）で考えるのではなく，ボトムアップからの結合でチーム組織を考える。ボトムが機能別なので，おのずとチームも機能別組織となる。

　このスタッフは，できるだけそのチーム数を減らしていく。機能別組織の最大の問題点である組織の壁（官僚体質）を取り払うためである。ここでは自分の仕事がはっきりしすぎていて，他の仕事に興味が持てず，協働が難しくなるので，これをチームを広くとったうえで，マネジメントがこれをカバーしていく。

　経営は大きく3つの仕事を担当するので，経営スタッフの担当者もこの3つの機能別に分かれる。パブリック・リレーションズ，戦略ベクトルの策定，資源の調達と配分である。

　パブリック・リレーションズは「設計」というテンポラリーな仕事であり，普通は経営スタッフというよりも，経営者を中心としたプロジェクトチームで行う。そして，設計が終わるとそのオペレーションという仕事が残り，本来は現場とマネジメントの仕事となる。

　しかしこのオペレーションは「設計どおりになされているか」というコントロール（内部監査）が中心であり，これは現場，マネジメントから独立している必要がある。そうなると，このオペレーションは経営直轄で経営スタッフが

行う必要がある。機能としてはコントロールのほか，CSR，IRといった日常的なパブリック・リレーションズもこの担当者が行い，リアルタイムにその状況を経営へ伝えていく。

　戦略ベクトル策定についても，同様にプロジェクトチームで作る（設計する）ことになるが，それで終わりではなく，やはり戦略ベクトルどおりにマネジメント，現場が動いているかを経営スタッフがコントロールする必要がある。

　資源の調達と配分は，定常的にオペレーションが発生するものである。そのため，従来はヒト（人事部），カネ（経理部），情報（情報システム部）といった資源別にチームを作っていた。しかしこの仕事は資源ごとにするだけではなく，相互に絡み合って行われるため，そのとりまとめをする部門として経営企画部といったものも必要となる。一方，上場すると経理部の仕事は「証券市場へのアカウンティング」が中心となり，上のIR担当との仕事の識別が難しくなる。

　これらをすべてチーム分けしていくと，それぞれのチームにマネジャーが生まれる。こうして現場のメンバーの人数よりも圧倒的に少ないわりには，多くのチームと多くのマネジャーが生まれ，管理範囲が小さくなっていく。このチームは総称して「本社」とよばれるようになり，スタッフとしての経営サポートではなく，それ自体が現場同様に1つの役割を持っているように見えてくる。

　本社は，関連するマネジメントスタッフの仕事も引き取るようになり，いつの間にかスタッフ組織は混乱してくる。経営スタッフとマネジメントスタッフの区別がないので，スタッフはおのずと経営中心となり，マネジメントサポートは手薄となってしまう。そして本社が現場を支配するようになっていく（本社が現場にカネ，ヒトを配賦する権限から，自分たちの仕事に必要な資料を要求するようになる）。

　こうなると，現場は誰にマネジメントのサポートを受けてよいかわからなくなる。これが顕著になるのが情報システム，人材育成といったマネジメントにとって最も受けたいサポートである。

　この混乱を避けるべく，マネジメント4.0では上の資源の調達・配分スタッフについて，経営スタッフとマネジメントスタッフにプレイヤーレベルではっきりと分ける。

そのうえで，経営スタッフのプレイヤーのチーム編成は大きく２つとする。パブリック・リレーションズなど「外部対応型」と，戦略ベクトル遂行など「内部サポート型」という２つである。前者はこれから増えていく仕事であり，後者はこれからITによって合理化していくものである。この２つに資源調達配分の経営スタッフも入れる。人事部でいえば，採用（マイナスの退職も含めて）は外部チーム，人材育成は内部チームといったものである。

　そして，スタッフチームは可能な限りフラットにする。つまり「マネジャーの管理範囲限界を超える場合のみチームを分ける」というベクトルとする。

　経営企画部，財務部，人事部，情報システム部，総務部といった区分をなくして，外部チームと内部チームの２つを原則とする。各チーム内のプレイヤーは会計担当，財務担当，人事担当といった区分とする。

　２つのチーム間を含めスタッフの担当変更は人事異動ではなく，仕事の割当を変えるものとし，マネジメントによってリアルタイムに行う。そしてこれを担保するのがスペシャリストである。つまり特定の仕事のプロを作ることによってスタッフマネジャーの管理範囲を広げ，なんとか外部チームと内部チームの２つというフラット化を目指す。

　マネジメントスタッフも，この２チームに入れるようにする（主に内部チーム）。マネジメントへのサポートであるので，マネジメント環境の変化によって，チーム内でその担当業務をフレキシブルに変化させていく必要がある。

　マネジメントスタッフの仕事の第一は，「マネジャーができない仕事」をサポートすることである。そして，このマネジメントサポートを通してマネジャー自身がそれをできるようにしていく。この時，生きるのが仕事のIT化である。マネジメントスタッフはサポートする際，そのサポートをできる限りIT化することによってラインのマネジャーができるようにし，このスタッフサービスをなくしていく。つまりマネジメントスタッフの第一の仕事は「今マネジャーができない仕事をITなどを使ってなんとかできるようにしていく」ことである。これがラインマネジャーの管理範囲を広げることにもなる。

　また，ラインチームが顧客別になることによって，マネジャーが例外処理をできないリスクが高まる。たとえば営業出身のマネジャーが部下のオペレーションという仕事の例外処理ができないといったものである。ここではオペレー

第❸章　マネジメント4.0を設計する　**225**

ションをサポートするマネジメントスタッフがe-ラーニングなどを使って，チームメンバー自身がその仕事をできるようにする。これ以降は，マネジャーがメンバーにe-ラーニングを指示することによって例外処理ができるようになる。

マネジメントスタッフのもう1つの仕事である「1ヵ所でやったほうがよい仕事」は，やはりWebなどのITを使って非同期，分散（1ヵ所でやらなくてもすむようにする）で実現できるように考える。

そう考えると，マネジメントスタッフの仕事は定常的なものではなく，臨時的に処理していくものが中心となる。そしてそのコアは仕事のIT化，ITサポートというものであり，従来の情報システム担当との境をなくす（同チームにする）ことが強く求められる。

② マネジメント4.0の基本モデル

マネジメント3.0ではマネジメントを「システム×オペレーション」に因数分解し，システムを経営者，オペレーションをマネジャーが担うものとした。156ページで述べたように，マネジメント4.0ではこれをともにマネジメントが担い，ミドルマネジャー，ロワーマネジャーという上司・部下の関係の中で行う。

これによってマネジメントのフレキシブルさ（環境適応）を持つことができる。そのため，マネジメント3.0のようにマネジメントシステムを経営の作ったフレームワークとして考えるのではなく，システムとオペレーションの一部を統合した「モデル」という概念を持つ。

このマネジメント4.0のモデルは，基本モデルとスペシャルモデルに分かれる。まずは本線である基本モデルについて述べる。

(1) キャリアモデル

キャリアという言葉を（すでに使ってしまっているが）ここで定義しよう。辞書では「経歴」「出世」「生涯」「発展」という微妙にニュアンスの違う和訳

が並んでいる。マネジメント4.0では，マネジメント3.0の定義を少し変形して「従業員が会社に入ってから退社するまでの発展プロセスをセグメント化したもの」と定義し，セグメントという概念を取り入れる。

セグメント（区分）は，そのディメンション（区分のやり方）によっていくつかの側面を持つ。たとえば従来のものでいえば，職種，資格，ポスト・・・・といった従業員の区分である。

マネジメント4.0では，能力至上主義から考えてこのディメンションを，能力をベースとする。つまりその基本は能力ランクというセグメントであり，27ページのマネジメント1.0の初期の時代への回帰である。

「能力」によって従業員の発展プロセスをセグメント化したものがマネジメント4.0のキャリアモデルとなる。

また，従来の人事制度は極めてファジーであり，ここにはキャリアだけではなく，給与，ポスト（これは組織化で設計済み），人事評価といったものが混沌として含まれている。マネジメント4.0はこれらを分離して設計していく。

① キャリアのセグメンテーション

3つのキャリアを設計する

マネジメント4.0におけるセグメンテーションは，すでにその概要はフレームワークで設計したとおり，メンバーキャリア，リーダーキャリア，経営キャリアという3つである（キャリアという概念を設計するので，メンバー職のキャリアをメンバーキャリアと表現する）。名称は各企業で決めればよいが，そのセグメンテーションを変えるのであるから，従来の人事制度の名称から変える必要がある。

• メンバーキャリア

メンバーキャリアは，労働契約スタイル，ライン，スタッフ，職種（営業，オペレーション，生産，事務・・・・）といった区分は意識せず，1つのキャリアとする。

ここではこれをG（General：一般という意味）と表現する。

これにより，組織構造の変化による仕事の変化（「営業と技術が1つの職種になった」など），キャリア内の職種異動（営業→技術），新しい職種の誕生，さらには労働法が求める同一労働・同一賃金にも対応する。あわせて，採用時

にはメンバーシップ型採用（どんな仕事を担当するのかを決めない）の合意を応募者からも取る。

メンバーキャリアは共通能力および各業務能力によってランキングされる。この2つの能力を「仕事をする能力」という意味で「プレイヤー能力」とよぶ。

• リーダーキャリア

ここにはコース制（複線）を採用する。リーダー・マネジメントコース（LM）とリーダー・スペシャリストコース（LS）である。

LMは，プレイヤー能力とともにマネジメント能力もランキングの対象である。LSは，プレイヤー能力（プロジェクトマネジメント的な要素も考慮した）のみでランキングする。

LMは前述のようにプレイヤー，ロワーマネジャー，ミドルマネジャーを担うものであるが，これを「ポスト」という概念とし，キャリアモデルではセグメント化しない。LMはマネジメントを担う「資格」のような位置づけとなる。

• 経営キャリア

経営キャリアへはLM，LSのどちらからでも移行できる。ただしLMキャリア同様に「経営」という仕事を担うための資格であり，必ずしも経営の仕事をするというわけではない。したがって，経営，マネジメント，現場のどれかの仕事を担う。経営キャリアはランキングをしない。名称をここではEO（executive officer）とする。

キャリアステップを作る

キャリアステップ（キャリアを上がっていく階段）は複線となり，経営キャリア以外の各ステップを3段階にすると図表3-9のようになる。

メンバーは「見習いプレイヤー（G1）→標準プレイヤー（G2）→トッププレイヤー（G3）」，LMは従来の「係長・課長相当（LM1）→部長相当（LM2）→部門長相当（LM3）」，LSはエンジニアでいえば「技師（LS1）→主任技師（LS2）→技師長（LS3）」のような感じである。

これまでの人事制度では，一般職のランキングは細かく，管理職は粗いのが普通だが，マネジメント4.0では179ページのリーダーキャリアの幅を広げること（現在の係長クラスも対象としたい），マネジメントが従来の経営機能の一部を担うこと（ミドルマネジメント）から3段階とする。

LMとLSは，労働法の「管理監督者」の定義にある「同等の給与」ということから（給与の基本はこのランクによって決まる），ともに3段階とする。

図表3-9　キャリアステップの例

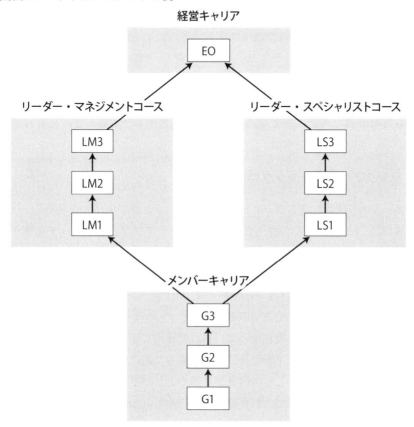

能力ランクの設計

　マネジメント4.0では給与分配のベースは能力なので，各能力ランクはいわゆる基本給を決めるものとする。メンバーキャリアでは，このランク＝基本給＝「賃率×所定労働時間」から賃率が決まる。つまり残業代（賃率×残業時間×割増率）もこのランクによって決まる。

能力ランクの定義（たとえばLM1にどんな能力が求められるか）はプレイヤー能力ランクとマネジメント能力ランクに分かれる。これは時代の変化（仕事，職種などが変わる）に対しフレキシブルなものとして設計する。

従業員の能力ランクは，基本的には人事評価によって決まる。つまり能力ランクの定義は，人事評価（今の昇格試験を含め）項目を設計することになる。また，人事評価は組織変更が大きな影響（どんなチーム構成かによって人事評価は変わる）を受ける。そして，組織の変更は一気にできない。そのため現在，営業，生産，スタッフといった形で人事評価項目が設計されているなら（同一チームに違う職種がいても）とりあえずそれに従う。そのうえで，後述する人事評価システムの変革に合わせて，能力ランク定義の変更を進めていく。

② ランクアップ，ランクダウン

同一キャリア内で能力ランクが上がることをランクアップと表現する。「G1からG2に上がる」といったものである。ランクアップは給与アップを伴うことになる。

マネジメント4.0ではそのランクアップを入学方式とする。つまり下位キャリア（G1→G2であればG1）にいる人は「上位キャリア（G2）の能力を持っていること」を人事評価で認定されてランクアップする。この認定には242ページで述べる能力評価（現在やっている目標管理に近いもの）を用いる。すなわち，期初に「上司と部下が上位ランクの能力を満たす条件（たとえば「××業務において顧客と協力してスペックを作ることができる」といったこと）を作り，期末に上司と部下でこれを評価していくというものである。

ここで，「卒業条件を入れるのか」を決めなくてはならない。すなわち「今のランクの仕事を十分遂行しているか」をランクアップの条件に入れるかである。これはキャリアステップ（階段）という性質上，どう考えても入れる必要がある。たとえばG3へのランクアップであれば，「G2ランクの3年間で人事評価平均102点以上，2年間で105点以上」といったものである。この「期間」は人事評価のミスを避ける意味でも必要であり，フェアである。また，この「期間」を考えるとランクはあまり細かくしないことが求められる。

しかし，卒業条件を入れると飛び級ができず，急成長している若者，さらに

中途採用者などからの不満，不公平感が出る可能性がある。そこでマネジメント4.0では特例卒業条件を加える。たとえば「G3へのランクアップにはG1であっても××国家試験を合格すればチャレンジできる」といったものである。エンジニアなどでは論文，特許，場合によっては社内能力試験も考えられる。

　問題は，ランクダウンである。「年齢などによる能力ダウン」，「環境変化（ITなど）により求められる能力が変化」といった形で生まれる能力アンマッチである。

　しかし，これをロワーマネジャーが人事評価で行うのは酷である。特に若い上司が年齢の高いベテランの部下のランクを落とす（＝給与ダウン）のは，その後のマネジメントを考えると苦しい。そのため，これまでもランクダウンはやっていなかった。しかし，214ページで述べたように役職定年を拒否したマネジメント4.0では，これをやらざるを得ない。

　結論は，このランクダウンを経営スタッフが担当する。本来これを担うべき経営者に変わって行うものである。たとえば，年齢をそのタイミングとして45歳，50歳，55歳といった区切り，さらには新人事制度への移行，組織変更したタイミングなどで「能力テスト」を行い，これまでの人事評価を考慮してランクダウンを意思決定するしかない。そしてランクダウンした場合，その結果は本人および人事評価を行う上司にしかこれを伝えない（まわりにはわからないように配慮する）。

③キャリアの変更

　キャリアの変更としてはキャリアアップ（キャリアの昇格），キャリアチェンジ（キャリアの異動），キャリアダウン（キャリアの降格）がある。

（ⅰ）キャリアアップ

　キャリアアップは複線であり，「メンバー→マネジメントコース→経営」「メンバー→スペシャリストコース→経営」の2つであり，いずれもメンバーでスタートし経営がゴールという階段である。

第❸章　マネジメント4.0を設計する　**231**

キャリアアップの設計

　このキャリアアップも入学方式（次のキャリアを満たす能力を持っていることを評価）だが，この評価は上司ではなく経営者（これをサポートする経営スタッフ）が行う。

　この評価をそれぞれの上司が行うのは不公平である。しかも，マネジャーが自分と同ランクの仕事を担えるかを判定するのは無理がある。スペシャリストについても，場合によっては自分よりも高いプレイヤー能力を求められるものを評価するのは無理がある。そう考えると，LS内でのランクアップ（L1→L2）もマネジメントを担当している上司がやることは難しいといえる。

　したがって，これらのケース（キャリアップおよびスペシャリストキャリア内のランクアップ）では，経営者（これをサポートする経営スタッフ），または直属の上司ではない上位キャリア（LS1→LS2ではLS3など）がある時期（通常キャリアアップは年1回）に，場合によっては外部のプロのサポートを受けて，能力認定委員会といった形でプロジェクトチームを組むのが普通である。評価方法としては能力認定テスト，セミナーなどを使ったポテンシャル能力評価，面接といったものを使う。

　卒業条件（これまでの人事評価を使う），その問題解決策（飛び級，国家試験など）もランクアップと同様である。

昇格試験の問題点を解決する

　ほとんどのマネジメント3.0の企業では，このキャリアアップテスト（昇格試験とよんでいることが多い）をすでに導入している。しかしそこには多くの不満の声があがっている。特に「メンバーからリーダーへ」というキャリアアップテスト（いわゆる管理職試験）では，ほとんどの企業で次の2つの問題点が挙がっている。

・卒業条件に関すること

　最も多いのは卒業条件，つまり上司による人事評価の条件（よく昇格試験への上司推薦といっている）に関するものである。それは「上司があらかじめ昇格したい人を決めて，その人が昇格試験を受けられるように人事評価をいじっている」というものである。いわゆる「ゲタはかせ」である。ここには3つの問題がある。

1つは，相対評価をとっている企業が多いので，"ゲタ"をはかせようとすると"まわりの誰か"の評価を下げるしかない。この時，その人たちの不満は今では極めて大きい（昔ならいずれは自分にゲタが回ってきたが，今はそれが期待できない）。

　2つ目は，上司が「その上げたい人をどうやって選んでいるか」がわからないことである。これによって，上司が本来よりも強い権限（出世のコントロール）を持ち，上司側がこれによってパワハラ（＝自分の権限を越えた指揮命令）を行うリスクを抱え，部下側には「上司の不正にさえ何も言えない」というムードを作ってしまう。

　3つ目は，仮にキャリアアップしても"ゲタ"を使ったことをまわりが知ってしまうことが多く（こんなことをやる上司は「ゲタをはかせたこと」を平気で口にする），マネジャーになっても，部下から「能力はないのに上司にゴマをすって昇格した」という目で見られてしまう。本人から見ると1つ目の「評価を落とされた人」が部下となることもあり，厳しいマネジメント環境下で2つ目のパワハラに手を染めてしまう人も出てくる。

　これは，「卒業条件に人事評価を用いる」という仕組が悪いのではなく，そのオペレーションの問題である。したがってこれはコントロールの世界であり，セオリーどおり「不正」をなんとか発見し（口に出していない上司もいるのでがんばって発見するしかない），これを厳罰に処する。つまりこの上司をキャリアダウン（またはランクダウン）させることである。これによって組織内にゲタや不正があること，やればペナルティとなることをはっきりさせ，上司から見てそんなことをやっても，なんの幸せもないことに気づかせる。

・キャリアアップ基準の不透明性

　せっかく卒業条件を通過して昇格試験にチャレンジしても，その合格率は低く（昇格者枠を減らしていく企業も多かった）不合格者のほうが多い（合格率が50％を超えるケースはあまりない）。しかし，本人からすると「なぜ落ちたのか」がわからない。昇格試験の論文や面接も「なぜやっているのか，どこを見ているのか」という評価基準も評価プロセスもオープンになっていないことが多く，そもそもいったい誰が評価しているのかさえもブラックボックスのこともある。

　まずマネジメント4.0では，合格率はマネジメント3.0の時より高くなって

いく。つまり不合格者は減っていく。昇格者を絞っていたのは能力を満たしているかどうかよりも、「昇格者の枠」を絞っているためである。そしてその理由は、この昇格によって変化する給与額をシミュレーション（総額が変わらないように）しているからである。マネジメント4.0ではリーダーキャリアを増やすというベクトルをとるのだから、236ページに述べる給与モデルも変わることになる（毎年シミュレーションするのではなく、給与モデルを変える時にやる）。

　残りの「昇格試験の不透明さ」は比較的簡単に解決できる。キャリアアップテストについて、そのやり方、合格基準、プロセスなどをすべてオープンにして透明にするだけのことである（むろん、個人の評価点は個人情報なので、本人にしか伝えない）。

　もしこのキャリアアップテストについて異論が出た時（こんなやり方はおかしい）は、代替案を出してもらうようにする。「ではどうすればよいのか」である。今のキャリアアップテストの問題点ばかりを考えても仕方がない。どんなやり方にしても問題点はある。もし代替案を出す人がいて、そちらのほうがよいと思ったら経営が変えればよい（多くの場合、愚痴を言っても代替案は持っていない）。

　そういう意味でもキャリアアップテストは固定化せず毎年変えていってもよいと思う。そのほうがフェアだと思う。つまり不合格者に、別の形（別のテスト）でワンモア・チャンスを与えるというものである。

(ii) キャリアチェンジ

　これはLM⇔LSのリーダーキャリアだけである。これは次のように設計する。

　まずはLMとLSのキャリアアップテストの項目を一部は共通とする。つまり、リーダーキャリア共通テストとコース別のテストである。そしてキャリアチェンジはコース別のテストのみを受験する形とする。そのうえで移るランクは、給与のことを考えると同一ランク（LS2→LM2）とする。

(iii) キャリアダウン

　これについてはランクダウンと同様とする。つまり経営スタッフの行うラン

クダウンの1つとしてキャリアダウンを考える。しかしキャリアダウンの場合，ポストオフ（マネジャーというポストではなくなる）しなくてはならないこともある。つまり，まわりにこれがわかってしまう。これについてはキャリアダウンしてもすぐにはポストオフせず，次の定期人事以降の時期にこれを行う。つまりキャリアダウンについてもこの人が働きやすいように配慮する。

④ エキスパートキャリア

　残された問題は継続雇用をどうするかである。

　これについては「再度労働契約を結ぶ」と考えるので，227ページのキャリアの定義にある「発展プロセス」にはあたらない。つまり全く別のものである。ただ企業で一緒に働く仲間である。こうなると，その継続雇用を1つのキャリアとして位置づけるしかない。また，定年制を変えた場合（定年前に退職金をもらった人など），なんらかの事情で役職定年を続けている場合のポストオフもこれと同一のキャリアとする。

　そうなると，キャリアとして「継続雇用」という名称はふさわしくない。すでに多くの企業でエキスパートキャリア，シニアキャリアという名前が考えられているが「シニア」というイメージが「年上」よりも「年寄り」というニュアンスを持っているので，エキスパートキャリアあたりが妥当だと思う。

⑤ キャリアモデルの設計担当

　キャリアモデルの設計は「資源の配分」というよりも，マネジメントシステムなので，マネジメント層の仕事である。経営層の仕事としては戦略ベクトルとそれに基づいて設計されたモデルの承認だけである。

　また，キャリアモデル設計という仕事は一過性のものではない。「キャリアモデルのための戦略ベクトルの設定→モデル設計→決定」が連続的に起きる。あわせて設計するだけではなく運用（メンテナンス，各種パラメータの設定‥‥）という仕事もある。

　こう考えるとキャリアモデルの設計は，必要に応じて経営，マネジメントの代表者からなるプロジェクトチームを作ることが妥当である。このプロジェクトメンバーは現業を持ちながら，必要に応じて集まってこの仕事をする。経営の代表としては，プロジェクトチームの責任者（決定）としての人事担当役員

や運用をサポートする人事担当などの経営スタッフがメンバーとなる。マネジメント層では各事業，各部門，各グループの代表者が必要となる。

もう1つの要素は外部コンサルタントである。マネジメント3.0の人事制度の設計では，いわゆる人事コンサルタントとよばれる人や人事専門のコンサルティング企業を使ったケースが多い。ただ，彼らは作って終わりで，運用を担当しない。そうなると「出来栄え」だけがその指標であり，経営に承認されればOKのため，承認を取りやすい形に作っていく。きつい言い方をすれば「あとは野となれ，山となれ」である。そして提案のベースは「他社でもやっている」である（うまくいっているかは，コンサルタントは運用していないので知らない。人事制度がうまくいっているか，大変なことになっているかなんてコンサルタントという外部には教えない）。

ここでの最も難しい仕事は人事制度変更に伴う給与シミュレーションだが，これに使うのは人間の頭ではなくITである。そう考えていくと人事コンサルタントは不要だと思う（コンサルタントの私が言うのもおかしいが）。外部を使うとすればコンサルタントではなく，コーディネーター（上記のプロジェクトのマネジメント），外部情報の提供（他社でどうやったかという冷静で歪みのない情報）といったものであろう。

(2) 給与モデル

各人の給与額を決めるためには人事評価が必要であり，給与モデルと人事評価モデルは密接な関係にある。すなわち，一緒に設計すべきものともいえる。しかし，こうしてしまうと，相互に絡み合っている2つのことを同時にやるので，ともになかなかゴールにたどり着かない。マネジメント4.0では，人事評価のことも考えながら給与モデルを先に決めるというスタンスをとる。

給与モデルは，187ページの給与戦略ベクトルと上のキャリアモデル（ここから先の名称は227ページのものを使う）があれば，その設計をスタートできる。

① 給与分配モデル

給与は現状からの移行性を考慮して，次の4つに分けてモデリングする。

236

（i）固定給部分

いわゆる「基本給」にあたる部分である。基本はキャリア，ランク（G1〜G3，LM1〜LM3，LS1〜LS3，EO）によって固定とする。すなわち，基本給のアップはランクアップ，キャリアアップ以外にはない。

しかし，これには2つの問題がある。

1つは，従来の年功部分をどう考えるかである。勤務年数とともに上がっていく部分である。

これについては能力至上主義から，原則として基本給の年功部分はなくし，年功給は退職金のみとする。ただ，問題は移行（給与分配モデルの変更）であり，ここでは現状の給与総額からの変動を最小限に抑えたい。そのためには各ランクの予想人数割当てを考え，ランクごとの給与総額を考えていくことになる。そうなると一旦は現状の職能，資格ランクを使ってそのまま割り当てるしかない。「従来の参事はLM1」という形である。

しかし，一般にメンバーキャリア内のランクは，現状よりもマネジメント4.0のほうが少ない。ここで一気にランクを割り当てて給与を変えると，各従業員のアップ・ダウンが出て，ダウン側のダメージが大きい。そこで移行期間を設け，一旦は「今の給与ベースのまま」とし，割当て後1〜3年程度でそのランクの給与ベースへと変えていく。つまり本来のルールなら給与ダウンする人でも，ランクアップによって給与を上げるチャンスを与える。

2つ目は，これから入ってくる新人である。彼らは新しい給与モデルに最初から入ってくるので移行の問題はないが，ここにはいくつかの問題を抱えている。まずはこれまでよりも入ってからの給与の上がり方が低い（ランク数が減る）ので，初任給は高く設定しないとこれまでの人と比べて不公平である。

そうなると，新人のすぐ上の人（前年の新人）との調整が必要となってくる（今年の新人のほうが高くなってしまう）。しかも，「初任給」として外部に発表しているので，新人がいくらもらっているかがわかってしまう。そう考えると「新人と2〜3年目」だけのランクが必要となる。G0といったものである。そしてしばらくはこの中で給与の調整（1年生と2年生など）が必要となる。

さらには，学歴（高校卒，大学卒，大学院卒）による初任給の問題がある。本来ならこの差はなくしてしまいたいところだが，多くの企業での現状の採用

スタイルを考えるとそれができない（やりづらい）。

　そうなるとG0にいくつかのランクを作り，それによって調整するしかない。そして，入社後の能力認定によってこの不公平を排除していく。たとえばG0-1，G0-2，G0-3といったものとし，G0-1は高校卒，G0-2は大学卒，G0-3は大学院卒とする。ただし「高校卒であっても能力が高いと判断すれば入社時にG0-2，G0-3から，大学卒でもG0-3からスタートすることもある」という形として，ゆっくりと学歴を採用から取っていく。最終的には中途採用も含めて，「新人はG0，G1，G2，G3のどこからでも入ってくることができる」とする。つまり採用時の能力評価を「ランクへの入口」として考える。

(ii) 残業代

　残業については，労働法の規制の下，割増の給与分配をせざるを得ない。

　ここでの問題は，仕事のできる若者が持つ不満「仕事をダラダラやったほうが給与をたくさんもらえるのはおかしい」と，残業をした人たちの反論「仕事は上司に言われてやっている。たくさん仕事を頼まれるから，働く時間が長い。自由時間が少なくなるのだから，給与をたくさんもらって当然」に対してどう答えるかである。

　これについては次のようなベクトルを持つ。

　前者の若者の不満については「仕事を早く仕上げたほうが給与が高い」という形に持っていく。後者の反論については「上司が指示する"仕事量"が増えれば給与が増える」とする。つまり「仕事量」という概念を入れる。

　残業代は，労働法の下で「賃率×残業時間×割増率」として計算している。賃率は基本給を所定労働時間で割って求めている。つまり基本給を能力ランクで決めれば，同じ残業時間でもランクによって残業代が違う。こう考えれば，このランクアップのための人事評価に「仕事を早く終わらせる能力」（17ページの能率）を入れることである。能率＝仕事量／時間であり，時間はカウントされている。したがって，先ほどの2つ目のベクトルのためにも「なんらかの形で仕事量を測ること」が求められる。

　ロワーマネジャーから見れば，後述するチームプロフィット（給与をプロフィット計算の「原価コスト」とする）が計算されるので，これで上司側も残業という「仕事量の割当て」がコントロールできる（どの人にどの程度の仕事量

を任せれば残業代というコストが最小になるか）。

　割増率については，これが残業を魅力的にする要因といえる。マネジメント4.0では「残業を減らす」というベクトルから，割増率は法定（××％以上となっている）のギリギリ下限とする。

　あわせて，残業代については179ページで述べたようにそれを分配しない人（残業代は不公平と言っている能力が高い若者）を増やしていくことである。つまりリーダーキャリア（特にスペシャリスト）を増やしていくことが強く求められる。むろん，管理監督者の3要件を満たさなくてはならない。

　第一条件の「指揮命令」については「自分の責任で仕事をやる」ということであり，これについても仕事量の調整が強く求められる。第二条件の「働く時間」については，その条件どおり自分でコントロールするという形をとるしかない。第三条件の「給与がまわりより高い」については，まわり（メンバーキャリア）の給与ベースに能率という能力が入ってくるのだから，リーダーキャリアへのキャリアアップ（給与アップ）には能率の評価（つまり「能率が高い人をリーダーキャリアへ」＝人事評価の卒業条件）が求められることになる。

(iii) 変動給部分

　変動給は従来の業績給にあたる部分である。基本的に従来のように賞与を対象とし，この賞与から固定部分をできるだけ取る。

　変動要素は2つある。1つはバリューによるものである。つまり従来の利益連動にあたる部分である。これについては「すべての従業員が企業全体のバリューという業績によって賞与が変動する」と考える。そしてその連動度を全体としてはバリューに比例するように近づける。かつキャリア，ランクによってその幅を変える。すなわち上位キャリア，上位ランクが大きく連動する。

　186ページで述べたようにこのバリューと賞与の支払いの同期が必要となる。前年度ではなく今年度の業績で今年度の賞与を決めていくものである。そうなると賞与の支払い時期を考えなくてはならない。現在，多くの企業では（3月決算が多い）夏，冬の2回とし，冬は12月が一般的である。ここで賞与を3回として，1つを決算賞与（今期の業績により決定する）にすることも考えられる。しかしこれではどうしても従業員の夏，冬の賞与がダウンという形になってしまい，従業員からの不満の声があがるかもしれない。

第❸章　マネジメント4.0を設計する　**239**

賞与を年2回とするなら，冬の賞与支給時点で的確な業績予想が必要となる。つまり業績をリアルタイムで計算するだけではなく，期末業績の予測の精度を上げることである。さらに，EOキャリア（できればLMで部門長などのミドルマネジメントを担当している人も）は夏の賞与はなく，「決算賞与1回」という形に持っていき，最後はここで調整する。

もう1つの変動要素はチームプロフィットである。これは2階層持つ。すなわちチームプロフィットの和としてのグループプロフィットである（チームの上位組織がグループ）。グループマネジャー（ミドルマネジメント）はグループプロフィット，チームマネジャー（ロワーマネジャー）は自チームのプロフィットおよび自グループのプロフィットにより賞与が変動する。これによって，チームマネジャーがチームの業績だけに走ってしまうことを抑え，チーム間の協働を促す。

これ以外の従業員（メンバーキャリア，LMでチームマネジャー，グループマネジャーに就いていない人，LS，EO）はバリュー連動だけとする。

(iv) 退職金

213ページで設計したとおりである。

従来どおり年功給をベースとする。退職金のルール変更は年功の要素を考えると，働いている途中で変えるのは不公平なので，基本的には続行する（基本給部分が変更されるので金額は変わるかもしれないが）。したがって，定年が変更しても以前の定年をベースとして計算する。ただし新入社員については退職金を廃止し，この部分（つまり勤続年数によって上がっていく）を基本給に上乗せすることを原則とする。中途採用についてもこれを適用する。

(v) 手当

もう1つの難問が，能力や仕事以外に支払われる給与である（一般に「手当」といわれている）。生活環境をベースとして支払われているものがほとんどで，家族手当（扶養者に対して支払う），住宅手当（住宅の購入費，家賃の補助），勤務地手当（物価が高い，低い等による調整）といったものがある。

この手当については，マネジメント3.0では給与の理念（能力，仕事により分配される）から考えて，どちらかといえば廃止，削減のベクトルであった。

しかしマネジメント4.0では「国の要請」を意識する。国は「家を持ち（住宅取得で景気を刺激），子供を産むこと（少子化対策）」を求めている。そう考えるとパブリック・リレーションズの理念から，国の要請を受け，法（最低限のルール）を越えたものが求められる。つまり公共ビューのみならず，公益ビュー，存在ビューからもこれらの手当を設計していく。

現在の手当を増減するのであれば，その戦略ベクトルはフェアさ（「給与は分配」，「手当はもらう人ともらわない人が必ずいる」）と国が求めるライフの充実の2つの点である。その設計は給与という形をとるので経営の意思決定であり，その変更には労働組合（手当が減る人も必ずいる），株主（増える人も必ずいる）の承認が必要である。

② キャリア別の給与モデル

①によって主なキャリア別の給与モデルは設計されているが，ここで整理をしておく（エキスパートキャリアについては人事評価の項で述べる）。

（i）メンバーキャリア

固定給は能力ランクによって決定される。残業代は「賃率（能力ランクによって決定する）×残業時間×割増率」で決まる。

賞与はバリュー（企業全体の業績）連動し，能力ランクによって決まる。退職金は上記ルールに従う。

（ii）リーダーキャリア

固定給は能力ランクによって決定する。残業代はなく，いわゆる年俸制となる。賞与はバリュー連動部分とチームプロフィットおよびグループプロフィット連動部分がある。ただし，チームマネジャー，グループマネジャー以外のリーダーキャリアはバリュー連動のみとする。退職金はメンバーキャリアと同様。

（iii）経営キャリア

固定給は報酬委員会で決定するが，基本的には前期のバリューをベースに決定する。賞与についてはバリュー連動ルールが適用されるが，上の2つのキャ

リアで連動できなかった部分を吸収すべく，毎期，報酬委員会で決める。退職金はなく，これに相当するものとして自社株給付を考える。したがって，従業員から経営キャリアとなる時に退職金のルールに従い受給する。

③ 監査

給与分配のフェアさを確保するために監査が求められる。つまり経営が決定した給与分配につき給与を受けた側がチェックすることである。これは第三者などではなく社内の組織が行う。メンバーキャリアについては，労働組合がある企業ではここが担当する。労働組合がなければ，それに相当する「従業員（メンバーキャリア）の代表」から監査を受けるものとする。ここでは，組織内に公表されている給与モデルの準拠性（ルールどおりやっているか）だけではなく，正当性（そのルールが妥当か）を実際に従業員が受け取った給与の金額をベースに監査する。そうなると，リーダーキャリアについてもこれを監査する主体が必要となる。給与モデルがキャリア別なので，リーダーキャリアの代表としての監査主体が求められる。

経営に関しては自らが被監査部門（監査を受ける）なので，社内ではなく，監査役，監査委員会，公認会計士などがこれを行う。

（3）人事評価モデル

人事評価モデルは評価される側（被評価者）を次の4つに分けて設計する。

① メンバーキャリア

メンバーキャリアは能力評価のみである。これは大きく2つに分かれる。

（i）毎期の人事評価
毎期の人事評価はランクアップのために行われる。ここでは次のようなことを決める必要がある。
（a）対象となる能力
ビジネスにおける能力は，ポテンシャル能力（その能力を仕事に使っていない部分。そのため，現在やっている仕事の状況を見てもわからない）と顕在能

力（仕事をやっていくことで見える能力）がある。毎期の人事評価では顕在能力のみを評価対象とする。すなわち仕事を通して，その人の能力を評価する。ポテンシャル能力については次のキャリアアップ評価の対象とする。

(b) 評価ツール

現在多くの企業の能力評価では目標管理が使われている。しかし，マネジメント4.0では「管理」という言葉が必ずしも妥当ではない。そこで22ページで述べた目標管理の語源であるMBO（Management By Objectives）に戻して，このobjectivesを「目標」ではなく，「オブジェクト」という言葉として定義する。つまりオブジェクトによる評価をそのモデルとする。

オブジェクトは，上司と部下が合意，約束したもの（これをコミットメントと表現する）であり，人事評価は「このコミットメントしたオブジェクトを達成したかどうか」でその能力を評価する。

オブジェクトは「能力アップ」をコミットメントするものであり，これをもって「能力ダウン」を評価するのは困難である。あわせてオブジェクトは，そのアップ分を数字で評価できる"ものさし"しか採用できない。「できるだけ」「大きく」といった表現ではその達成が測れないので不可である。

すなわち，オブジェクトは能力アップを数字で表し，それを本人と上司でコミットメントするものである。そしてこのコミットメントを達成することでランクアップ=給与アップを目指すものである。

MBOによる評価はすべて数値で行う。MBOに使うシートはマネジメント3.0で設計したものをベースとして図表3-10のようなイメージとする。

この評価ツールは，専用のソフトウェア，テンプレートが市販されているが，Web型分散情報システムとの整合性を考えるとエクセルで設計するほうが妥当である（というよりもカネを出してツールを買う理由が見当たらない）。

ウエイトを評価項目につけることで，加重平均による評価合計が取れるようにする。

ウエイトは次の2つとする。

● チャレンジ度

そのオブジェクトの達成がどのくらい困難かを，5点法などでつける（5：非常に困難，4：困難，3：普通，2：やや容易，1：容易）。

チャレンジ度は上司が判断してつけるべき項目である。部下に考えさせても

図表3-10　MBOシートのイメージ

項目	コミットメントとしたオブジェクト	オブジェクト達成基準	ウエイト			達成度 (%) (D)	総合点 (C×D)	自己評価コメント	上司評価コメント
			チャレンジ度 (A)	評価割合 (B)	A×B＝C				
		合計							
		計							

- 上司と話し合って決める
- 各オブジェクトごとに自らと上司のコメントを書く
- 総合コメントは別紙とする

比較する相手がいないので難しいし，そもそも難易度を本人に評価させることは妥当ではない（「難しい」側に偏ってしまう）。

• 評価割合

どのオブジェクトのウエイトを高めるかというもの。この割合は％表示として，その合計が100になるようにするのが一般的である。

（c）オブジェクトの分類

オブジェクトは「結果」と「プロセス」の2つのタイプに分けられる。

結果のオブジェクトは能率と品質

仕事の結果を表現するオブジェクトは次の2つに分かれる。

• 能率

仕事のスピードである。スピードは仕事量と時間で計算するものであり，仕事量の設計，つまり仕事の大きさを測る“ものさし”が必要となる。これをかかった時間（残業時間）をベースとしては矛盾がある。17ページで述べた，テイラーが設計したタスク（ジョブを小さくしたもの）のような概念が求められる。しかし現代の仕事の多くは，テイラーが考えていた時代の「工場の流れ作業」のように単純なものではない。さらには，このような単純労働はIoT／ロボットなどによりどんどん減っていく。

そう考えると，マネジメントシステムによってこのタスクの原単位を統一するのは難しい。つまりMBOのオペレーションで対応するしかない。たとえば，期初にMBOで「前期の仕事量との増減」を今期のその担当業務から上司と本人で合意する。「前年の仕事量の10％アップ」といったものである。そのうえでこれを“ものさし”として，能率のオブジェクトをコミットメントする。たとえば「10％アップ」というものである。

そうなると「能率（スピード）＝仕事量／時間」なので，「時間＝仕事量／スピード」となるから「働く時間」が計算される（上の例なら時間は前期と同じ）。ここで前期の時間状況（年休を含めた総労働日，残業時間）から，今期の残業時間というオブジェクトがコミットメントされる。期末はこの仕事量，残業時間という2つのオブジェクトから能率を評価する。

• 品質

同じスピードでも仕事の出来栄えは異なる。この「出来栄えオブジェクト」

第❸章　マネジメント4.0を設計する　**245**

を「品質」と定義する。品質は生産性よりもさらにファジーであるが，これも数字にしないと評価のしようがない。ここで大切なことは「数字にできないものはない」ということである。「おいしさ」だって「すごくおいしい5」，「おいしい4」，「普通3」，「まずい2」，「すごくまずい1」とすれば数字にできる（世にいう数量化理論である）。

　しかし，MBOを使うので期初のコミットメントは必要となる。つまり上司が仕事が終わってから「よくできた」「あまりうまくできなかった」と評価するわけにはいかず，具体的なオブジェクトが必要である。そして，これもマネジメントオペレーションに頼るしかない。つまり，上司と本人でオブジェクトをコミットメントするものである。たとえば，営業なら受注金額，提案書件数，訪問回数‥‥，オペレーションなら顧客満足度，クレーム，トラブル数‥‥といったものである。仕事量と重なる部分もあるが，仕事量が能率を測るために「1つの数字しか使えない」という弱点を補強するものとして，この品質をとらえる。つまり仕事量と重なってもできるだけ多くのオブジェクトをコミットメントする。

プロセス評価の基本はチームワーク

　仕事から能力を見るには，仕事の結果だけではなく，そのプロセスも考慮に入れるほうが合理的であり，評価精度も上がる。

　一般に仕事は個人によって完全にインディペンデントではなく，まわりの人と協働している。そのため，仕事の結果はその人の能力だけでなく，まわりの人の仕事の影響を受けることも多い。逆に本人から見れば，まわりの人の仕事の結果に影響を与えた部分もある。

　これを「プロセスを評価する」ということで補正したい。主なものはチームワークであり，「まわりの人のために働いた部分」を能力評価していくことである。たとえば後輩の指導，他人の仕事のサポート‥‥といったものである。

　あわせて，このプロセスによってインテグリティについても評価したい。企業によってはこれを「人間力」という項目で評価しているところもある。

　ただ，このプロセス評価はMBOという手法，つまり上司と本人でコミットメントし，オブジェクトで評価するというスタイルでやることは難しいことも多い。上のチームワークなどは例外処理的な要素が強く，期初に計画するのが

246

難しいためである。これについてはMBOではなく，上司評価によるものと考える。評価項目は全社共通とし，そのうえで上司は部下へ2つのことを説明する。評価点（たとえば10点満点で8点）と評価理由（なぜ8点なのか）である。

(d) 評価者と評価方法

　評価者はMBOの性質から考えて，被評価者への指揮命令権を持つ人である。メンバーキャリアでは，ロワーマネジャー（チームマネジャー）しかいない。

　しかし，ここで問題となるのは絶対評価（他人の評価が本人の評価に影響しない）か相対評価（影響する。正規分布7段階法がポピュラー）のどちらとするかである。これもMBOからすると絶対評価しかありえない。この絶対評価の問題点は2つある。

　1つは，総給与枠との関係である。つまり皆に「良い評価」をつけてしまい，業績が上がらない時はどうなるかである。これについてはこの能力評価をランクアップにしか使わないことである。つまりMBOの結果で今期の給与は動かないことである。

　2つ目は，上司によるバイアスである。甘い上司は良い評価点（MBOでいえばオブジェクトの達成基準を低くする，チャレンジ度を高くするなど）をつけ，厳しい上司は厳しい評価をつけることである。これについてはマネジメント3.0を引き継ぎ，上司の行った「人事評価オペレーション」を「上司のマネジメント能力」として評価する。つまり，フェアな人事評価をしているロワーマネジャーは，自身の人事評価が上がることである。

　また，これまでは1次評価（ロワーマネジャーによる評価）は絶対評価，2次評価（部門長などによる評価結果の矯正）は相対評価としている企業が多くあった。しかし，これによってロワーマネジャーとメンバーが話し合って行った評価結果が変わってしまい，メンバー本人だけでなくロワーマネジャーからも不満の声があがっていた。

　これについては評価結果を変えるのではなく，オブジェクトを変える。つまりロワーマネジャーの上司がMBO作成時点（期初）で，このオブジェクトのチェックをするというものである。このチェックによってMBOを変えるのであるから，そのリードタイムを短くしなくてはならない。それにはロワーマネジャーのオブジェクトの説明力（妥当性）が求められる。つまりロワーマネジ

ャーと部下がどのようにしてオブジェクトを決めたかであり，これを残しておくことである。そしてこれをロワーマネジャーの上司にチェックしてもらうことである。

これらのことを口頭でやっては到底無理なのでITを使うしかない。ここにはロワーマネジャーのITリテラシーとともに，これが実現できるコミュニケーションシステム（情報システムを含め）のサポートが求められることになる。

(e) コントロール

この人事評価モデルにもう1つ求められるものがコントロールである。つまりルール違反の対応である。

指揮命令権があるロワーマネジャーとメンバーという関係でMBOを行うと，どうしてもパワーが上司側に偏り，さまざまな不正（いわゆるパワハラ）が起こるリスクがある。オブジェクトをメンバーの合意なく決めたり，さらにはMBOを期初に作らなかったり‥‥といったことである。そのため，コントロールが強く求められる。

コントロールは発見とペナルティである。「発見」は何度も述べたように目安箱（その「ルール違反」が事実かどうかは別にして，上司を通さず経営へ伝えることができる），監査（内部監査，前述の労働組合や従業員の代表が監査）というものであり，「ペナルティ」はポストオフ（チームマネジャーではなくなる），ランクダウン，キャリアダウンといったものである。

(ii) キャリアアップ評価

メンバーキャリアからリーダーキャリアへキャリアアップするための評価である。まずは，232ページで述べたように卒業条件として上記の人事評価の結果を使う。すなわち，全員のメンバーを毎期キャリアアップ評価するわけにはいかないので，人事評価など一定の応募条件を設ける。

そのうえで入学方式によるキャリアアップテスト（従来の昇格試験にあたる）を設計する。

これは2段階で行う。

第1段階はマネジメントコース，スペシャリストコース共通のものである。つまり「リーダーとしての適性」というポテンシャル能力評価である。

248

評価項目は当該企業のミッション，戦略ベクトルによって決定される。そのため，期によって変更する可能性（戦略ベクトルが変わる）も高い。評価項目についてはインテグリティ，創造性，論理性，コミュニケーション能力‥‥といったテーマを経営（経営スタッフがサポートする）が毎期意思決定する。

　評価方法としては，セミナー（リーダー養成セミナーといった名前）でリーダー像，キャリアアップ評価方法を提示し，課題論文，ケースワークによるグループディスカッション，レポートなどを通して，ポテンシャル能力評価（外部のプロを使うことも考える）を行う。最終評価者は経営者（経営スタッフ）とし，候補者一律に行う。

　第1段階の合格者は本人がマネジメントコース，スペシャリストコースの選択を行い，各コース個々の第2段階のキャリアアップ評価を受ける。マネジメントコースのテストは全社一括であり，第1段階同様にマネジャー養成セミナーを通してマネジャーとしてのポテンシャル能力評価を受ける。最終決定は経営者による面談にて行う。

　スペシャリストコースでは，その仕事によってキャリアアップ条件が異なるため，事業別，部門別に評価プロジェクトチームを組み，1次評価を行い，最終決定はやはり経営者による面接にて行う。1次評価方法はセミナー方式，「課題論文＋面接」などフレキシブルなルールとしていく。

　第2段階の不合格者は翌期以降，第1段階は免除され第2段階から再度評価を受ける。

　また，LM⇔LSのキャリアチェンジも同様である。ここでは第1段階を免除され，第2段階からの評価を受け，そのうえで同ランクでのキャリアチェンジができる。LM1⇔LS1，LM2⇔LS2，LM3⇔LS3といったものである。

　キャリアアップは従業員にとってはビジネスマン人生を決定する大きなイベントである。フェアさを大切に経営主導で慎重に時間をかけてやっていきたい。

② リーダーキャリア

　ここでも毎期の人事評価とキャリアアップ評価の2つに分けて考える。

(ⅰ) 毎期の人事評価

これは次の4つのタイプに分けて設計する。

(a) チームマネジャー

プレイヤーの部下のいるロワーマネジャーである。この人の評価モデルは2つの要素がある。

・マネジメント能力評価

これはメンバーキャリアの能力評価同様に，MBOをベースとして行う。すなわち，評価するオブジェクトを期初に上司（ミドルマネジャーまたは経営者）と決定し，それによって評価する。オブジェクトは，マネジメント4.0で設計したマネジメントモデル（前述のメンバーキャリアの人事評価モデル，後述する人材育成モデル，コミュニケーションモデル）に基づいて設定する。つまり人事評価，人材育成，コミュニケーションといったマネジメントオペレーションについて，オブジェクトで評価するものである。

ロワーマネジャーには例外処理が求められることが多いので，ここにもMBOが必要となる。つまりプレイヤーとしての能力もMBOに入ってくることになる。これにはマネジメントサービス論に基づけばサービスを受けているメンバーからの意見も必要である。つまり，ミドルマネジャーがメンバーに意見を聞くことが求められる。面談は時間的，人数的に難しいのでメールで行うようにする。しかし，いわゆる多面評価（評価者を複数にする）とは違う。評価者はマネジャーの直属の上司1人であり，「評価するための情報」としてメンバーの意見を聞くというものである。

そう考えていくと，MBOだけでは難しい。メンバーキャリア同様に「上司評価のみの項目」も必要となる。

・チームプロフィット，グループプロフィット

チームマネジャーは，チームプロフィットが評価対象となる。いわゆる業績評価である。これをMBOの一環として行う。すなわちオブジェクトの1つとしてチームプロフィットを上司とコミットメントする。

チームプロフィットの設計は，その企業の業種，チームメンバーの職種といった「仕事＝チーム」によって異なる。基本的には「収入−支出」で設計するが，支出にはチームメンバー（チームマネジャーも含めて）の給与も考慮される。たとえば「受注」を仕事とする営業であれば，収入は「総受注金額」，支

出は「受注した仕事のオペレーション原価の合計＋自チームメンバーの給与の合計」となる。工場であれば，収入は見積原価，支出は実際原価（チームメンバーの給与も入っている）となる。

　問題は，収入がとらえづらいスタッフなどであるが，たとえばメンバーのMBOのオブジェクトにある「仕事量」を使うことが考えられる。すなわち，収入をチーム全体の予測仕事量×予測時間，支出をチーム全体の実際仕事量×実時間とするもの，つまりチームの能率である。

　このチームプロフィットのグループ合計がグループプロフィットであり，このグループプロフィットについても各チームマネジャーの評価対象となる。

（b）グループマネジャー

　グループマネジャーは，チームマネジャーの上司である。評価対象としてはマネジメント能力評価は行わず，グループプロフィット評価のみとする。したがって，グループプロフィットの予測値（MBOのオブジェクトとなる）を経営サイドとコミットメントすることになる。ここで経営側は，ROEなどの投資家と約束したものから計算される企業全体の目標値とグループプロフィットの合計値を調整することになる。これをグループマネジャーから見ると，経営が求める目標とチームプロフィットから上がってくるグループプロフィットの予測値を調整していくことになる。

　そのうえで，これらをすべて権限移譲として行う。すなわちチームマネジャーは，チームプロフィットを含む計画（MBOを含めて）をグループマネジャーに出し，これにコミットメントすることでチームマネジャーとしての権限を得る。グループマネジャーも，グループプロフィットを含む計画を経営（経営スタッフ）に出し，これにコミットメントすることでその権限を得る。

　チームマネジャー，グループマネジャーとも，そのコミットメントがなされなければそのポストに就くことはできない（就くことを拒否する）。

　グループマネジャーから見れば，コミットメントできるチームマネジャーをLMから見つけるということになる。

　権限移譲する相手がいない時は上位キャリアが権限をそのまま持つ形となる。グループマネジャーがチームマネジャーを兼ねることであり，同様に経営（経営スタッフ）がグループマネジャーを兼ねることもある。これをMBOで考えると，上位権限者が下位権限者が持つべきオブジェクトを引き取る形とな

る。つまりグループマネジャーが特定のチームプロフィットを引き取り，経営が特定のグループプロフィットを引き取ることになる。

ただ後者の場合は，経営がマネジメントという仕事を兼ねることになるので，あらかじめこの担当者を決めておく必要がある。そのため，グループマネジャーの上司として「部門長」といった経営兼務者のポストが必要となる。

(c) マネジャーではないLM

チームマネジャー，グループマネジャー以外のLMである。

ここでの問題はチームマネジャーとの関係である。この人はチームマネジャーと同能力ランクまたはその上にある。そうなるとプレイヤーをやっていても「上司―部下」という関係は難しいものとなる。チーム内での意見秩序は存在するが（チームマネジャーの意見が優先される），人事評価は苦しいものがある。そこでマネジメント4.0では原則として次のような形をとる。

まず，チームマネジャーとプレイヤーLMの間は権限委譲とする。すなわちプレイヤーLMが自らの仕事について自らで計画を作り，自らをマネジメントする権限を持つ。そのうえで，MBOによる人事評価をチームマネジャーの上司であるグループマネジャーと行う。MBOのオブジェクトは，LMは残業はないので能率はなく，「権限委譲を受けた仕事」の品質，プロセスが評価される。また，権限委譲によって一部マネジメント機能（人材育成，特定の人の例外処理など）を担当することも多いので，これをオブジェクトに入れる。

(d) LS

スペシャリストのリーダーについては，プレイヤーLM同様にチームマネジャーとの関係は権限委譲である。オブジェクトもプレイヤーLM（仕事の品質，プロセス，マネジメント能力）と同様であるが，もう1つここにスペシャリストとしての能力評価を加える。LS1→LS2，LS2→LS3の条件をよりはっきりさせることである。前述のように国家試験，特許論文提出，そのスペシャリストが多くいる時は専門分野のテスト‥‥といったものである。このテストはスペシャリストコースへのキャリアアップテストと同様な形で行う。

(ii) キャリアアップ評価

リーダーキャリアから経営キャリアへのキャリアアップは，最上位キャリア（LM3，LS3）のうち卒業条件を満たした希望者がキャリアアップテストを受

験できるものとする。特に，LSから見ると初めて現場の仕事から離れること（可能性がある）であり，この意思確認（キャリアアップを希望しているか）が必要である。

経営者ということは一旦企業を退職して退職金を受け取り，企業と労働契約ではなく，委任契約を結ぶものである。経営キャリアは経営者になる資格を得るものであり，実際の経営者への任命については，本人の再度の意思確認が必要である。

キャリアアップテストは，リーダーキャリアへの場合と同様，セミナー（経営者養成セミナー）→ポテンシャル能力評価→トップによる面談というプロセスをとる。

③ 経営キャリア

経営キャリアの給与は人事評価ではなく，取締役で構成される報酬委員会で決定する。そのため人事評価を必要としない。ただ，このキャリアの中に専務，常務といった上下関係を作ることが必要となることも多い。この上下関係については従来どおりトップがこれを決める。この上下関係によって給与を変えることも多いが，その際は報酬委員会の承認が必要である。

④ エキスパートキャリア

エキスパートキャリアは，労働法上明らかに「管理監督者ではない」ので，残業代が発生する。しかし，残業代が出るとなると「ゆっくりやったほうが得」ということがこの立場でははっきりしすぎる（これから先ランクアップしないので）。そのために，多くの企業は継続雇用者に残業を認めていない。しかし，この人のミス，オーバーフローなどによって発生した仕事は，まわりの人の残業となってしまう。

メンバーキャリアとは異なり能力ランクがないので，ランクアップ，キャリアアップがない。そのため能力評価を必要としない。しかも賞与を支給されないことも多い。しかしこれでは働いても働かなくても同じ給与となってしまう。これによりエキスパートキャリア内での不公平のみならず，まわりのメンバーにも迷惑，ストレスを与えてしまう。

どう考えても，残業代以外の本人の仕事に応じた変動部分が必要となる。能

力ランクがないので「働き方の評価」のようなものが求められる。期間限定の契約なので「前期の働きぶりを今期の給与」にというわけにもいかず，今期のうちにこれを処理しなくてはならない。

そう考えていくと，マネジメント4.0でのエキスパートキャリアは変動給部分として，経営者同様に決算賞与のような形を作り，この評価にMBOを使う。オブジェクトはメンバーキャリア同様に仕事の能率，品質とするが，これを能力評価ではなく「仕事の評価」（＝働きぶり）とする。つまり，仕事の能率，品質をコミットメントして，これを達成したら期末に賞与（むろんバリューに連動して）が出るというものである。

エキスパートキャリアのMBOによるコミットメントは労働契約そのものなので，グループマネジャー，チームマネジャーではなく，経営（経営スタッフ）と結ぶ。つまり，エキスパートキャリアは毎年その労働条件をMBOによって合意し，契約していく。

⑤ 人事評価オペレーション

このキャリア別モデルをベースとして，人事評価をオペレーションしていく。この部分については，主にマネジメント3.0を引き継ぐ。具体的には次のようなものである。

(i) 評価という言葉の意味

評価は，辞書によれば「価値を算定する」と書いてある。したがって，人事評価は「ヒトの能力やそのヒトがやった仕事の価値を算定する」ということである。人事考課（辞書には考課を「優劣を決める。順番を決める」と書いてある）や人事査定（査定は「金額，等級などを調べて決定すること」と書いてある）のように「上司が部下の成績，順位，給与を決めること」とは考えず，「部下の能力という価値を見つける」というスタンスをとる。

(ii) PDCA

評価モデルで述べたように，人事評価の基本はMBOのオブジェクト評価である。つまりPLANである。マネジメント4.0の人事評価のコアはPLANである。DOはそのPLAN（オブジェクト）にある仕事をリアルタイムに見て，そ

254

の差異を見つけていくものである。つまり，リアルタイムにCHECKすることである。SEEはそのCHECKよりもACTIONに軸足を置く。オブジェクトを達成しなければその原因を考えるだけではなく，翌期どうすれば達成するかを考える。つまりACTION→PLANである。

(iii) 人事評価は仕事

マネジャーにとって人事評価は最も大切な仕事である。人事評価の結果はメンバーのキャリア，給与，仕事，ポストを決めていくものとなる。つまりメンバーのビジネスマン人生を決めるものである。だからロワーマネジャーはこの人事評価という仕事のプロフェッショナルにならなくてはならない。

経営としては，マネジャーには人事評価についてプロとしてのナレッジを身につけている人を選び，その候補者には人事評価についての学習チャンスをセミナーなどで与えてやる必要がある。

あわせて，当然のことながらマネジャーも「人事評価」という仕事で，自らも「評価」を受けなくてはならない。だから前述のようにマネジャーの権限移譲の計画には「人事評価をどうやるか」を入れ，その一部である自らのMBOには「人事評価という仕事の能力」を評価するオブジェクトを入れなくてはならない。

(iv) 能力評価

マネジメント4.0の人事評価の特徴は能力評価である。能力評価の最大の問題は業績などの数字ではっきりと出てくるものとは異なり，能力という目に見えないものを人間が評価するという本質的な点にある。このことを評価者と被評価者（人事評価される人）で合意することである。

この合意ポイントは2つある。

1つは，能力をどんなに難しくてもなんらかの形で数字で表さなくてはならないことである。そのうえでこの数字によって能力ランク（＝給与）を決めるということである。これがフェアな給与分配をするために組織として必要なことを合意する。

2つ目は，「すべての能力を評価しているわけではない」ということである。人間の「優秀さ」を評価しているのではなく，「特定の仕事に使うごく一部の

能力」を評価するだけである。

　そしてこの方法をとると，仕事と「ヒトの能力」のアンマッチ，上司のマネジメントによる違いが出て不公平になる（それでもこの方法しかない）。そのために定期的なジョブローテーションルール（「同じチームに××年以上いない」といったルール），ジョブカウンセリング（本人に仕事とのマッチング度を聞く），FA制度（働く側の要望で仕事，チームを変えるチャンスを与える。むろん，希望どおりになるわけではないが）というものの導入も検討していく。

（4）人材育成モデル

　人材育成モデルは，マネジメント3.0から大きくチェンジする。それは人材育成戦略を「教育」から「学習」へと変えることにある。学習は従業員自身が能力を上げるためにとる行動であり，その能力向上によって「給与アップ」「やりたい仕事に就くことができる」というリターンを得る。

　マネジメント4.0で設計するのは，その学習サポートを行う人材育成モデルである。ここで「学習」は，レベルアップ学習とキャリアアップ学習に分類できる。

① レベルアップ学習モデル

　同一キャリア内で「その仕事がうまくできる（＝生産性，品質）ようになる」ための学習をサポートするものである。具体的には次のようなものである。

（ⅰ）ポジショニング

　レベルアップ学習の最大のサポートは「より難しい仕事をする」ということである。つまり，仕事（ポジション）の遂行によって直接的に本人が学習していくものである。そのため，マネジャーは能力向上を考慮してポジショニングを決めていく必要がある。もっといえばポジショニングの際に能力向上を中心に考えることであり，能力至上主義である。

　ある仕事があって，この担当を能力の高いAと能力の低いBのどちらにするかをマネジャーが悩んでいる。Aがやると結果は期待できるが，Aにとって

能力向上はあまりしない。Bがやると結果が出ないというリスクがあるが，B にとっては能力向上が期待できる。ここでのポジショニングのベクトルは「B をあてる」というものである。一般にいわれる「チャンスを与える」というベクトルである。

　むろん，ポジショニングは能力向上だけを目的にやるわけではないが，その選定の第一基準を能力向上とする。そしてメンバーの能力向上を人事評価するだけではなく，このマネジャーが行う「能力向上サポート」という仕事を人事評価する必要がある。

　そのためには，仕事の難易度を考慮してオブジェクトを設定していく必要がある。これが従来から考えられているチャレンジ目標の主旨であり，これを引き継ぎMBOでチャレンジ性を加味する。つまり，高いチャレンジのオブジェクトに人事評価のプレミアムをつけることであり，図表3-10のMBOシートにある「チャレンジ度」である。これはいわゆる「チャレンジ加点」として，すでにいくつかの企業で採用されている。そしてこの高いチャレンジにメンバーを挑戦させて，メンバーの能力を向上させたマネジャーを自身のオブジェクトによって評価していく。

(ii) コーチ

　従来のOJT（On the Job Training）の指導員にあたるものである。すなわち，上記の「難しい仕事」，「1人ではできない仕事」にコーチをつけることである。

　コーチは本来的にはマネジャーの仕事であるが，トッププレイヤーのメンバー，スペシャリストに権限委譲することを原則とする。つまり，マネジャーがコーチ候補者にコーチ計画を作らせ，その計画を承認することで権限委譲する。

　ここで大切なことは教育ではなく学習ということである。つまり本人が学ぶものである。わからないところはコーチが指導するが，主体はコーチを受ける側である。コーチはその学習をサポートしていくスタンスをとる。

　コーチはボランティアではなく，「給与をもらっている仕事」ということを権限委譲の計画で明らかにする。すなわち，コーチ計画に書いたことはやる義務があり，計画と実行の差異については，コーチからマネジャーへのリアルタイム・アカウンタビリティが求められる。そしてこの計画を数字で表し，コー

第❸章　マネジメント4.0を設計する　**257**

チ側のMBOのオブジェクトとする。一方，学習する側は，その能力向上を生産性，品質，プロセスといった仕事におけるオブジェクトによって評価を受ける。

(iii) e-ラーニング

　残りの学習サポートは基本的にはe-ラーニングを用いる。e-ラーニングについてはさまざまなe-ラーニング向けのCMS（107ページ参照。Webサイトのひな形）が無料で利用できる。弊社でも使っているが極めて使い勝手がよく，コンテンツ（学習内容。いわゆる学習テキスト）さえできれば，これをCMSに落とし込むだけである。ただ高機能のものから単純なものまであるので，自社のITスキルに合わせて選定するとよい（むろん，高機能のものは高いITスキルが求められる）。学習コンテンツの作成はグループ，部門というラインの仕事として行う。具体的にはグループ，部門などでe-ラーニングのコンテンツ対象を決め，コンテンツはそのグループ，部門の中の代表者がプロジェクトを組んで作成する。むろん，これも仕事として各プロジェクトメンバーのMBOに入れる。

　コンテンツのWebサイトへの落とし込みは，当初はプロジェクトチームがIT担当のサポートを受けて行い，メンテナンスはラインがやっていく。

　e-ラーニングのテーマは大きく2つに分かれる。

　1つはジョブ・e-ラーニングである。「できない仕事をできるようにする」というもので，従来のマニュアル，「コーチがやってみせた」といったものをe-ラーニング化する。つまりマニュアル（仕事のやり方）をe-ラーニングで学習し，そのとおりにできないところはコーチがやってみせるのではなく，その仕事をコーチがやっているシーンを動画（音声付きで）に撮影したものを見て学習する。

　動画はスマホの普及で驚くほど安いコストで撮影，編集ができ，かつe-ラーニングのCMSとの親和性も高い（要するに仕事のオペレーションシーンを簡単に動画として取り入れることができる）。そしてストップ，バック，スロー，早送りといった機能によって，学習する側にとっても極めて使い勝手がよい。

　このe-ラーニングでわからないところをコーチにWebサイトで質問し（つ

まりコーチがe-ラーニングのWebサイト上の講師になって），さらには学習者自らのオペレーションを動画にして自分で違いを分析したり，問題点をコーチに指摘してもらうこともできる。こうすることでコーチの人数も減らしていく。

　もう1つは，スキル・e-ラーニングである。これは特定の仕事をするために基礎能力を向上させるものである。野球でいえばバッターとして打ち方を学習するだけではなく，腕の筋力を上げるという基礎能力を高めるためのものである。

　スキルの項目としては品質，安全，文書作成力，論理的思考法，ITリテラシー，ビジネス法‥‥といったものがある。

　これについてはチーム，部門を越えた共通部分が多いので，マネジメントスタッフとしてのIT担当が中心となって行う。世の中にある一般的なコンテンツを利用する場合は，外部にコンテンツ作成，コンテンツ提供（つまりコンテンツのライセンスを受ける）を依頼するのが一般的である。

　このポジショニング，コーチ，e-ラーニングをレベルアップサポートの三種の神器とし，研修のような集合教育スタイルは原則としてとらない。レベルアップ学習は基本的に1人1人レベルが異なっており，レベルの違う人が一緒に研修を受けるというのは両者にとって不都合，非効率である。レベルの低い人に合わせればレベルの高い人にとっては無駄な時間となり，レベルの高い人に合わせればレベルの低い人はついてくることができない。

② キャリアアップ学習モデル

　キャリアアップ学習は，2つとも（メンバーキャリア→リーダーキャリア，リーダーキャリア→経営キャリア）前述したキャリアアップモデルに従って行う。つまりキャリアアップテストであり，その学習サポートを設計する。

（ⅰ）プレサポート

　これはセミナー方式をとる。セミナー（seminar：ドイツ語ではゼミナール。大学でやっているゼミと同じ。ゼミは担当教員がテーマを与え，学生が自主的に学習し，論文をアウトプットして合否を判定する）とは，学習テーマを含む

学習情報を与え，その学習成果を評価するものである。

　キャリアアップ対象者にこのセミナーを開催する。リーダー（経営者）へのキャリアアップでは，リーダー（経営者）養成セミナーという名前とするのが一般的である。

　そのセミナーでやるべき第1は，リーダー（経営者）になるための能力条件，そのための学習テーマを提示することである。

　2つ目は，その学習効率を高めることである。具体的には学習のためのテキスト，e-ラーニングの提供などを行う。目指すキャリアと学習テーマ，学習コンテンツを本人が結びつけるのが難しい場合には，講師によるレクチャーを必要とする。つまり「なぜそれを学習するのか」「学習によって何を得るのか」を説明する。

　3つ目は，擬似体験である。次のキャリアの仕事は，上がる前に実際に体験したり，見習いとして学ぶことは難しいので，この仕事をシミュレーションする必要がある。具体的にはケースワークが妥当である。つまり次のキャリアの仕事のシーンを提供し，どう行動するかを考えさせるものである。ここにはグループディスカッション，レポートといったものを使う。これを通して講師にその行動を評価してもらう。つまり次のキャリアの人事評価をシミュレーションする。

　4つ目は，能力向上のサポートである。次のキャリアに求められる能力に関して，どれを持っていて，どれを持っていないかを考え，自らの学習に濃淡をつけていくことを本人自身がやるのは難しい。ここには本人以外の人からのアドバイスが必要であり，セミナーの講師によるポテンシャル能力評価を使う。つまり次のキャリアに求められる能力に関して，講師が現状を評価して，欠けている能力を具体的にどうやって学習で向上させていくかをアドバイスする。

　セミナーには，コースウェアと講師が必要である。

　コースウェアとは，セミナーでの情報提供を体系的にカリキュラム化（提供する情報をタイムスケジューリングするもの）したもので，セミナーの実施計画である。このセミナーのコースウェアは，従来の研修のようにパッケージングされたものではないので，「開発」という仕事が必要となる。コースウェアの開発は多くの場合，その道のプロフェッショナルに委託したほうが品質，コ

ストパフォーマンスとも高い。それはこのセミナーのコースウェアには，他社で使ったコースウェアの部品（使用ケースなど）がかなり活用できるからである。

　セミナーの立ち上げ段階では，このコースウェア開発者が講師を担当する。そのうえでこのセミナーでやったレポート，ディスカッション結果，フィードバック評価といったアウトプット，さらには受講者のアンケート，経営者の実施したセミナーへの意見などにより，コースウェアをバージョンアップしていく。コースウェアが安定してきたら，このセミナー受講後にキャリアアップした人が講師となって行う。

(ii) 学習計画サポート

　セミナー終了後，ポテンシャル能力評価による学習アドバイスを行って，本人が学習計画を立てる。この学習計画については作成サポート，アシストを後で述べる担当のスタッフが行う。そのうえで，この担当者が学習の進捗状況をWebサイトなどでフォローアップする。むろん，この計画の実行は，学習であり指揮命令された仕事ではない。つまり実行する義務はない。ただその進捗をチェックすることで，本人の学習の行き詰まりなどを見つけて，その解決をサポートする。そのため，学習計画の変更（学習のやり方，スケジュール・・・・）もサポート，アシストする。

(iii) アフター学習サポート

　学習計画が終了し，能力が向上するとキャリアアップテストを受験するのだが，その間（「卒業条件を満たしていないので，キャリアアップテストを受験できない」など）にも学習サポートを行う。

　ここにはプロジェクト学習を用いる。これはあるテーマに基づいてプロジェクトチームを組んで学習する，というよりも学習の成果をアウトプットするものである。

　たとえばLMのキャリアアップでは，彼らを次のマネジメントを担う予備軍としてとらえ，「新しいマネジメントの仕組を考える」といったテーマでグループを作って話し合い，それを経営者へ提案するといったものである。

　特に，経営者へのキャリアアップではよく用いられている。ここでは経営者

予備軍が「次期経営戦略を考える」といった形で次期中計，長計に関するアイデアを出したり，戦略的テーマとして「グローバル」「IoT」「バリューチェーン」といったことについて考える。

プロジェクト学習はこのアフター学習だけではなく，経営，マネジメントなどへの現場からの提案，あるいは現場の意見収集といった形でもよく用いられている。

③ 人材育成の担当者

人材育成は経営，マネジメントが一体となって行うものである。そのため，経営スタッフ，マネジメントスタッフとしての役割を統合して考える必要がある。

また，人材育成モデルはキャリアモデル，人事評価モデル，さらには採用，退職といったさまざまなヒトに関する仕事とのインタフェースが強い。そのため人材育成戦略は，人事評価（あるべき姿との能力ギャップ），キャリア（能力によって決まる），採用・退職（どんな能力のヒトを採るか，辞めたか）をベースとして経営サイドによって決定する。

そう考えると，ヒトに関しては経営スタッフ，マネジメントスタッフは1人のマネジャーの下でチーム編成をする必要がある。しかも各仕事は波（忙しい時が仕事によって異なる）があるので，各メンバーがフレキシブルに担当を変えて動く必要がある。またe-ラーニングでのIT担当者を含め，さまざまなマネジメントスタッフとの協働も必要となる。つまり225ページのスタッフの内部チームとして構成し，時によって各メンバーの仕事の担当を変え，チーム全体で協力してやっていく必要がある。

（5）コミュニケーションモデル

ここでは次の2つのものを設計する。

① 情報システム

ヒトとヒトのコミュニケーションの中で，「報告」とよばれる一方通行のコミュニケーションはすべてこの情報システムでサポートする。

262

111ページで述べたように，データの入力は発生現場で行い，情報は利用者側で加工して作るのが原則である。この情報の加工をサポートするのが情報システムである。

情報のうち，いつも同じ「見方」をしていて「その数字」だけが変わっていくものは，情報システム担当が「情報ビュー」としてサポートする。これは内部報告（経営への報告，マネジメントへの報告）だけではなく，外部への報告情報（請求書，発注書‥‥）を含めて，すべて情報システムでサポートする。ここでの主なツールはERPパッケージなどによる業務処理型ソフトウェアの機能である。

一方，報告ニーズが異なる場合は，基本的にはこれまで報告を受けていた側が情報加工をすべて担当する。つまり「報告」という概念をなくし，情報をほしい人が必要なデータを集め，情報（使いたい形）に変換する。ここでの主力ツールはエクセルである。つまりエクセルで情報システム上のデータアドレスを指定し，ここでリアルタイムに収集する[注]。

しかし，データを見たい情報へタイムリーに加工することは，経営，マネジメント側で多く発生し，そのITリテラシーが低いことが多い。そのため経営スタッフ，マネジメントスタッフとしてヘルプデスク的なITサポート機能が求められる。

注）これらエクセルでの情報ビューの作り方については，拙著『プロコンサルタントの最強エクセル術』（PHP研究所）を参考にしてほしい。

② コミュニケーションシステム

情報システムがサポートできない（しない）コミュニケーションがある。それは時を決めず，しかもインタラクティブ（双方向）にコミュニケーションを行うもので，「会話」と表現されるものである。

会話のためには前述のように3つのコミュニケーションツールが求められる。Webサイト，メール，SNSツールである。記録の残らない電話，face to faceは原則としてこれを認めない。例外的に認めるのは緊急時，仕事中の細かい会話といったものだけである。この切り分けはチーム，仕事によって異なるので，マネジメントオペレーションでの設計事項とする。

Webサイトは，特定のメンバーが密にコミュニケーションを行い，その情報を共有する必要がある時の主力ツールである。Webサイトはチーム，部門，会社といった階層性を持ち，CMSを用いて作成する。ここではどのコミュニケーション情報をどの階層のWebサイトで持つかという定義を含め，すべてIT担当がそのインフラを設計する。コミュニケーション対象としては，チーム，部門のメンバーが共有したほうがよいと思われる会話はすべてこれを用いて行う。

メールは，コミュニケーション相手，同報者を指定し，発信するものである。メンバー同士の相談メールはマネジャーへのCCは不要とするが，そのメールをマネジャーがメールボックスから検索して見ることができる機能を持つようにする。つまり，メールシステムもIT担当による設計を必要とする。

メールは外部とのコミュニケーションにも用いるが，内部メールと外部メールは別システム（アカウントが別のメールアドレス）とする。外部メールについては，メンバーが出したものはすべてマネジャー（CCが入っていなくても）がリアルタイムに閲覧できるようにする。そして外部とのコミュニケーションはマネジメントの責任とする。

外部との情報交換はこのメールを原則とし，内部コミュニケーション同様に緊急時，仕事中の会話以外は電話，face to faceを認めない。ただ相手側の都合もあり，この電話，face to faceコミュニケーションは内部情報よりも発生する可能性は高い。これについては議事録，報告書などにより，その内容を文書として記録し，相手側の承認を得ることを原則とする。

LINEなどのSNSツールは，先ほどのメール適用除外（緊急時，仕事中の会話）が多い時に，その記録性を求めて用いるものである。これらのツールは若者たちには抵抗感はない（プライベートでもほとんどの人が使っている）が，問題はマネジメント，経営である。今まで自分がやってきたコミュニケーションスタイルを上下関係の中で求めたがるが，マネジメント4.0は197ページのように「上下関係の"下側"がコミュニケーションツールを選定する」という原則を貫く。今後も新しいコミュニケーションツールが生まれたら，この原則に沿って組織としてその導入を意思決定していく。

264

③IT担当スタッフ

上記のことから，IT担当スタッフは大きく2つの機能を持つことになる。

1つは，経営スタッフとして情報システム，コミュニケーションシステムの設計，開発，運用サポートを担うことである。

もう1つは，経営スタッフ，マネジメントスタッフとして「ITリテラシーの低い人に対してサポートする」というヘルプデスク機能である。

前者については，ITベンダーへの発注部分が大半である。これについては196ページのとおり，他の投資物件と同様に耐用年数，投資額を経営が決め，スタッフが投資額の範囲で最もフィットしたものを選ぶという原則で仕事を行う。

後者のヘルプデスク担当は，主に現場へ配置する。すなわちITスキルが低く，ヘルプデスクを求める人の近くに配置する。このヘルプデスクとしての仕事は突発的に求められるものであるから，当然のことながらヘルプデスク以外の仕事との兼務となる。多くは現場の若きプレイヤーであるが，チームに適切な人がいない時は先ほどの情報システムの設計スタッフがこれをリモート（メール対応など）で担う。

このヘルプデスクという“仕事”に関しては人事評価，人材育成を考えると兼任者を1つのIT担当チームとしてとらえる必要がある。ITチームマネジャー（内部チームのIT担当の1人がこれを兼務）の下，兼務としてヘルプデスクを担当する時は，この仕事に関するMBOを通常の仕事と同様にコミットメントし，ITチームマネジャーの人事評価も受ける（むろん通常業務のMBOと同じシートで）。

新情報システムのリリース時などには，一気にヘルプデスクニーズが発生し，内部での対応が難しくなることもある。この時はその開発を担当したITベンダーから，保守サービスの一環としてヘルプデスクサービスを有料で受ける形とする。

③ マネジメント4.0のスペシャルモデル

　マネジメント4.0では上記した基本モデルのほかに，下記のようなスペシャルモデルが求められることが多い。

(1) グローバル・マネジメントモデル

　グローバルに事業を展開した時のマネジメントモデルである。

① フレームワーク

(i) パブリック・リレーションズ

　グローバル・マネジメントにおいて，その出発点はパブリック・リレーションズである。つまり社会（パブリック）との関係を設計することであり，この社会がグローバルという地球全体に広がることである。

　グローバルとは「地球全体を考える」という意味であるが，残念ながら地球は1つの国ではない。各国は独立しており，グローバル（地球）ではなく，インターナショナル（国際）と考えるしかない。インター（際）とは，インターネットで述べたとおり，「国と国をつなぐもの」である。そして日本企業のグローバル化は，この「国際」をベースとする（せざるを得ない）。

　前述のように，日本企業から見た現地法人は支配下においた植民地ではなく，独立した存在であり，日本企業とインターをしていく。

　グローバル・マネジメントにおけるパブリック・リレーションズは「国際社会」を対象としている。その国際社会は，全体としては自由主義（競争して強いものが勝つ）よりも社会主義（国益を最大にする）の色が濃い。自由主義のシンボルともいえるアメリカだって，トランプ大統領は「アメリカ第一」と言っている。

　パブリック・リレーションズは「ミッション設計→ビュー設計」と進めていく。ミッションはグローバル，すなわち世界共通である。173ページのようにトヨタはグローバル理念，グローバルミッションでこれを設計している。言い

方を変えれば，現地法人を作る時のMUST条件は，このミッションを日本企業と共有して現地国で働く人がいることである。

そして，ビュー設計もそのベースは現地法人も日本企業と同じものとなる。

しかしグローバルの場合，「現地法人で働く日本企業の従業員」がいるのが普通である。しかも，270ページで述べるように「出向」というスタイルをとることが多く，かつマネジメント，経営という上位職を担当することも多い。彼らは「異国の地で異国の人を部下に」という極めて難しいマネジメントを強いられる。

ここでの出発点は「彼らが現地国の人からどう見られるか」というもう1つのビュー設計である。現地法人の従業員はむろんであるが，現地の取引先，さらには日本企業の従業員が生活する現地国社会全体から「彼らがどう見られたいか」を日本企業として設計しなくてはならない。これについて，ビュー設計の3つの要素から考えてみよう

● 公共ビュー

CSRの公共責任が最大のポイントである。すなわち「法を守ること＝コンプライアンス」である。当然のことであるが，この“法”が日本とは異なっている。そして法のバックボーンであるイデオロギーが異なっている。「自由主義」⇔「社会主義・共産主義」は連続分布であり，そのとらえ方は各国さまざまであり，日本のイデオロギーはかなりユニークである。さらにもう1つの法のバックボーンがある。日本ではほとんど意識されていない宗教である。

さらに“法”は，日本同様に法律（国会で決めたもの）だけではなく，宗教ルールを含めさまざまなものがあり，かつこの法の中にある「違法行為のペナルティ」だって日本とは全く異なるものである。ニュースなどで，日本人がつかまって処罰を受ける時「うそ，この程度の罪でこんなに重い刑になるの！」ということも少なくない。

現地国の人はこの法の下で生まれ育ち，生活していく中で法を学習している。この地でテンポラリーに外国人として社会的ステータスの高い立場で働いて生活するのだから，まずは現地法人へ着任する前にこのコンプライアンス教育を徹底しなければならない。

グローバル本部（270ページ）に異動する前や異動直後に，英語というグローバル言語（といっても英語を話せる人は世界中で1/3もいないが）を学習さ

せるが，そんなことをやっている場合ではない。現地国で違法行為を犯せば本人の罰，ダメージだけではなく企業へのダメージも大きい。

ここにはビュー設計の基本，インテグリティが強く求められる。「これは罪になるのか」と考えることよりも，「そんなことは違法でなくてもやるべきではない」「その行動をまわりの人から見られて恥ずかしくないのか」という意識が基本である。そしてもう一歩踏みこんで，まわりの人に「フェアさ」（公正，公平）と「透明性」（すべての行動を隠さない）を感じさせなくてはならない。

グローバルで働く人に求められる要件は，言語能力ではなくインテグリティと人間的魅力である。そしてその反対側にある像が，「英語で迫力のあるプレゼンテーションをし，他人とディベートしてやっつけてしまうタフな人」である。このタイプの人は業績を出す可能性は高いが，コンプライアンスリスクも高い。

• 公益ビュー

グローバルで考えると，この公益にあたるものが「国益」である。つまりこの「現地国の国益を上げる」というスタンスが強く求められる。

だから，「わが社の日本のマーケットは成熟していて成長が期待できない。わが社の事業，商品を持って，力の弱い発展途上国のマーケットへ行って戦えば，再び成長できる」なんて思わないことである。これではかつての豊臣秀吉や大日本帝国の海外進出である。こうやって「進出」すれば，相手国は「日本へ利益を持っていかれ，国益が下がってしまう」と考える。

これが143ページの貿易摩擦であり，現地国は「なんとしてもその益を取り戻そう」と考える。貿易なら関税などのカネで決着がつくのでそれほど恐ろしくはない。しかし，現地法人というスタイルをとれば，そこへペナルティが入り，ターゲットはそこに出向して働く「日本人」となってしまう。そしてペナルティを受ける日本人は出国さえも制限されてしまう。これでは「人質」である。

マネジメント4.0では現地法人へカネは出しても，日本へはなるべくカネは持ってこない。そして，現地のマネジメントをサポート（応援）して，一人前になったら去っていくというマザー・ドータースタイル（6ページ）が求められる。この美意識こそがグローバル・ビュー設計の原点である。

では，何のためにグローバル化するのか？　私はこれをずっと疑問に思っていた。しかし，いくつかのグローバル化を目指している企業と会って，やっと謎が解けた。それは「グローバル化したい」という“想い”である。「なんで」なんてない。「グローバルで仕事をしたい」だけである。「現地国の人を育て，マネジメントし，一緒に働き，自らで開発した事業をグローバルに展開したい。自社商品を世界中の人に使ってほしい」という“願い”であり，まさに理念である。

　この想いを持っているのであれば，グローバル化し（持っていなければやめ），その想いを強く持っている人がグローバル展開の担い手となる。これがマネジメント4.0のグローバルモデルである。

・**存在ビュー**

　これは現地国から「現地法人に存在し続けてほしい」と思ってもらうことであり，上の公益ビューを持っていれば（国益に貢献する）おのずと生まれてくる。

　グローバルではむしろ存在責任のほうに問題がある。つまり，日本企業側から見て「その国から決して撤退しない」という責任である。しかし，公益ビューを持たない日本企業が，「利益が出ない」という理由でその国から撤退していくことも少なくない。これは，この現地法人で働いていた現地国の従業員を失業に追い込むだけではなく，そこで働いていた日本人の従業員に与える精神的なダメージも大きい。「この国のために一生懸命働いてきたのに，なぜ日本本社は撤退を指示するのか。家族を日本に残して，私がやってきたことはなんだったのだろうか」。そして，場合によっては（能力の高い人は）退職し，現地の別企業で働くことを望む。

　この撤退はその当該企業だけではなく，その国にある他の日本企業の現地法人への風当たりも強くしていく。つまり日本の国益さえも損なっていく。

　もし現地法人を創るなら，その日本企業がなくならない限り，ゴーイング・コンサーン（存在し続ける）という約束を現地国とすることである。それができないのなら，その国で事業を展開することはしない。

　グローバルにおけるパブリック・リレーションズは自企業を守るためではなく，現地国で働く従業員を守ることである。そして貿易時代にいわれた「メイ

第❸章　マネジメント4.0を設計する　**269**

ド・イン・ジャパン」というプライドを，グローバル時代のマネジメント4.0で持つことである。

(ii) 組織化

マネジメントモデルの前提となる組織であるが，これは基本モデルとは異なる。グローバル組織の第一キーは事業ではなく，国であり，FDIをベースとして現地法人というスタイルをとるのが基本である。そして現地法人には現地国の法に基づいたガバナンスモデルが求められる（その基本は従業員ガバナンスではあるが）。その枠の中で組織を含めたグローバル・マネジメントモデルを，マネジメント4.0の基本モデルをベースとして設計（アレンジ）していく。

現地法人の中は，基本的には日本同様にライン＆スタッフをとり，ラインは事業→顧客（または商品）というブレークダウンをしていく。

そうなると，日本企業と現地法人との関係は，217ページにあるグループ本社制ではなく，純粋持株会社スタイルとなる。つまり，経営スタッフも含めてすべて現地法人にいることが求められる。

しかしグループ企業なので，事業シナジー，機能シナジーの面から主に日本企業にはグローバルレベルの事業サポート（日本企業および現地法人同士の協働‥‥），機能サポート（オペレーション支援，営業支援‥‥）をやっていく組織が必要となる。つまり日本企業側には「グローバル本部」といった名称の部門が必要となる。そして，日本従業員は現地法人へここから“出向”という形となる。

(iii) 労働契約

グローバル本部の機能はサポートである。そうなると日本人は主に「現地法人に出向して」という形をとらざるを得ない。さらにはその国でのサポートが終わると日本に戻ってくるにしても，次の現地法人への出向という形となることも多い。

こうなると，176ページの2つの労働契約とは異なるパターンを持たざるを得ない。ホームタウンを持たないグローバル労働契約である。つまり「世界中どこが勤務地になってもよい」という労働契約である。ただライフ・ワーク・バランスを考えると，グローバル労働契約⇔それ以外の労働契約との間での移

行も可とすべきである。

② キャリアモデル

　キャリアとしては，所属が日本企業のグローバル本部となるので，メンバーキャリアは問題ない。経営キャリアも，日本のグローバル本部からのボードメンバーということが原則なので問題ない。

　問題は，リーダーキャリアである。日本企業内のマネジメントコース，スペシャリストコースという切り分けでは難しいので，グローバルバージョンを作らざるを得ない。

　グローバル本部のメンバーは本部内のチームマネジャー→グループマネジャーとキャリアアップするのではなく，現地法人に出向してマネジメント，経営を担当するのが普通である。しかも，その仕事の性格からしてマネジメント，経営をやることよりも，そのサポートによって「現地国人をマネジメント，経営ができる人に育てる」ことが目的となる。また，現地法人のサイズ，マネジメントモデルによってそのレベルや「ロワーマネジャー，ミドルマネジャー，経営」の位置づけも異なる。

　そうなると，グローバル・リーダーキャリアは，現地国でのポストとは切り離して考えなくてはならない。スペシャリストコースの一種として見ることも考えるが，「スペシャル」の意味が著しくかけ離れてしまう。しかし給与面から考えて，リーダーキャリアのLM，LSとのランクと整合性は求められる。

　つまりグローバル・リーダーキャリア（GL）は，LM，LSが3段階であれば，これに合わせてGL1，GL2，GL3とする必要がある。

③ 給与モデル

　まず，給与はどの会社から支払われるかである。在籍する日本企業か，出向している現地法人かである。そして，ここには現地法人の法人税，本人の所得税の問題もある。

　本来であれば現地法人のバリューを高めるために働くのだから，「現地法人のバリューに連動して現地法人の給与モデルに従って払う」というのが経営から見た"筋"である。しかし，働く側から見るといくつかの問題がある。

　まずは現地通貨で支払われることになるが，単身赴任なら家族の支出は円ベ

ースである。これでは為替相場の変動というリスクを抱えてしまう。

もう1つはキャリアモデルの整合性である。メンバーキャリアはむろんのこと，リーダーキャリアになってもキャリア内の給与ベースの整合性が求められる。

48ページの平等原則，ES原則から考えて，現地法人で働いていても，日本企業のグローバル本部のメンバーとして日本企業から給与を円ベースで支払うしかない。従業員主義である。そうなると「日本企業のバリューに連動して」という形となる。ただし，ライフ環境が変わるので，グローバル手当のような形で，その負担を補填する必要がある。

一方，経営上は現地法人の負担とし，現地国のバリュー連動という形とすべきである。そのため，この給与部分を日本企業へなんらかの形（内部取引，配当など）で支払うというスタイルをとる。そう考えていくと，できればこの給与はグローバル連結のバリューを連動対象としていきたい。ここから先は税法上の申告，法人所得といったナーバスな面があるので，公認会計士，弁護士というプロによく相談して設計する必要がある。

④ 人事評価モデル

（ i ）毎期の人事評価

これについては基本モデル同様にMBOを用いる。

・メンバーキャリア

グローバル本部のメンバーキャリアは，現地法人のMBOではなく日本企業と同じものを用いる（日本国内勤務の人を含めて）。それはこれが出向というファジーな形であり，かつ給与が日本企業から支払われているためである。現地国の労働法は日本と残業に関する考え方が違うので，「能率」のオブジェクトなどに少し違和感があるかもしれないが，平等の原則から同一のモデルで，同一の人事評価を受けるようにする。

ここでの問題は評価者である。上司（指揮命令者）が本社の従業員（グローバル本部所属の上司）なら問題ないが，メンバーキャリアで現地法人で働くということは，現地国人から日常のマネジメントを受ける可能性がある。この場合は，グローバル本部で日本にいるリーダーキャリアの人（グローバル本部長など）が行う。遠隔地ではあるが，期首に約束したMBOを使って人事評価を

行うという形で進めていく。

・グローバル・リーダーキャリア

　GLはマネジメントコースと，スペシャリストコースに分かれていない。しかもガバナンスの違いから，マネジメント体制を日本企業（チームマネジャー，グループマネジャー，部門長）と同様にすることはできない。あわせて，マネジメントオペレーションはメンバーが原則として現地国人であり，ここには異なるマネジメントモデルが設計されている。さらには現地法人ではバリュー連動をとることも難しいことも多く（ガバナンスによる），チームプロフィット，グループプロフィットというモデルもとれるかどうかわからない。

　ここでは大枠だけを決めておいて，現地法人ごとにケースバイケースでカスタマイズしていくしかない。ベースはMBOとし，オブジェクトはマネジメント能力，プロフィット，専門分野の3つを，仕事に応じて組み合わせて考える。

(ii) キャリアアップ評価

　GLへのキャリアアップは，グローバル本部メンバーのみならず，すべてのメンバーキャリアからの応募が可能である（むろん卒業条件を満たして）。

　これはやはり，1次テストと2次テストに分ける。1次テストはLM，LSと同じ共通テストである。2次テストについてはGLの像を創り，それに基づいてポテンシャル能力を中心にテストを行う。項目としてはインテグリティ，創造性あたりのウエイトを高くするのが一般的である。このほか，ナレッジとして経済学（国に関するモデル），国際法，グローバルビジネスの基本あたりの項目を追加する。

　言語についてはすでに多くの企業でやっている英語について，TOEIC，TOEFLなどの検定試験を用いる。MUST条件とは考えづらいが，異言語へのアレルギー（ストレス），グローバルビジネスへの意欲といった面をみるのに使いたい。勉強すれば到達するレベルを設定しておくとよいと思う。

　あわせて，LM，LSからのキャリアチェンジもできる。LM1，LS1からGL1へは共通テストを免除して2次テストのみを行う。LM2，LM 3，LS2，LS 3からの移行についてはGL1と同じ2次テストを行い，GL2，GL3へのキャリアチェンジを認める。そうしないとキャリアチェンジによって大きな給与変動が生まれてしまう。GLからLS，LMへのキャリアチェンジも全く同様で

ある。

　経営キャリアへのキャリアアップはLM，LSと全く同じである。

⑤ 人材育成モデル

(i) レベルアップ学習モデル

　現地法人勤務，グローバル本部勤務，メンバーキャリア，GLによらず他の
キャリア同様のレベルアップ学習を組織としてサポートする。ポジショニング
については特に能力至上主義を徹底し，「能力を高めること」をテーマとして，
現地法人およびそこでのポストを決める。

　コーチについては現地法人側ではなく，日本のグローバル本部内のヒトを原
則とし，Webサイト，メール，SNSツールでコーチングを行う。

　e-ラーニングにはインターネットの力が生き，どこに勤務，生活していても
学習ができる。他のキャリアが受けているスキル系はむろんのこと，ジョブ系
もグローバル向けコンテンツ（先ほどのキャリアアップのところで挙がった経
済学，国際法，その他グローバルビジネスナレッジなど）もグローバル本部で
用意する。

　こう考えていくと，日本のグローバル本部のメンバーは，ポジショニング，
人事評価，人材育成という現地法人で働く人のマネジメントがその中心業務と
なる。したがって，日本のグローバル本部はマネジャーおよびマネジメントス
タッフが中心メンバーとなる。

(ii) キャリアアップ学習モデル

　GLからEOへのキャリアアップは他キャリアと合同で行うので，ここでの
中心はメンバーキャリアからGLへのキャリアアップ（キャリアチェンジも含
む）学習のサポートである。ただこれについては，国内のメンバーキャリアで
グローバル事業へ移行（グローバル労働契約へ移行）しようとしている人（し
たいと思っている人）も対象とする。というよりも，これがその中心であり，
基本的にはグローバル事業をメンバーキャリアでやってから，GLへキャリア
アップというスタイルを主流としていく。つまり今多くの企業でいわれている
「グローバル人材の育成」と同意である。

　サポートスタイルは次の3つである。

- **プレサポート**

セミナー方式を基本とする。ここには2つのものを用意する。国内のメンバーキャリアが中心なので「グローバル人材の募集」のような形でセミナー受講者を広く公募する。応募条件のバーを低くし，「グローバルで仕事をやってみたい人」といった形で募集する。まずはこのセミナーを受けて，当社のグローバル事業戦略，求められるグローバル人材像を知り，「やってみたい仕事か」という自らのニーズ，ワーク・ライフ・バランスを考慮して，グローバル事業へのチャレンジの意思を自らで決める。

そのためセミナー後のレポートはキャリアプランとし，「グローバルキャリアをどのように担いたいか」（または「別のキャリアを担いたいか」）を書いてもらう。そして希望者のうち，適任者にはキャリアアップはせずとも（メンバーキャリアのままで）グローバル本部への異動を考える。

ここで問題になるのは，応募者の現在の直属の上司である。「優秀な若者をグローバル本部に取られてしまう」と思いがちである。一般的にグローバル希望者は，ワーク・ライフ・バランスから考えて，すでに生活設計（住居，家族……）をしてしまったベテランより若者のほうが多く，能力が高く今の仕事でも高いパフォーマンスを上げていることも多い。彼らがグローバルへ異動すればおのずと自部門から出ていくこととなり，チームの戦力ダウンとなってしまう。

そのためセミナーの応募条件には，上司の承諾やメンバーキャリアでのランク，人事評価結果などの条件をつけず，広く公募する。そして応募者はこのセミナーだけは受講できるようにしたい。セミナー予算的に難しければ経営（経営スタッフ）またはグローバル本部が人選し，「漏れた人は次年度」という形としたい。チャンスは「平等に」である。

- **学習計画サポート**

これも他のキャリアアップ学習と同様に学習計画をサポートをするのだが，ここに1つのチャンスを与える。それは国内のメンバーキャリアがグローバル労働契約へ移行せず，「1～2年程度現地法人で働く」というオプションを用意することである。能力向上手段の1つであるポジショニングである。そしてこれを「期限付きの学習」と考える。

・アフター学習サポート

　このプロジェクト学習についても同様に行うのだが，キャリアアップテストの意味合いを持たせる。つまりグローバル事業の戦略理解度，適性，意欲といったものをこのプロジェクト学習を通してみるということである。そしてこれをグローバル事業への異動およびグローバル・リーダーキャリアへのキャリアアップにも使う。

　グローバル人材育成が急務ならば，プレサポートセミナーとプロジェクト学習を一括して行いたい。その中のグローバル人材候補者が「期間限定で現地法人で働く」というスタイルをとる。

(iii) 現地国人

　現地法人で働く現地国人であっても，グループ企業としての人材育成戦略ベクトルは変わらない。それは教育ではなく学習である。そのため，採用もジョブ型採用ではなく，メンバーシップ型採用であり，どんな現地国法であっても解雇権は行使しない。つまり269ページのように撤退はできない形とする。日本企業が資本家となって労働力を買うのではなく，従業員は働く仲間である。

　現地国の従業員も「仕事ができるようになりたい。仕事をうまくやりたいという気持ちを持っている」という仮説をベースとする。もっといえばこれに合意できる人と労働契約を結んでいく。そして企業はこの従業員の学習をサポートする。これがマネジメント4.0のダイバーシティである。

　ここでの中心はレベルアップ学習サポートである。すなわち，能力至上主義のポジショニング，コーチという現地法人のマネジメントが担うもので，当初は日本人従業員がこれを担当する。あわせて，グローバル本部でのe-ラーニングを現地国人にも実施する（もちろん現地国語で）ことでサポートしていく。こうして現地国人をプレイヤー→トッププレイヤーと育て，このトッププレイヤーから日本でいうリーダーキャリア，経営キャリアに育てていく。

　ただし，ここから先の具体策は前述のように現地国のガバナンスモデル，労働法（残業など）によるキャリアモデルに合わせて設計していく。これを担当するのは当初はグローバル本部であり，これを徐々に現地法人へと引き継ぐようにする。

⑤ コミュニケーションモデル

（ⅰ）情報システム

　現在グローバルで働いている人たちが持つ「現地の情報システムは日本本社の情報システムとは全く異なり，日本本社への報告資料を作るのが大変」「日本本社の情報システムにアクセスすることができず，日本で何が起きているか全くわからない」といった不満を，Web型分散情報システムで解消する。Web型分散情報システムは各サーバーが水平につながっており，現地法人のサーバーもその1つであり，日本企業におけるマネジメントサーバーとなんら変わりない。

　外部報告，つまり業務処理系は現地国によって異なるが，グローバル対応のERPパッケージを使えば問題はない。内部報告については，マネジメント4.0の情報システムの原則に従い，これまで報告を受けていた側（たとえば日本本社）が自分で使いたいデータを自分で見つけ，自分で加工する。加工が一定のものはIT担当が情報ビューとして設計する。非定型なものはエクセルなどのパーソナルツールで行う。

（ⅱ）コミュニケーションシステム

　これについてもWebサイト，メール，SNSツールを各現地法人の判断で使っていけば問題ない。特に時差を考えると，日本企業とのコミュニケーションだけではなく，現地法人間のコミュニケーションにも"非同期"が強く生きることになる。

　次に，ここでのコミュニケーション言語をどうするかである。まずは現地法人内のコミュニケーションであるが，それはマネジメント4.0のコミュニケーションの原則である「上下関係の"下"（人数が多い）に合わせる」から考えると，おのずと現地国語となる。

　問題は，日本企業と現地法人，および現地法人同士のコミュニケーションである。いずれにしても異なる言語を使った企業間でのコミュニケーションとなるので，どうしても「翻訳」という行為が発生する。そして翻訳する相手先の言語＝共通言語は1つとするしかない。

　そうなると日本語か英語となる。これは経営者の意思決定事項，というより

第❸章　マネジメント4.0を設計する　**277**

も理念のようなものであろう。私は「日本でやっている事業を世界へ」という
スタンスを考えると，日本語が妥当だと思う。つまり各現地法人側に日本語の
翻訳機能を持つことであり，通訳スタッフのようなものが必要となる（AIが
翻訳家にもうすぐ追いつくであろうが）。

(iii) IT担当スタッフ

　情報システム，コミュニケーションシステムともグローバルで統一するので
あるから，日本企業のIT担当が現地法人もサポートする。ただ日本企業内で，
各チームにヘルプデスクを兼務で（マトリクス的に）配置していくのであるか
ら，現地法人もこのスタイルに従うことになる。

(2) バリューチェーン・マネジメントモデル

　バリューチェーンとは，131ページで述べたように顧客へバリューを提供す
ることを目的として，複数の企業が協働していく（チェーン）仕組である。こ
こにはスペシャルなマネジメントモデルが求められる。

① パブリック・リレーションズ，戦略ベクトル

　ここでのバリューチェーンは独立した企業がチェーンを組むものであり，メ
ンバー企業は独立している。だから，バリューチェーンとしての共通部分を設
計する必要がある。その要素は次のようなものである。

(i) ガバナンス

　ガバナンスについては従業員ガバナンスとする。つまり，オーナーがいてチ
ェーン企業をガバナンスするものではなく，特定の企業の株主がガバナンスす
るものでもない。バリューチェーンはそこで働く人のものである。ここでは
47ページの「企業原則」にバリューチェーン全体が従う。

(ii) ミッション設計

　バリューチェーンのミッションは，「顧客への提供価値（バリュー）を高め
ること」つまり顧客第一主義である。それが「目的」であり，そこで生まれる

利益はこれを達成するための「手段」である。決してチェーンを組むことで競争優位性を高め，ライバルに勝つことではない。というよりもライバルというものが存在しない。同じ事業をやっている企業であっても，そのミッション（顧客第一主義など）に合意する相手とは戦うのではなく，手を組む。

(iii) ビュー設計

バリューチェーンで手を組む各企業の公共ビューは必須の条件である。すなわち，コンプライアンスと透明性である。そのうえでバリューチェーンで働く従業員は公益ビュー，存在ビューを共有する。仮にメンバー企業のパブリック・リレーションズが異なっていても，バリューチェーンで働く仲間はマネジメント4.0の公益ビュー，存在ビューを共有する。

(iv) バリューとプライス

バリューチェーンの対象である顧客は，提供されるバリューによって得られる「便益」（ベネフィット）の対価としてカネを払う。これをプライスと表現する。マネジメント4.0のバリューチェーンでは，「顧客は一定のバリューレベルを満たすものの中で最小のプライスを求める」のではなく，「一定のプライスの下での最大のバリューを求める」という仮説を持つ。そして，このプライスに対するバリューの大きさをCS（Customer Satisfaction：顧客満足度）と表現する。

バリューチェーンはCSの最大化，つまり提供バリューの最大化を図る。そして顧客は「そのバリューを実現するためにかかった原価には興味を持たない」という仮説を持つ。したがって，プライスはバリューチェーン内の原価で決まるのではなく，バリューの大きさ，CSの大きさによって決まる。バリューチェーンで働く従業員はこの「バリュー」からの分配として給与を受け取る。

② 組織化

バリューチェーンという組織は，法的に考えるとグループ会社，持株会社，共同出資会社，資本参加（特定のメンバー会社がメンバー内会社の株を少し持つ）や株の持ち合いといった資本関係，業務提携やフランチャイズといった契

約関係などさまざまな形が考えられるが，協働している部分は実質的には1つの企業である。すなわち，共通のパブリック・リレーションズ，戦略ベクトルを持って協働する。

このバリューチェーンは通常の企業と同じく，経営，マネジメント，現場の3階層を持ち，ライン＆スタッフ組織をとる。

このライン分化のキーの第一は，事業または顧客のはずである。しかしバリューチェーンは同一事業，同一顧客タイプごとにバリューチェーンを組むことが多い。つまり特定の顧客に特定のバリュー（事業）を提供するためにチェーンを組むものである。しかも各企業は基本的には独立したままである。そして，事業を第一キーにした最大の理由である「事業開発」を行うことはあまりない。そうなるとブレークキーはチェーンを組む目的である「機能」に着目して，次の4つの機能別のチームを考えるのがノーマルである。

(i) オペレーションチーム

バリューの提供をオペレーションするチームであり，チェーン内の従業員のマジョリティが属する。

(ii) 設計チーム

バリューの創造を設計するチームである。ただし，バリューチェーンではチェーンを組んだ各企業も独立して存在しており，各企業がバリューをすでに持ち，提供している。この設計チームはバリューを創造するというよりも，各企業のバリューを統合して1つのバリューにすることがメインの仕事となる。

(iii) マーケティングチーム

従来の営業にあたるものであるが，これを顧客への情報発信および顧客からの情報収集するチームと考える。つまり，カスタマー・マーケティングを担当する部門である。

(iv) 本部チーム

上記のチーム間の連携を担当するチームであり，経営スタッフ，マネジメントスタッフがここに集結する。

③ 給与モデル

バリューチェーンには次の2つのタイプがある。

1つは，そのバリューチェーンが法的にも1つの会社スタイルをとり，しかもそれが経過措置ではない時である。そのためここで働く人はこの会社へ転籍という形をとるのが普通である。この場合は新会社の設立なのだから，マネジメント4.0の基本モデルに従い設計していく。

バリューチェーンにはもう1つのスタイルがある。それがアライアンスである。プロジェクト，協同組合のようなものであり，仮に会社になっていても経過措置であり，従業員は「出向」という形をとるのが普通である。つまり各従業員の本籍会社は変わらず，出向してバリューチェーンで働くというものである。このタイプのバリューチェーンは給与をどこで払うかによって2つに分かれる。

1つは，本籍地の企業が払うものである。仮に実際の支払いはバリューチェーン企業が払っていても，その給与モデルが本籍企業のもの（各人の給与の決定は本籍企業が行う）であればこのタイプである。バリューチェーン企業のバリュー連動ではなく，それぞれの企業の給与システムで給与が払われ，バリューチェーンはこれを受け利益計算を行う。

こうであれば，ここで働く従業員は本籍企業のマネジメントモデルが原則として適用される。すなわち，キャリアモデル，人事評価モデル，人材育成モデルは本籍会社によって異なる。ただし，コミュニケーションモデルはバリューチェーンのコミュニケーションモデルとの併用（つまり2つのツールを持つ）となる。

もう1つが，「給与をバリューチェーン側で支払うタイプ」である。ここにマネジメント4.0を適用すれば，当然のことながら187ページで設計したバリュー分配となる。

ただし，株主（投資家も含めて）は各メンバー企業に存在している。しかもアライアンス・バリューチェーンの場合，カネだけではなく，ヒトも出資されていると考えられる。そうなるとあらかじめ各企業で，ここで生んだバリューの分配比率を決めておく必要がある[注]。

各人の給与については，この後述べるキャリアモデル，人事評価モデルによって決定することになる。しかしこの場合，各企業と給与水準が違っているので，設計したバリュー（給与原資）によっては固定給部分（基本給）がダウンしてしまう可能性がある。しかも期間限定の出向である。この場合は本籍企業側で出向手当などなんらかの形で補填する形をとる。ただいずれにしてもバリューチェーン内での給与分配は平等原則（公平，公正）に従う。

　以降は，この従業員の給与をバリューチェーン側で支払う場合のみを考えることとする。

注）この詳細は，拙著『日本企業，成長戦略のベクトル』（同友館）を参考にしてほしい。

④キャリアモデル

　給与を分配するにはキャリアモデルが必要である。バリューチェーンは新たにできた企業であり，かつ出向者には給与補填がついていることもあるので，マネジメント4.0のセオリーに従って忠実に実行する。すなわち，228ページのようなG1～G3，LM1～LM3，LS1～LS3，EOといったキャリアモデルである。そして人事評価者も当然のことながらバリューチェーン内の上司である。

　ただ問題はここでの従業員は出向が原則であり，バリューチェーンに入ってくる時，出ていく時に移行措置が必要となることである。各メンバー企業でキャリアモデルが異なっているので，企業ごとに対応表を作っておくとよい，たとえばメンバー企業が一般職1級～7級，管理職1級～3級，経営職1級～3級となっている時，その職務記述書（各キャリアにどんな仕事能力を求めているか）をベースとして，一般職1級～3級はバリューチェーンのG1，4～6級はG2，7級はG3，管理職1級はLM1 or LS1，管理職2～3級はLM2 or LS2，経営職1級はLM3 or LS3といったものである。また，ランクの細かいほうへ移行する時は，受け入れる側でランク分けを行う。

⑤ 人事評価モデル

（ⅰ）毎期の人事評価
　通常の企業同様にバリューチェーン内の人事評価はMBOによって行い，ランクアップ，給与分配に用いる。評価者はバリューチェーン内の上司である。リーダーキャリア，チームプロフィットも採用する。むろん，バリューチェーン内でランクアップすれば本籍企業に戻っても対応表によってランクアップする。

（ⅱ）キャリアアップ評価
　バリューチェーン内でのキャリアアップをどう考えるかである。
　出向といってもこの企業がうまくいった場合はほとんどの人が転籍という場合は，バリューチェーン企業にてキャリアアップテストを行う。
　ただ，期間限定，あるいは不透明な（どうなるかわからない）時はキャリアアップ（メンバー→リーダー）は本籍企業の人事制度に従って行われる。

⑥ 人材育成モデル

（ⅰ）ランクアップ学習
　これは，当然のことながらバリューチェーン内で学習サポートをする。そのツールはポジショニング，コーチ，e-ラーニングである。ただしe-ラーニングは，バリューチェーンで作るもの以外にメンバー企業で適当なe-ラーニングがあればこれを受講させるようにする（他企業のメンバーは利用料を払うという形で）。

（ⅱ）キャリアアップ学習
　キャリアアップ学習は，キャリアアップ評価をする企業で行う。すなわち，バリューチェーン（本籍企業）でキャリアアップ評価をやる場合はバリューチェーン（本籍企業）で行う。バリューチェーンで行うセミナーなどへの応募条件は出向者も転籍者も同様とする。

⑦ コミュニケーションモデル

（i）情報システム

　当然のように，バリューチェーン企業としてのマネジメント4.0型の（Web型の）情報システムを持つ。そして，その情報システムと各メンバー企業の情報システムはインターネットワーキングする（各メンバー企業の情報システムの作り方によってネットワーキングスタイルは異なるが，つながらないことはあり得ない）。

（ii）コミュニケーションシステム

　ここでもマネジメント4.0型のコミュニケーションツールであるWebサイト，メール，SNSツールを用意する。メンバー企業の従業員とのコミュニケーションは，メンバー企業側がマネジメント4.0型なら問題ないが，そうでない場合は2つのコミュニケーションシステムへアクセス（端末が同じスマホでも）するという形をとらざるを得ない。

（3）事業開発マネジメントモデル

　142ページで述べたように，多くの企業は「選択と集中」から「新しい事業の開発」へと向かっている。ここにもスペシャルなマネジメントモデルが求められる。

① フレームワーク

（i）パブリック・リレーションズ，戦略ベクトル

・ミッション

　事業開発の動機を，マネジメント4.0では「事業の硬直化の打破」ととらえる。業績の行き詰まりでも，新しいマーケットチャンスが生まれたからでもない。自企業が「儲かる強い事業」だけに絞り込んでしまい，タフで創造性の高い若者たちが仕事を守るだけになってしまったことがそのトリガーであり，彼らの望む「夢のある」「ワクワク感のある」未来を見つけてもらうためである。その構造は，「既存事業で稼いだカネ」を若者たちの未来のために（＝未来の

284

企業のために）つぎ込むことにある。

この事業開発の最大の制約事項は，その企業のミッションである。「技術で社会に貢献する」がミッションの企業なら，自社の技術をベースとして「社会貢献できる事業」を開発していくことであり，それ以外の事業はできない。若者といえどもミッションという旗の下に集まったのであり，このミッションが投資の最大条件である。

・ビュー設計

事業開発はすでに企業のメンバーとなっている従業員が行うものであり，当然のことながら企業はすでに設計されたビューを実現するために事業開発する。公共ビュー，公益ビュー，存在ビューが開発する事業の選択基準となる。

(ii) 戦略ベクトル

事業開発にとって最大のポイントは投資の意思決定である。すなわちいくつか挙がってくる事業のどれに投資していくかである。この投資の意思決定基準が事業開発の戦略ベクトルとなる。

マネジメント4.0の事業開発は次のような戦略ベクトルを持つ。

シーズを生かす

事業開発とは，ニーズ（社会が求めているバリュー）とシーズ（自社が持っている能力）をビジネスモデルによってマッチングさせることにある。

では，ニーズ，シーズのどちらから事業開発を進めるのか。それはシーズである。シーズは有限でニーズは無限だからである。

このシーズを，マネジメント4.0の能力至上主義に則って「従業員個々人が持っている能力」と考える。儲かりそうな事業に投資するのではなく，従業員の能力にぴったり合った，その能力が生きる事業に投資していく。従業員の能力の中でも，特に今の事業が出来上がってから入ってきた若者たちの能力に着目する。今の事業を開発したのは先輩・ベテラン従業員の能力であり，その事業がすべての若者の能力にぴったりしているとは限らない。事業投資の意思決定基準は，「これから長く企業にいる若者たちの能力が生かされるか」である。

第❸章　マネジメント4.0を設計する　**285**

若者たちの創造性を信じる

　事業開発のスタートは，事業アイデアという"芽"である。この芽に水を与えるのが投資である。アイデアは上記のことから当然若者たちが出す。そして投資の意思決定は経営者の仕事（資源の配分）である。

　経営者は，自分たちより若者たちのほうが創造性が高い（創造性の高い若者にアイデアを出させる）ことを認識する。そして事業開発の目的は，組織の活性化，若者たちの成長にあるのだから，アイデア，やり方に修正や再考を求めない。

　さらには，そこでの成功も求めない。そもそも，その事業が成功するか失敗するかなんて経営者にわかるはずもない。自分たちが打つ手だけで業績が決まるのではなく，顧客，ライバル，そして社会環境の変化が重なり合って結果が出る。これらのことをすべて考慮して意思決定することなどできない。しかもその答えが見えてくる頃には，その経営者はもうその企業にいないかもしれない。

　経営者が若者たちの成功をサポートするのは当然であるが，事業開発の意思決定については失敗を前提とする。そしてその失敗は自分たちだけではなく，若者たちも将来バリュー分配の給与によって受けることになる。だから，事業開発にかけたカネ（＝自分たちが既存事業で稼いだカネ）は戻ってこないことを前提としなくてはならない。

　しかも，事業開発を志向する多くの企業は，カネが足りなくて困っているのではなく，既存事業で稼いだカネが行き場を失っている状態である。そしてこのカネは法的には株主のものであり，従業員の給与に回すことはできない（給与分配して後に残ったカネである）。このカネは明日のために使うのが当然であり，株主にもこれを了承してもらう。

カニバリを恐れない

　事業開発をミッション，そしてシーズをベースに考えれば，飛び地のような事業アイデアはあまり挙がらない。つまり，既存事業の周辺となるのが普通である。そしてこの新事業がうまくいくと既存事業を壊してしまうリスクを抱えていることも多い。いわゆるカニバリである。これが事業に成功した大企業が新規事業に踏み込めない理由である。

153ページで書いたように，既存事業で働く人たち，特にそのリーダーたちにとってみれば，自らの事業が消えてしまうのは恐ろしい。一方，若者は「今の事業が，自分たちがこの企業にいる間ずっと続くとはとても思えない。他社に壊されるくらいなら早く自社で壊してしまったほうがいい」と考える。

投資の意思決定で，経営者は自分のまわりにいるリーダー，ベテランの意見を聞きがちだが，事業開発では若者の意見を大切にすべきである。そしてリーダー，ベテランには，長い目で見れば既存事業を壊して新事業を立ち上げたほうが企業（従業員）にとってハッピーであることを理解させる。

「将来の夢はそれを実現することのできる若者に決めてもらう」。これが投資の意思決定ベクトルである。

(iii) 組織化

事業開発は他の仕事と異なり，組織において「誰がやるか」が決まっていないことが多い。そのため少人数の事業開発チームを作ってみたりするが，そのメンバーは何をやってよいかわからず，何も生み出せず，いつの間にか消えてしまう。事業開発において，どういう組織を作るかは大きなテーマである。

マネジメント4.0では事業別の組織を提案している。その目的はこの事業開発を生むためである。つまりは事業開発のための新しい組織を作らざるを得ない。

事業開発組織は，事業投資の意思決定前とその後で異なるものとなる。

（a）投資決定前

次のようなステップで，投資前の事業開発組織を設計する。

• 創造性と論理性

事業開発の出発点はアイデア出しである。アイデアは人間の持つ不思議な力から生まれるヒラメキのようなものである。その不思議な力を創造性とよぶ。この対極にあるのが論理性である。創造性は何もないところから多くの情報（アイデア）を生み出す。逆に，論理性は多くの情報を整理して1つの答えを導く力である。

事業開発のスタート時点ではリスクを恐れない創造性が強く求められる。一方，事業遂行時にはリスクをヘッジしてさまざまな問題を解決していく論理性

第❸章　マネジメント4.0を設計する　**287**

が求められる。

　働くヒトから見ると，創造性と論理性はトレードオフである。つまり事業を遂行していくと（事業開発以外の仕事をやっていくと）論理性が高まり，結果として創造性を落としていく。「経験」は成功よりも失敗が残っていき，失敗しないように仕事をしていく。こうして失敗を恐れないアイデアが出なくなってくる。これが何度も言っている「経験の少ない若者の創造性が高い」という現象である。

• 創造性の特徴

　では，若者はすべて創造性が高いのか。そんなことはない。創造性は持って生まれたものが大きい。論理性は論理的思考法，ロジカルシンキングなどのテクニックを学べば高めることができる。しかし，「キレのあるアイデアを出す創造性」を高めることは難しい（潜在化しているものを引き出すことはできるが）。

　私はこの創造性について，1万人を超える人のポテンシャル能力評価をやってきた。そして出した結論は「アイデアを出せる人」と「アイデアを出せない人」がいることである。

　そして「アイデアを出せない人」の特徴は，キレのあるアイデア（誰も思いつかないようなアイデア）を否定する。つまり失敗したシーンがすぐに浮かんでしまい「そんなことできっこない」「そんなことうまくいくはずがない」「××社でやってコケた」‥‥。一方「アイデアを出せる人」は，成功シーン（夢）しか頭に浮かばない。そして他人のアイデアから全く違うアイデアを生み出すことができる。

　もうわかったと思う。アイデア出しの段階では「アイデアを出せる人」だけを集めれば多くのアイデアを生み出すことができる。

• プロジェクトスタイル

　「アイデア出し」組織の第一歩は，アイデアを出せる人をできるだけ多く集めることである。そして数多くのアイデアの中からよさそうなものを選択し，事業イメージにまとめていくことである。

　ここまでのことをやる組織として適切なのはプロジェクトスタイルである。つまり現業の仕事を持ちながら，この「アイデア出し→事業イメージ作り」も仕事としてやることである。

288

そしてこれには次の2つのセミナーを用いる。このセミナーには260ページのようにプロの力が必要であり，外部コンサルタントがこれを担当する。

• 事業開発セミナー・ベーシックコース

2～4日間程度で事業開発についてのセミナーを開催する。外部コンサルタントによって，事業開発ナレッジのレクチャー→他社の事業開発のケースワーク（グループディスカッション）→自社の事業開発についてのアイデア出し（ブレーンストーミング）→個人のレポート作成といった順で進めていく。対象者はその範囲を広くした公募制にする。つまり「受けたい人が受ける」というものである。

このセミナーの最大の目的はポテンシャル能力評価である。すなわち，創造性の高い人＝事業開発にフィットする人を探し出すことである。

• 事業開発ワークアウトセミナー

上記の創造性の高い人は現業の仕事を持ちながら，事業開発プロジェクトに就く。プロジェクト期間は6ヵ月～1年が妥当である。ただこれを「事業開発プロジェクト」という名前にしてしまうと，事業計画などを作るものと誤解を受ける。ここでは事業開発のワークアウトセミナーといった名前にして，投資前段階のアイデアを形にしていく場と考える。

ここでは，上記の個人レポートにあるアイデアをベースとして，いくつかのテーマを出させ，4～5人くらいのチームを作る。たとえばエネルギーチーム，IoTチーム，バリューチェーンチーム，グローバルチームというテーマ別や，1つのテーマ内で農業チーム，病院チーム，介護チームといった顧客別のものを作る。

各チームはアイデアを事業イメージへと変える。ここでは一般にミッションからの戦略フロー方式をとる。つまり，ミッション→ビジョン→戦略ベクトルというものである。そのうえで各チーム間で（外部コンサルタントを含めて）相互に評価をし，最終的には経営者に事業イメージをプレゼンテーションする。ここで経営者は事業開発のテーマを絞り込む。

(b) 投資の意思決定後

経営者が絞り込んだ事業テーマについて，××事業開発室といった名前で正式な組織として発足させる。このメンバーは兼務ではなく事業開発専業となる。

事業開発メンバーは「対象マーケットの分析→フィジビリティスタディ[注1]→事業化計画→SBU[注2]組織」というプロセスで進め，各段階で経営のチェックを受けて（途中で止めることはできない）進めていく。

この××事業開発室のメンバーは，必ずしもアイデアを出した人が担うわけではなく，テーマに応じて経営がメンバーをアサインしていく。また，このメンバーを既存の経営スタッフ（経営企画部，財務部‥‥），マネジメントスタッフ（マーケティング部‥‥）がサポートしていく。ただこれらスタッフは，この事業開発チームには入らず，現在のスタッフのままサポートする。つまりチーム側の要望に応えてサポートしていくというものである。事業開発メンバーは創造性の低い人を排除し，夢を追いかけていく人だけの集まりとする。

注1）事業の実行可能性を調査すること。
注2）Strategic Business Unitの略。事業別組織の中での戦略的部門であり，損益よりも事業開発の完成を目指すチーム。

②キャリアモデル，給与モデル

プロジェクトチーム（ワークアウトセミナー）の時には現業を持っているはずである。そのため，その他のセミナー受講者同様にキャリアについては現業のままであり特に問題にない。

問題は，××事業開発室となった時である。事業遂行とは全く違う形でマネジメントを進めていく必要がある。また，事業開発とよく似た組織として研究開発，商品開発といったチームがすでにある企業も多い。マネジメント4.0では，これらをすべて含めて「事業開発マネジメント」とする。

事業開発マネジメントの特徴は，そのチームをプロフェッショナル集団にすることである。新入社員からずっと事業開発をやるという人は少なく，創造性を中心とする特定能力の高いことを評価された人が集まったチームであり，相互がインディペンデントに仕事をすることが多い。つまり，マネジメントから見ると管理範囲は広くなり（というよりもあまりマネジメントを必要とせず），各人がプロとしてシナジーを生んでいく。したがって，メンバーキャリアの延長でスペシャリストへのキャリアコースをとっていくほうが多いことになる。しかも専門的で奥が深い。つまり，他のキャリアモデルとやや異なるものとな

図表3-11 事業開発キャリア

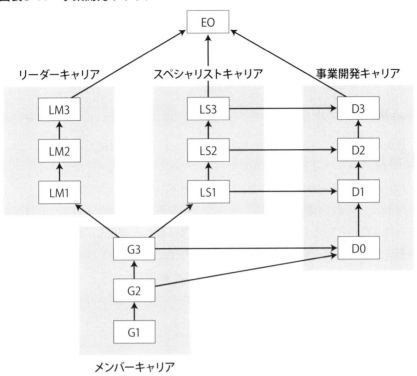

る。

　結論としてはこの事業開発メンバーが一定人数いて、さらに増やしていくのであれば、別のキャリアモデルを作る必要がある。

　この事業開発キャリアは、たとえば図表3-11のようなものである。

　メンバーキャリアにあたる部分に事業開発キャリアの最下位（D0）を置き、労働法上では非管理監督職（ただし"みなし"などで「働く時間のフレキシブル化」を考える）とする。D1〜D3はLS1〜LS3のランクに対応し、給与も同ランクで固定する。D0へはG2, G3からキャリアチェンジでき、D1〜D3はLS1〜LS3よりキャリアチェンジできる。

　このチームは、後述するように毎期の人事評価、人材育成をやることがない

ので，事業開発部門長だけを作ればよい。

チーム内の上下関係は必要であるが，上位ポストはマネジャーではなくキャプテンである。つまり自らもプレイヤーとしての仕事を持つ。上位ポストはそのプレイヤーとしての仕事にプロジェクトマネジメントのようなものが加わることになる。

③ 人事評価モデル

最大の問題はこの人事評価である。このメンバーにはMBOが適していない。そのためランクアップ，キャリアアップはすべてテスト方式とする。

D0→D1，D1→D2，D2→D3ごとにそれぞれテストを年1回行う。テストツールは1年間の行動のプレゼンテーションである。つまり1年間自分は何をやってきたかというものである。この評価者は経営者である。経営者がこのプレゼンテーションを見て，ランクアップ，キャリアアップを決定していく。

キャリアチェンジについても，希望者を対象とするテスト方式が妥当である。テストツールとしては論文作成，レポート，面接，前述のポテンシャル評価といったものを使う。

④ 人材育成モデル

これまでのキャリアモデルのように，ランクアップ，キャリアップのための学習については，事業開発（商品開発，研究開発を含めて）をやること自体が学習であり，かつそれをやるために必要なこと（技術，マーケット，顧客‥‥）を学習していくと考える。つまり，学習と仕事を一体化して行う。組織レベルのサポートとしては，外部セミナー情報の提供，場合によってはテクニカルスクールなどへの通学といったものを中心とし，自らの判断でこれを行う。

⑤ コミュニケーションモデル

これは他のキャリアと全く同じである。

(4) ソーシャルビジネス・マネジメントモデル

　企業が147ページで述べたソーシャルビジネスを遂行しようする場合は，異なるマネジメントモデルが求められる。

① フレームワーク

(ⅰ) パブリック・リレーションズ
•ミッション設計

　多くの企業では，プライベートビジネスからソーシャルビジネスを生んでいく。そのため，事業開発の側面を持っているのだが，プライベートビジネスの事業開発とは根本的に異なる点がある。それは企業としての出発点である「ミッション」が異なることである。

　プライベートビジネスのように「社会に貢献する」ではなく，ソーシャルビジネスは「社会のために働く」である。すなわち，企業利益（バリューの提供）の向上が社会貢献に役立つのではなく，極論すれば企業利益を捨て，社会利益の向上に徹するものである。前述の環境，健康などはこれにあたる。この仕事から「企業の利益を生む」ということを理論化するのは難しい。ミッションはたった1つ，「社会利益の向上」しか考えられない。

　そうなると事業部制，カンパニー制とするのは難しく，別の企業スタイルで立ち上げるしかない。その法人スタイルは，本来ならソーシャルビジネスを意識して設計された財団法人，NPOのほうがなじむ。しかし，株式会社からそのソーシャルビジネスを生んでいくことを考えると，働く側から見て株式会社のほうがよい。それは，プライベートビジネス企業も企業グループとしての仲間であり，かつその会社間を行き来することが求められるからである。

　ここでは，株式会社が行うソーシャルビジネスを対象として考える。

•ビュー設計

　ここでのビューは「こう見られたい」というよりも「こう見られては困る」というネガティブチェックである。そして，インテグリティをごく自然にまわりに感じてほしいというものである。

　公共ビューについては，法のルールよりも高いレベルのルールを持ち，これへの準拠性を透明にしていく。公益ビューは，社会利益のために働くという約

束であり，存在ビューは，社会のために働くのだから社会に強く求められる存在に自然になるというものである。

　そのため，マーケティングなどもかなりの制約を受ける。セールス（買ってほしい）というプッシュ型マーケティングではなく「社会ニーズを知る」というプル型マーケティングとなる。

(ii) 戦略ベクトル

　ソーシャルビジネスの顧客は社会である。しかし，社会の事務局たる政府からカネを得ているのではなく「社会を構成するヒト」か「ヒトの集合体である企業」から直接的にカネを得ることが中心である。

　たとえば，「老人介護」という社会ニーズに対して「介護センター」を社会利益向上のためにやる時でも，その収入の多くは介護を委託して直接価値を受ける家族から受ける。ここで難しいのが，いくらで受けるかというプライスである。

　ここでのプライシングの原点はプライベートビジネスにおけるバリューであり，バリューに見合ったカネを受け取ることである。そして，このバリューを従業員，株主（投資家），社会，そして企業自身がシェアする。ここでの従業員の給与は，ソーシャルビジネスの典型である役人の給与決定基準と同じとする。つまり「プライベートビジネス並みの給与」をベースとする。また株主への配当も，SRIというスタイルであっても，給与同様に「プライベートビジネス並み」とする。

　ただ，残った社会と企業自身への分配についてはやや異なる。バリューに見合ったプライスで事業を遂行すると赤字になってしまい事業が継続できない時は，プライスを上げるのではなく，社会全体からカネを得ることも考える。たとえば，社会からの支援（各種補助金など）といったものである。社会ニーズの高い事業については国もこれを用意していることが多い。

　内部留保については，これをすべてソーシャルビジネスへ再投資する。他のプライベートビジネスへそのカネを回すことはできない。そのため，利益，バリューの計算はプライベートビジネスとはっきりと分離してアカウンティングすることが求められる。つまり，別企業として遂行していくことが条件となる。

(iii) 組織化

上述のように，グループ企業内に別企業として組織化する。そしてここで働くメンバーの選定条件の第一はインテグリティである。採用は企業グループとして一括して行い，従業員は経営によってプライベートビジネスとソーシャルビジネスに配分される。

他企業とバリューチェーンのような形でソーシャルビジネスを進める時は，共同出資スタイルとし，各企業から独立していることが求められる。このタイプの企業は財団法人のような形（従業員は出向）も考えられる。

組織構造としては，プライベートビジネス同様に事業別，顧客別の組織を原則とし（バリューチェーン会社であっても），ライン＆スタッフ組織とする。

② キャリアモデル＆給与モデル

ソーシャルビジネスには2つのパターンがある。1つは，今までのプライベートビジネスからソーシャルビジネスを切り離して，グループ内で別会社を作るものである（今やっている環境ビジネスを切り離して別会社とする）。この場合は，基本モデルのキャリアモデルを使う。

もう1つは，事業開発の一環としてソーシャルビジネスをテーマとして行うものである。ただこの場合は，アイデア出しというよりも事業イメージがすでに固まっていて，バリューチェーンとして他企業と別企業を作り，事業オペレーションとともに事業開発を続けるということも多い。この場合は，事業開発（研究開発，商品開発）という仕事が継続的に求められるので，事業開発マネジメントのキャリアモデルを使う。すなわち，マネジャー，スペシャリスト，事業開発者の3線キャリアである。

給与については，「プライベートビジネス並み」というベクトルから同一のモデルとなる。バリュー連動も悩みどころではあるが，バリュー分配を考えるとこの形をとらざるを得ない。

③ 人事評価モデル

（i）毎期の人事評価モデル
・メンバーキャリア

これにはMBOを用いる。オブジェクトについては，「能率」もバリュー連

動を考えると入れることになる。「品質」については，社会利益をベースとして設計したいが，人事評価オペレーション（オブジェクト設定）に頼るしかない。「プロセス」は，インテグリティのウエイトを高くしたいが，オブジェクトでの評価が難しいため，上司評価オペレーションに頼るしかない。評価者は当然，上司である。

・リーダーキャリア

　これは社会利益が目的なので，チームプロフィット，グループプロフィットのオブジェクトは適用しない。つまり，マネジメント能力，業務能力（スペシャリスト）のみである。

・事業開発キャリア

　これについては事業開発モデルに従う。1年に1回のプレゼンテーションである。

(ii) キャリアアップ評価

・メンバーキャリアからリーダーキャリアへ

　基本モデルに従う。ただし，評価項目のインテグリティのウエイトを上げる。

・事業開発キャリアへのキャリアチェンジ

　これは事業開発マネジメントモデルに従う。これもインテグリティのウエイトを高める。

・経営キャリアへのキャリアアップ

　これも全く同様であるが，ソーシャルビジネス側の経営者についてはさらにインテグリティのウエイトを上げる。ここでは第三者評価（社外取締役など）をその基本としたい。

④ 人材育成モデル

　基本モデルと同様であるが，事業開発キャリアは事業開発モデルに従う。ただ，学習サポートとして他のソーシャルビジネス組織（大学，役所，財団法人などの公益法人）への出向なども考慮する。

⑤ コミュニケーションモデル

（ⅰ）情報システム

　構造は基本モデルと全く同じであるが，ソーシャルビジネスの情報システムは透明性をより高くする必要がある。

（ⅱ）コミュニケーションシステム

　これも基本モデルと同じであるが，パブリック・リレーションズからさらに「記録性」が強く求められる。もっといえば，記録されない会話などを基本的に禁止するというベクトルを持つ。これによって透明性を高め，社会からインテグリティを強く感じてもらう。

エピローグ

　私はコンサルタントとして30年間仕事をして，100を超える企業と付き合ってきた。そして，この30年間で企業が大きく変わっていったことを感じている。

　企業の戦略ベクトルは競争からアライアンスとなり，差別化やキレのある戦略よりも，社会が認めてくれる，そして透明度の高い戦略が求められている。ほとんどの経営者はこれに沿って中計，長計を作り，変革を進めている。外から見て「こんないい会社なのにどうして変えるんだろう」と思うような企業のトップも「変革」と言い続けている。

　一方，マネジメントに関しては各企業さまざまであり，マネジメント力の違いを感じさせる。そして1つ1つの企業を見ても，組織内のマネジャーのマネジメント力は同レベルではなく，大きなバラツキがある。

　どこの企業でも，マネジメントを管理と誤解して部下を締めつける人，自らのチームの業績だけを求めて部下へ「利益，利益」と言っている人，部下のやる気ばかりを気にしている人‥‥などマネジャー失格者が少なからずいる。彼らはマネジャーに昇格しただけあって皆ビジネス能力が高い人なのに，どうしてこんなマネジメントをとるんだろうと思う。そして悪いことに，上司が彼らのマネジメントを高く評価していることも多い。だから自らのマネジメントそのものについては何の問題も感じていない。この人たちがマネジャーのマジョリティとなった会社からは，次々と能力の高い若者が去っていく。

　私はこの能力が高くマネジメントを勘違いしている人（先ほどのマネジャーの上司も含めて）がマネジメントという仕事の本質を理解さえすれば，企業のトップが望んでいる"真の変革"が実現すると確信している。

　彼らには今の仕事を止めて，マネジメントとは何か，マネジャーはどういう仕事をやる人なのかを，自らの頭で考え，その考えに沿って自らの行動を見つめ直してほしい。

これを考えるためのテキストとして本書『マネジメント4.0』を使ってほしい。そして自らのマネジメントを変革してほしい。

　この人たちへ次のようなメッセージを伝えるために本書を書いたと言っても過言ではない。

　「高い能力を持ったあなたと高い能力を持ったあなたの部下たちが，マネジメント4.0を通して仕事をすれば，互いが持っている今の悩みはほとんど解決できる」

内 山　　力

■著者紹介

内山　力 (うちやま　つとむ)

1955年　東京都生まれ

1979年　東京工業大学理学部情報科学科。卒業後，日本ビジネスコンサルタント（現日立システムズ）入社。
その後，退職してビジネスコンサルタントとして独立。

現　在　株式会社MCシステム研究所代表取締役
中小企業診断士，システム監査技術者，特種情報処理技術者
（URL）http://www.mcs-inst.co.jp

（著書）

『プロコンサルタントの最強エクセル術』，『その場しのぎの会社が，なぜ変わったのか』，『確率を知らずに計画を立てるな』，『今すぐ仕事に使える「数学」』，『課長になれない人の特徴』，『「ビジネスの常識」が1冊でわかる本』，『会社の数字を科学する』，『誰でもできる!マーケティングリサーチ』，『人事マネジメントの基本』，『微分・積分を知らずに経営を語るな』（以上PHP研究所），『予測の技術』（SBクリエイティブ），『「数学」を使えるビジネスマンはみな幸福である』（KKベストセラーズ），『マネジメントは「理系的思考」でうまくいく』（日本能率協会マネジメントセンター），『マネジャーが知っておきたい経営の常識』，『IT活用の基本』，『数字を使える営業マンは仕事ができる』，『中小企業診断士』（以上日本経済新聞出版社），『ワーキング・イノベーション』，『マーケティング・イノベーション』，『コーポレート・イノベーション』，『「あなたの会社選び」をコンサルティングします』（以上産業能率大学出版部），『理数系の対人関係テクニック』（日刊工業新聞社），『日本企業，成長戦略のベクトル』，『イノベーションリーダー』，『マネジメント3.0』，『ビジネスマンの数字活用力向上講座』，『ビジネスマンのナレッジ』，『組織を変革する手順』，『経営コンサルティングの基本』，『コンサルタント論』，『マネジャーのためのケーススタディブック』，『まわりから「仕事ができるね」と言われたい』，『企業の見方』，『コンサルティングセオリー』，『ソリューションビジネスのセオリー』，『ビジネスリーダーのセオリー』，『人材育成のセオリー』，『計数分析のセオリー』，『セールスのセオリー』，『会社のナレッジ』，『経理のナレッジ』，『マーケティングのナレッジ』，『ITのナレッジ』，『生産のナレッジ』，『流通のナレッジ』，『法律のナレッジ』，『経済のナレッジ』（以上同友館）他多数

2019年11月1日　第1刷発行

マネジメント4.0
――働き方改革&IoT時代の日本型マネジメント

Ⓒ著　者　内　山　　　力

発行者　脇　坂　康　弘

〒113-0033 東京都文京区本郷 3-38-1
TEL.03(3813)3966
FAX.03(3818)2774
https://www.doyukan.co.jp/

発行所　株式 同友館
　　　　会社

落丁・乱丁本はお取り替えいたします。
ISBN 978-4-496-05432-7

西崎印刷・萩原印刷／松村製本所
Printed in Japan

本書の内容を無断で複写・複製（コピー），引用することは，
特定の場合を除き，著作者・出版者の権利侵害となります。
また，代行業者等の第三者に依頼してスキャンやデジタル化
することは，いかなる場合も認められておりません。

日本企業、成長戦略のベクトル

ポストイノベーションの3つの矢

内山力 著　A5判　本体2,200円＋税

従業員が希望を持ち、働きがいを感じる企業――。そうした日本企業が目指す理想の姿に深い示唆を与える書！

PART I 「バリューチェーン」　PART II 「事業開発」　PART III 「グローバル化」

変革後（ポストイノベーション）に企業はどこへ向かうのか？　今後の日本企業が取り組むべき3つのテーマについて徹底的に掘り下げた「現代版　成長戦略の教科書」。

同友館

イノベーションリーダー

内山 力 著

Ａ５判320頁　定価(本体2,200円＋税)

こんな経営者になりたい！
こんな経営者になってほしい！

イノベーションリーダーとは、これからの企業の変革を担うリーダー＝次世代の経営者のことである。イノベーションリーダーには、どのような資質が求められるのか？また、今の経営者たちは、どのようなイノベーションリーダーを望んでいるのか？

PART I イノベーションリーダーのフレームワーク
　第 1 章 イノベーションリーダー組織
　第 2 章 イノベーションリーダーの条件
　第 3 章 イノベーションリーダーの動作原則

PART II イノベーションリーダーのオペレーション
　第 1 章 パブリック・リレーションズの変革
　第 2 章 戦略立案の変革
　第 3 章 資源の調達・配分の変革

同友館